中国村镇银行
探索发展之路

EXPLORING THE ROAD TO DEVELOPMENT OF
VILLAGE BANK

薛文君 李 鲁 ◎ 编著

经济管理出版社
ECONOMY & MANAGEMENT PUBLISHING HOUSE

图书在版编目（CIP）数据

中国村镇银行探索发展之路/薛文君，李鲁编著. —北京：经济管理出版社，2018.2
ISBN 978-7-5096-5631-0

Ⅰ.①中⋯　Ⅱ.①薛⋯ ②李⋯　Ⅲ.①村镇银行—银行发展—研究—中国　Ⅳ.①F832.35

中国版本图书馆 CIP 数据核字（2018）第 015780 号

组稿编辑：申桂萍
责任编辑：赵亚荣　侯春霞　梁植睿　高　娅
责任印制：黄章平
责任校对：张晓燕

出版发行：经济管理出版社
　　　　　（北京市海淀区北蜂窝 8 号中雅大厦 A 座 11 层　100038）
网　　址：www.E-mp.com.cn
电　　话：(010) 51915602
印　　刷：北京晨旭印刷厂
经　　销：新华书店
开　　本：720mm×1000mm/16
印　　张：18.25
字　　数：317 千字
版　　次：2018 年 3 月第 1 版　2018 年 3 月第 1 次印刷
书　　号：ISBN 978-7-5096-5631-0
定　　价：79.00 元

·版权所有　翻印必究·
凡购本社图书，如有印装错误，由本社读者服务部负责调换。
联系地址：北京阜外月坛北小街 2 号
电话：(010) 68022974　　邮编：100836

谨以此书致敬2017中国村镇银行十周年及中国"乡村振兴战略"提出。

前 言

为更好支持中国"三农"事业发展和小微企业成长，2006年中国银监会发布意见提出，按照"先试点，后推开；先中西部，后内地；先努力解决服务空白问题，后解决竞争不充分问题"的原则和步骤，开展以村镇银行为代表的新型农村金融机构试点。这意味着村镇银行这一富有中国特点的金融机构新成员开始走进银行业大家庭。

村镇银行是指经中国银行业监督管理委员会批准，由境内自然人、境内非金融机构、境内银行业金融机构、境内非银行金融机构、境外银行共同发起，在县（区）域及以下地区设立的主要为"三农"和小微企业提供金融服务的银行业金融机构。中国村镇银行的产生并非偶然，而是对中国农村金融市场不发达和小微企业融资难等问题的积极回应。十年前中国农村地区金融网点数量相当有限。据统计，2006年底中国县及县以下农村地区平均每万人拥有金融机构网点数仅为1.26个，每个乡镇的银行业网点平均不足3个，全国3302个乡镇没有任何银行营业网点。农村地区金融资源供给不足、农村地区金融竞争不充分。同时，在中国农村金融体系中吸储机构众多，但提供贷款服务机构较少。

村镇银行从无到有、从小到大，不仅成为农村金融服务体系不可或缺的组成部分，而且成为发展普惠金融和实施金融扶贫的重要载体。2006年，首批村镇银行试点选择在四川、青海、甘肃、内蒙古、吉林、湖北6省（区）36个县(市)进行，2009年经国务院同意在全国范围全面推开。目前，中国村镇银行法人机构1500多家，营业网点总数约5000个，从业人员达8万余人。近300家银行类金融机构参与村镇银行的发起设立，村镇银行已遍布全国所有省份。

全国第一家村镇银行——四川仪陇惠民村镇银行在革命前辈朱德同志老家四川省仪陇县挂牌至今，中国村镇银行已走过十年历程。十年来，中国村镇银行成效较为显著，整体质量良好，负债总规模、存款余额、农户贷款余额、小微企业贷款余额持续较快增长，资产利润率和资本利润率指标处于较高水平，在稳定县域、支农支小、支持农村经济社会发展方面发挥了重要作用。与此同时，我们也应清醒地认识到村镇银行的规模弱势，公司治理、业务发展和风险管理等薄弱问题，以及所面临的新经济、新金融、新市场、新技术环境和传统与新型金融机构的激烈竞争。中国村镇银行强化支农支小战略定力，持续保持小额、分散的经营本色，提升专业化、精细化和特色化的金融服务能力任重道远。

在中国波澜壮阔的40年改革开放大潮中，村镇银行也是一朵改革探索与制度试验的"浪花"。中国村镇银行坚持股权民营化和股东本土化原则，实行主发起行的培育制度，鼓励外资参与，采用一级法人资质等方面进行了一系列尝试，在激活农村金融市场、健全农村金融体系、发展普惠金融和支持农村社会经济发展等方面发挥了特殊功能。中国村镇银行十年的不懈探索，为农村金融渐进改革、稳步开放和创新发展积累了丰富的实践经验。为此，在中国村镇银行设立十周年这一时间节点，我们尝试以本书的形式记录村镇银行的探索发展之路。

除前言和后记外，本书内容共分四篇十章，具体安排如下：

第一篇，基础背景，从现状和理论两方面分析中国村镇银行的发展事实。第一章展示村镇银行发展的全貌，归纳其谨慎探索–规模扩张–质量寻求的三个成长阶段，分析村镇银行群体形成、空间分布和主发起行背景及总体经营情况等典型特征，着重梳理了村镇银行政策体系及演变过程；第二章从市场定位、金融共生、普惠金融以及可持续发展等理论视角扼要阐述村镇银行经营和可持续发展的理论依据。

第二篇，公司运营，着重分析村镇银行发展的外部新环境和内部运营管理的重点内容。第三章介绍中国村镇银行所处的历史阶段，面临的新经济环境、新金融环境、新市场环境及新技术环境；第四章分析村镇银行公司治理、业务发展和风险管理及其问题；第五章分析金融科技与村镇银行的融合发展。

第三篇，实践动态，展示村镇银行的经营探索和发展动态，反映村镇银行业生动精彩而富有意义的努力与尝试。第六章分析中银富登的规模化、集约化经营策略；第七章分析登陆新三板的几家村镇银行的业绩表现和业务亮点；第八章介绍国际大都市上海如何在激烈竞争的银行业"丛林"里探索村镇银行发展。

第四篇，经验借鉴，"他山之石，可以攻玉"，从国内外相关案例角度，思考我国村镇银行发展之路，探索如何加强学习、吸收借鉴优秀经验。第九章选取阿里小贷和浙江网商银行"支农支小"的最新探索进行深入分析；第十章选取孟加拉的格莱珉银行，介绍"穷人的银行家"尤努斯如何作为"先行者"，精心缔造和推广"穷人的银行"。

本书成稿之时，我们欣喜地看到中共十九大报告提出了"乡村振兴战略"重大命题。新时代背景下中国农村金融事业迎来了新的发展契机，以村镇银行为代表的一系列农村金融机构也将肩负起新的历史使命。我们热切期望村镇银行这一中国大地上生长的新型农村金融机构能够务实求索，行稳致远，创造下一个不凡的十年。

本书编写过程中得到了许多专家学者、业内人士的指导和建议，他们分别是：上海立信会计金融学院谭云清教授，上海财经大学吴一平副教授，上海行政学院郝身永副教授，西南财经大学张一林博士，上海财经大学吴伟平博士、赵阳博士、王伟博士、雷晓霆博士，复旦大学唐珏博士，广发银行博士后科研工作站屈军博士及上海市产业发展研究和评估中心叶高斌研究员；经济管理出版社申桂萍编辑及其团队为本书出版提供了高效而热情的支持，在此一并致谢。

本书可供从事农村金融事业、村镇银行相关工作以及关心和关注村镇银行发展的经济社会各界人士查阅和参考。由于时间和认识水平有限，本书难免会有错误或纰漏，欢迎读者朋友们批评指正。

薛文君、李鲁
二〇一七年十二月于上海

目 录

第一篇 基础背景

第一章 中国村镇银行发展现状 …… 003

 第一节 中国银行体系"新成员"：村镇银行 …… 003

 第二节 中国村镇银行的成长轨迹 …… 007

 第三节 中国村镇银行的典型特征 …… 013

 第四节 中国村镇银行政策演变 …… 019

第二章 中国村镇银行理论之基 …… 032

 第一节 村镇银行发展的市场定位 …… 032

 第二节 金融共生理论与村镇银行发展 …… 040

 第三节 普惠金融理论与村镇银行发展 …… 047

 第四节 村镇银行的可持续发展理论 …… 052

 第五节 村镇银行鲜活实践激发理论推陈出新 …… 057

第二篇 运营管理

第三章 中国村镇银行新发展环境 …… 061

 第一节 村镇银行新经济环境 …… 061

 第二节 村镇银行新金融环境 …… 067

 第三节 村镇银行新市场环境 …… 075

第四节　村镇银行新技术环境 ·· 088

第四章　村镇银行内部运营管理 ·· 093

　　第一节　村镇银行的公司治理 ·· 093

　　第二节　村镇银行的业务发展 ·· 100

　　第三节　村镇银行的风险管理 ·· 106

　　第四节　监管风暴下的村镇银行 ·· 114

第五章　村镇银行发展积极拥抱金融科技 ·· 118

　　第一节　银行业科技模块与村镇银行科技 ·· 118

　　第二节　金融科技与商业银行融合发展趋势 ······································ 125

　　第三节　科技创新给银行业务开展带来新挑战 ···································· 129

　　第四节　金融科技大潮的商业银行应对 ·· 134

　　第五节　村镇银行积极拥抱金融科技 ·· 140

第三篇　实践动态

第六章　中银富登：走村镇银行规模化与集约化之路 ································ 147

　　第一节　从自建到自建与并购并举：中国银行收购国开行旗下
　　　　　　村镇银行 ·· 147

　　第二节　中银富登村镇银行的发展战略与经营策略 ································ 151

　　第三节　中银富登的经营业绩与业务创新 ·· 154

　　第四节　中银富登村镇银行发展的几点启示 ······································ 161

第七章　登陆新三板：村镇银行跨越式发展的一条新路径 ···························· 164

　　第一节　多家银行纷纷涉足新三板 ·· 164

　　第二节　鹿城银行：生长与业绩 ·· 167

　　第三节　鹿城银行：亮点与特色 ·· 171

　　第四节　客家银行的发展概况与"支农支小" ···································· 174

　　第五节　国民银行的发展概况与产品创新 ·· 177

第六节　登陆新三板：村镇银行的可选路径 ………………………… 183

第八章　上海探索：大都市如何办村镇银行 ……………………………… 186

　　第一节　上海银行业"丛林"生发村镇银行 …………………………… 186
　　第二节　上海农商行从崇明村行开始布局全国 ………………………… 189
　　第三节　上海银行的投贷联动试点"标兵" …………………………… 197
　　第四节　浦发村镇银行"新思维、心服务" …………………………… 207
　　第五节　外省银行系村镇银行抢滩上海 ………………………………… 211

第四篇　经验借鉴

第九章　互联网时代的"支农支小" ……………………………………… 225

　　第一节　阿里小贷与浙江网商银行 ……………………………………… 225
　　第二节　专注小微客户——"无微不至" ……………………………… 230
　　第三节　融入阿里巴巴集团的生态体系 ………………………………… 236
　　第四节　广泛应用并引领金融科技前沿 ………………………………… 238
　　第五节　对村镇银行发展的几点启示 …………………………………… 245

第十章　"先行者"孟加拉国格莱珉银行 ………………………………… 249

　　第一节　其人其事 ………………………………………………………… 249
　　第二节　人文关怀 ………………………………………………………… 251
　　第三节　模式创新 ………………………………………………………… 255
　　第四节　自我变革 ………………………………………………………… 260
　　第五节　全球实践 ………………………………………………………… 265
　　第六节　中国借鉴 ………………………………………………………… 268

参考文献 …………………………………………………………………………… 276

后　记 ……………………………………………………………………………… 281

第一篇　基础背景

　　本篇试图从现状和理论两个方面分析中国村镇银行的发展，包括两章内容。第一章采用"写意"笔法，勾画了中国村镇银行发展全貌，指出村镇银行作为中国银行体系的"新成员"和新型农村金融机构，是中国农村金融体系改革的重要突破，归纳了村镇银行成立以来的谨慎探索、规模扩张、质量寻求三个成长阶段，分析了村镇银行群体形成、空间分布和主发起行背景及总体经营情况等典型特征，着重梳理了村镇银行政策体系及演变过程。鉴于村镇银行实践探索需要理论支持，第二章从市场定位、金融共生理论、普惠金融理论以及可持续发展理论简要阐述了村镇银行经营和可持续发展的理论依据。

第一章　中国村镇银行发展现状

第一节　中国银行体系"新成员"：村镇银行

一、中国庞大的银行体系

中国的银行体系已经超越欧元区，成为世界上按资产排列最大的银行体系。中国银行业总资产 2016 年底达到 33 万亿美元，同期的欧元区、美国和日本分别为 31 万亿美元、16 万亿美元、7 万亿美元。[①] 这一定程度上表明中国银行业对世界金融的影响力增加。

截至 2016 年底，中国庞大的银行体系拥有银行业金融机构 4400 余家，营业网点 22.3 万个，从业人员 379.6 万人。根据中国银监会金融许可证信息列表，国内银行业金融机构共有 18 类，包括政策性银行、大型商业银行、股份制商业银行、邮政储蓄银行、外资银行、城市商业银行、民营银行、农村金融机构（农村商业银行、农村合作银行、农村信用社、村镇银行、资金互助社）、非银行金融机构（金融资产管理公司、信托公司、财务公司、金融租赁公司、汽车金融公司、货币经纪公司、消费金融公司）（见图 1-1）。其中，2007 年开始试点的村镇银行、2010 年开始试点的消费金融公司以及 2015 年开始试点的民营银行，都是最近 10 年内才逐渐兴起的，属于中国银行体系的"新成员"。

---

① 商务部，2017 年 3 月 13 日，http://www.mofcom.gov.cn/article/i/jyjl/l/201703/20170302533163.shtml。

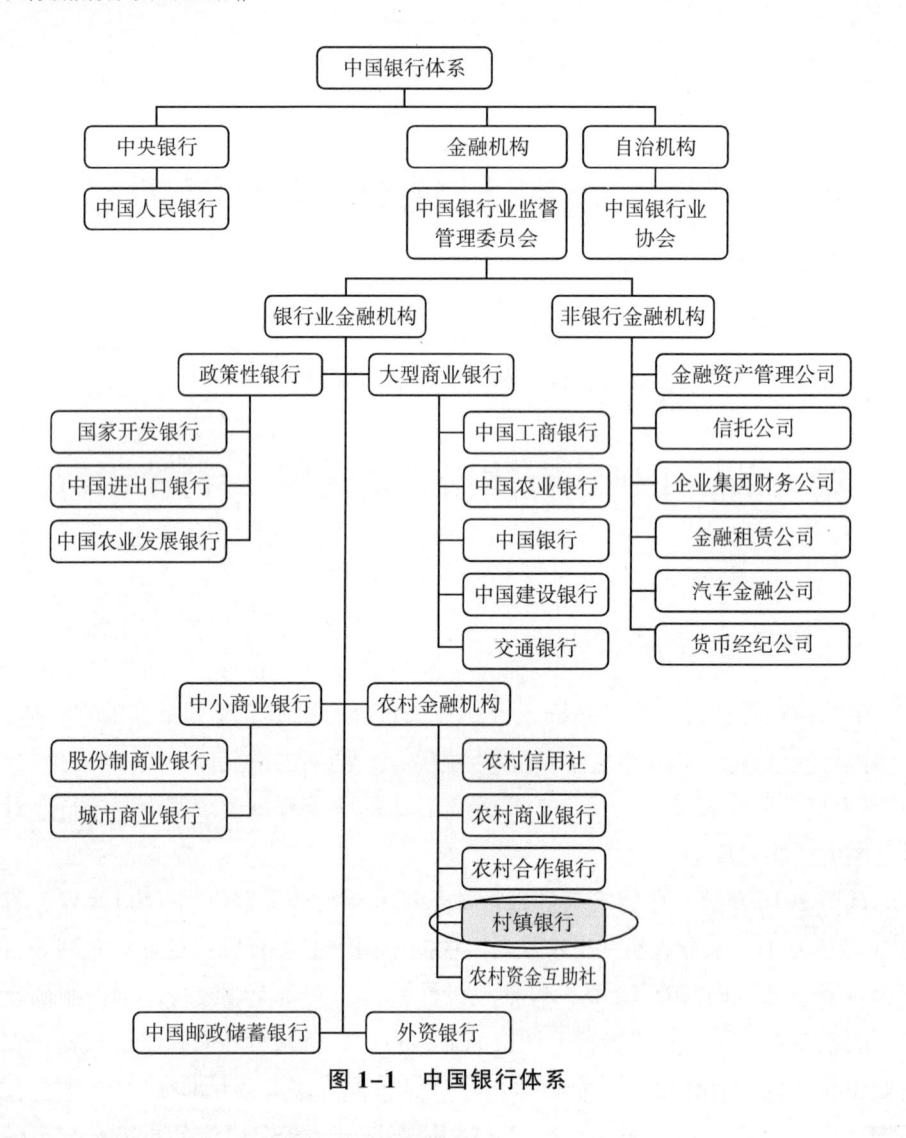

```
                    中国银行体系
         ┌─────────────┼─────────────┐
       中央银行        金融机构        自治机构
         │             │             │
      中国人民银行   中国银行业监督   中国银行业
                   管理委员会        协会
                      │
              ┌───────┴───────┐
          银行业金融机构    非银行金融机构
```

图 1-1　中国银行体系

二、新型农村金融机构：村镇银行

2006年12月20日银监会发布《关于调整放宽农村地区银行业金融机构准入政策　更好支持社会主义新农村建设的意见》后，按有关规定全国设立了村镇银行、贷款公司和资金互助社，被称为三类新型农村金融机构。并且新型农村金融机构与农村商业银行、农村合作银行、农村信用社共同构成了中国银行体系中的农村金融机构。截至2016年底，农村商业银行1114家、农村合作银行40家、农村信用社1125家。

中国人民银行发布的《中国区域金融运行报告(2017)》表明，新型农村金融机构保持快速发展势头。2016年末，全国村镇银行、农村资金互助社、贷款公司及小额贷款公司总数达到12091家，同比增长1.7%。同时，东部、西部地区发展较快。东部地区村镇银行和贷款公司占比最高，分别为39%和40%，西部地区农村资金互助社和小额贷款公司占比最高，分别为50.8%和35%（见表1-1）。

表1-1 2016年末新型农村金融机构地区分布

单位：%

	东部	中部	西部	东北	全国
村镇银行	39	27.6	24.4	9	100
贷款公司	40	13.3	33.3	13.4	100
农村资金互助社	19.4	14.9	50.8	14.9	100
小额贷款公司	27.3	20.6	35	17.1	100

资料来源：中国人民银行：《中国区域金融运行报告(2017)》。

其中，村镇银行"十年磨一剑"，成长为农村金融机构的生力军。根据中国银监会金融许可证发放的统计信息，10年间，平均每年保持新增村镇银行法人机构数140多家，截至2016年底，中国村镇银行法人机构已开业1443家，营业性网点总数达到近5000家（见图1-2）。

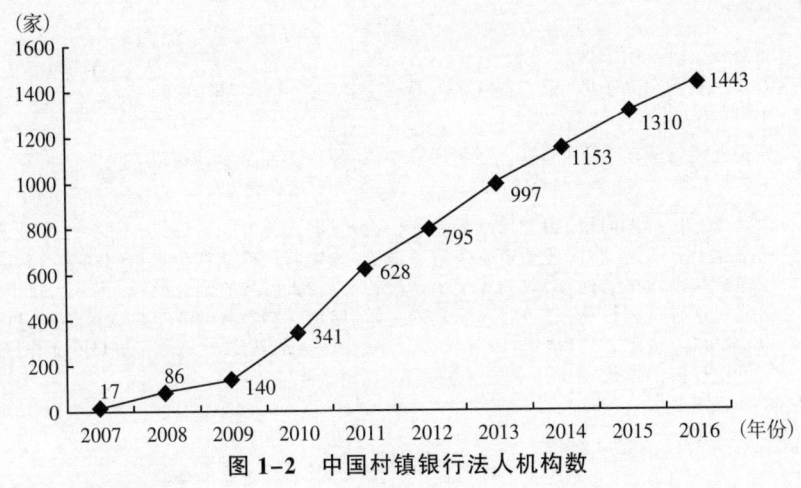

图1-2 中国村镇银行法人机构数

（2007: 17, 2008: 86, 2009: 140, 2010: 341, 2011: 628, 2012: 795, 2013: 997, 2014: 1153, 2015: 1310, 2016: 1443）

资料来源：中国银监会。

三、村镇银行与其他金融机构比较

2007年1月22日，银监会制定并发布《村镇银行管理暂行规定》，规定村镇银行是"由境内外金融机构、境内非金融机构企业法人、境内自然人出资，在农村地区设立的主要为当地农民、农业和农村经济发展提供金融服务的银行业金融机构。村镇银行不同于银行的分支机构，属一级法人机构"。

村镇银行与城商行、农商行以及当前非常活跃的互联网小贷公司，在发起设立要求、市场定位和业务范围等多个方面具有明显区别（见表1-2）。最为典型的是，村镇银行具有明确的经营区域和业务范围限制，而这恰是互联网小贷公司的优势所在。

表1-2 村镇银行与其他典型金融机构比较

	村镇银行	农商行	城商行	互联网小贷公司
申请条件	章程；发起人或出资人符合条件，且至少有1家银行业金融机构；县市设立，注册资本不低于300万元，乡镇设立不低于100万元；注册资本为实收货币资本，一次缴足；人员、制度、场所及银监会其他审慎性条件	公司法、商业银行法和银监会规章；农村信用社及联合社基础上新设合并方式发起；实缴注册资本最低5000万元；合格从业人员要求；组织机构、管理制度、营业场所及设施要求等	公司法、商业银行法和银监会规章；符合规定的注册资本最低限额；合格从业人员要求；组织机构、管理制度、营业场所及设施要求等	互联网小贷归各地金融办管辖，根据"互联网+小贷"试点区域的规定
注册资本	县市设立不低于300万元，乡镇设立不低于100万元	5000万元起	1亿元起	牌照获得和市场价格不确定
经营区域	原则上经营活动被限制在所在地	原则上经营活动被限制在所在城市	原则上经营活动被限制在所在地	全国
申请时间	由筹建工作小组向银监会提出筹建申请，银监会核准后由当地银监局审查辖区村镇银行申请并决定，15个工作日内上报初审意见，银监会4个月内书面决定	银监局受理初审，银监会审查决定。银监会收到完整申请材料之日起4个月内书面决定	发起人各方共向拟设地银监局提交初步审查，银监会收到完整申请材料之日起4个月内书面决定	不统一。以上海为例，区县政府15个工作日预审，上报市推进小组征求意见后，金融办15个工作日内决定
市场定位	支农支小	主要为社员提供金融服务，服务"三农"和小微企业	为中小企业提供金融支持，为地方经济搭桥铺路	无要求

续表

	村镇银行	农商行	城商行	互联网小贷公司
业务范围	—	资产类业务、负债类业务、中间业务	资产类业务、负债类业务、中间业务	无限制，线上完成贷款申请、审核、发放和回收等
可否上市	是	是	是	是

资料来源：中国城市金融网，2017-01-09，http://www.csjrw.cn。

第二节　中国村镇银行的成长轨迹

村镇银行 10 年间走过了一个从无到有、从小到大的成长轨迹。2006 年 12 月 20 日，中国银监会发文提出首批村镇银行试点在四川、青海、甘肃、内蒙古、吉林、湖北六省（区）的部分县（市）实施。2007 年 1 月 29 日，银监会又发布了《村镇银行管理暂行规定》《村镇银行组建审批工作指引》等 6 项新型农村金融机构的行政许可及监管细则，村镇银行的试点及推广工作自此实质性展开。2009 年经过国务院同意在全国范围全面推开。

一、村镇银行产生的时代背景

中国村镇银行应时而生。如何将金融资源与农村经济建立联系，构建高效的农村金融市场，一直是中央农村工作关注的核心问题。21 世纪以来，"三农"问题渐获重视，但是农村金融发展薄弱。受历史和体制因素的影响，中国农村金融不发达的结构性问题严重，已经成为制约我国农村经济发展的"瓶颈"。突出表现在以下三个方面：

1. 农村地区金融网点数量有限

在银行商业化改革之前，我国银行业具有准公共产品的性质，相当一部分乡镇均设有四大国有银行的分支机构。随着改革的推进，由于农村支行经营成本较高、收益较为有限等原因，各大银行机构逐渐退出农村金融市场。1997 年金融工作会议发布了《关于深化金融改革，整顿金融秩序，防范和化解金融风险的通知》，决定进一步加快国有大型金融企业商业化改革步伐，之后掀起了大型国有银行退出农村地区的高潮。据统计，仅在1998年至2004年的6年间，四家大型商业银行便撤并基层机构75585家；至2006年末，全国县及县以下农村地区平均每万人拥有金融机构网点数仅为1.26个，[①] 每个乡镇的银行业网点平均不足3个，并且农村信用社和邮政储蓄机构在乡镇的网点占到了银行业金融机构的86.45%；[②] 全国3302个乡镇没有任何银行营业网点，占全国村镇总数的比例超过10%。

2. 农村地区金融资源供给不足

农村地区存在金融网点少、金融资源供给不足的问题。虽然中央设有农业发展银行、农业银行、农村信用社等为农村提供金融服务的机构，但存在服务效率低和服务质量差的问题。这样一来，农村地区存在的贷款难、担保难等问题并未有所好转，城乡"二元金融结构"问题突出。加之我国农村以小农经济为主，经营规模有限，而且农业生产周期长、收益率不高、经营容易受自然灾害等因素影响，商业化金融机构对涉农贷款的发放十分审慎。1997年金融工作会议决定进一步加快国有大型金融企业商业化改革步伐以来，包括中国农业银行在内的大型国有银行进一步进行了经营战略调整，大规模收缩了县域以下的业务规模，统一调配资金，经营重心继续向大城市、大企业倾斜。中国农业银行的服务对象和业务范围也从以往服务农业为主转向农业与工商业并重，2000~2006年中国农业银行的工商业贷款占比扩大了14.1%；与此同时，农业贷款比重则呈现出逐年下行趋势，农业贷款余额减少了6538.8亿元，占比下滑逾50%，支农作用明显弱化。

3. 农村地区金融竞争不充分

在我国农村金融体系中，形成了农业发展银行、大型商业银行、农村信用社和邮政储蓄银行并存发展的态势，农村吸储机构众多，但提供贷款等服务的机构却只有农村合作金融机构和农业银行。此时没有出现城市反哺农村的现象，资金回流城市的现象却在不同程度地发生。在政策限制下，垄断经营情况比较普遍，市场结构失衡，竞争性的金融市场格局始终未能形成。

其中，农业发展银行以国家信用为基础筹集资金，承担农业政策性金融业务，代理财政支农资金的拨付，目标市场主要是粮棉油收购等流动资金的贷款。2004~2014年农发行累计投放粮棉油收储贷款3.7万亿元，每年支持收购的粮食

[①] 资料来源：《中国银行业农村金融服务分布图集》。
[②] 资料来源：银监会课题组（2007）。

占当年商品量的60%左右，棉花占产量的50%以上；全行贷款企业中，粮棉购销企业、农业产业化龙头企业等客户的比重超过80%，对于农业生产企业的贷款比较少。出于成本和收益的考量，大型商业银行并不关注农村市场，并且农村市场投放的少量信贷主要投向基础设施建设领域，而急需贷款的种植、养殖户和中小型农业企业很难获得贷款。因此，农民和中小型农业企业获取贷款的主要途径是农村信用社和邮政储蓄银行，而在邮政储蓄银行成立前，邮政储蓄机构只存不贷。由此，农村信用社基本垄断了农村金融市场。由于缺乏竞争，农村信用社的运行效率较低、服务水平较差，关系贷款的现象十分严重。此外，从所有制性质来看，农村信用合作社属于集体经济，产权模糊也是其经营效率不高的重要原因。截至2012年末，农村信用社资产总额达15.5万亿元，负债总额14.5万亿元，分别为2002年末的7倍和6倍多。资产、负债总额占全部银行业的比例分别达到11.8%和11.1%。

所以，在存量改革难以有效开展的情况下，增量改革逐渐提上农村金融改革的议程。中国银监会按照商业可持续原则，适度调整和放宽农村地区银行业金融机构准入政策，降低准入门槛，强化监管约束，加大政策支持，促进农村地区形成投资多元、种类多样、覆盖全面、治理灵活、服务高效的银行业金融服务体系。

另外，从国际背景看，中国村镇银行可以说是应运而生。2006年孟加拉国尤努斯获得诺贝尔和平奖，由他发起设立的格莱珉银行随即引领国际普惠金融和乡村银行风潮。

二、村镇银行成长的三个阶段

2007年试点至今，村镇银行的成长轨迹可以大致分为三个阶段（见图1-3）。第一阶段是试点阶段（2007~2009年），该阶段主要是通过试点，逐渐完善准入、运行、监管等方面的政策法规，为下一阶段村镇银行的大范围推广打下基础；第二阶段是快速发展阶段（2010~2013年），该阶段国家出台各类优惠政策，加快建设新型农村金融机构，进一步促进了村镇银行的发展；第三阶段是稳定发展阶段（2014年至今），这一阶段不再追求村镇银行的设立数量，而是注重提升村镇银行的经营效率和技术运用，通过综合实力的提升，更好地服务"三农"和小微企业。

```
试点 ● 2007~2009年       快速 ● 2010~2013年      稳定 ● 2014年至今
     ● 谨慎探索                ● 规模扩张              ● 质量寻求
                                                      ● 1443家
```

图1-3 中国村镇银行成长的三个阶段

1. 试点推进阶段（2007~2009年）：谨慎探索

2007年3月1日，全国首批村镇银行宣告成立，四川仪陇惠民村镇银行、吉林东丰诚信村镇银行、吉林磐石融丰村镇银行同时正式挂牌营业，村镇银行的试点工作就此拉开序幕。这一阶段，银监会按照"低门槛、严监管；先试点、后推开"的原则，开展新型农村金融机构试点工作。在各地区、各部门的支持配合下，新型农村金融机构试点工作取得了明显成效。这一时期，《村镇银行管理暂行规定》《村镇银行组建审批工作指引》《关于村镇银行、贷款公司、农村资金互助社、小额贷款公司有关政策的通知》等文件先后出台，对村镇银行的性质、法律地位、组建审批要求等管理工作以及存款准备金、存贷款利率、支付清算、征信各方面的经营规章进行了细致的规定，为未来村镇银行的规范发展打下了良好的基础。

经过三年试点，村镇银行金融服务水平不断提高，内控机制和风险控制水平不断完善，村镇银行机构发展较好、风险可控，试点地区农村资金实现了部分回流，农村金融市场竞争得到了加强，农村金融服务得到了积极改善（见表1-3）。截至2009年6月末，全国已有118家新型农村金融机构开业。从机构类型看，村镇银行100家，贷款公司7家，农村资金互助社11家；从地域分布看，中西部地区84家，东部地区34家；从经营情况看，已开业机构实收资本47.33亿元，存款余额131亿元，贷款余额98亿元，累计发放农户贷款55亿元，累计发放中小企业贷款82亿元。多数机构已实现盈利，其中2009年累计盈利4074万元。但由于试点时间短、数量少、范围小，加之农村金融的复杂性和改善农村金融服务的艰巨性，三年的试点和推广对缓解整个农村金融发展不足问题的作用仍然有限，进一步扩大培育和发展新型农村金融机构仍然非常必要。尽管如此，截至2008年末，仍有1424个乡镇没有金融服务。

2. 快速发展阶段（2010~2013年）：规模扩张

经过三年的试点及推广，农村金融仍然是整个金融体系中最薄弱的环节，为

表1-3 村镇银行试点大事记

时间	事件
2007年3月	全国首批村镇银行——四川仪陇惠民村镇银行、吉林东丰诚信村镇银行、吉林磐石融丰村镇银行正式挂牌开业同时成立
2007年10月	经过对原有12家村镇银行的全面评估，银监会决定进一步扩大试点范围。试点省份从原来的6个扩大到全部31个省份
2007年12月	全国首家由外资银行发起的村镇银行——湖北随州曾都汇丰村镇银行正式成立
2008年8月	全国首家由大型商业银行发起成立的村镇银行——汉川农商村镇银行正式成立
2008年9月	全国首家全国性股份制商业银行发起的村镇银行——彭州民生村镇银行正式成立
2008年9月	全国首张村镇银行银联卡在湖北仙桃北农商村镇银行成功发行。相比普通银联卡，该银联卡具有诸多新的功能及优惠，免年费、异地跨行查询免费、跨行取款手续费也低于其他类型的银行

了进一步扩大培育和发展新型农村金融机构，银监会颁布了《新型农村金融机构2009-2011年总体工作安排》（以下简称《三年工作安排》）。《三年工作安排》的总体目标是：实现培育一批运行良好的新型农村金融机构，改善农村金融服务状况，提升农村金融服务质量，增强农村金融市场竞争水平，完善农村金融组织体系，更好支持社会主义新农村建设的目标。具体计划是，2009~2011年，全国35个省（区、市，西藏除外）、计划单列市共计划设立1294家新型农村金融机构，这些新型农村金融机构，将主要分布在农业占比高于全国平均水平的县域、中西部地区、金融机构网点覆盖率低的县域，以及国家、省级扶贫开发工作重点县和中小企业活跃县域。其中村镇银行1027家，贷款公司106家，农村资金互助社161家，村镇银行占比约80%，我国村镇银行进入了高速发展阶段。

这一阶段，各地区、各部分积极创新市场准入政策，大力发展村镇银行。在机构布局上，实施"东西挂钩、城乡挂钩"政策，即准备到东部发达地区以及其他经济活跃地区发起设立机构的，必须同时到中西部欠发达地区设立机构；意向到较发达城镇地区发起设立机构的，必须同时到农村地区设立机构。在管理架构上，允许银行业金融机构主发起人成立专司村镇银行和贷款公司管理的事业部。在机构类型上，引导农民专业合作社开展组建农村资金互助社试点工作，对符合条件的小额贷款公司允许改制为村镇银行。这一时期，中国人民银行、财政部、银监会纷纷出台各项优惠政策，完善及支持村镇银行的发展，《中国人民银行关于完善支农再贷款管理、支持春耕备耕、扩大"三农"信贷投放的通知》《关于实行新型农村金融机构定向费用补贴的通知》《关于加快发展新型农村金融机构有关事宜的通知》《关于调整村镇银行组建核准有关事项的通知》《中央财政新型农村金融机构定向费用补贴资金管理暂行办法》《关于扩大农村金融机构定向费用补贴政策范围的通知》《关于开展县域金融机构涉农贷款增量奖励试点工作的通知》等政策纷纷出台，有力地支持了村镇银行的可持续发展。

在各类优惠政策的激励下，村镇银行有了很大发展，截至2011年底，全国累计批准成立村镇银行726家，开业635家，其中2009~2011年共成立544家，完成"三年规划"的52.97%。虽然村镇银行的发展处于逐步上升趋势，但仍低于《三年工作安排》的整体目标。为了进一步支持村镇银行等新型农村金融机构发展，2011年7月27日，银监会发布了《关于调整村镇银行组建核准有关事项的通知》，调整了组建村镇银行的核准方式。由原有银监会负责指标管理、银监局确定主发起行和地点并具体实施准入的方式，调整为由银监会确定主发起行及设立数量和地点，由银监局具体实施准入的方式。与此同时，新规定确立了集约化培育、专业化管理的工作思路，鼓励按照区域挂钩的原则集约化组建村镇银行，村镇银行继续快速发展。

3. 稳定发展阶段（2014年至今）：质量寻求

2014年末，全国村镇银行共有1233家，超额完成《三年工作安排》中的成立计划。村镇银行遍布全国31个省份623个县（市），约占全国县（市）总数的60%，已开业的村镇银行共下设分支机构达1152家。从区域来看，这一时期62.1%的村镇银行分布在中西部省份，覆盖了32%的国家级贫困县；从发起行来看，这一时期主发起行为农村银行机构的约占50%，城市商业银行约占35%，大型国有或股份制银行约占13%，外资银行约占2%。这一阶段，村镇银行经营发展持续向好，并初步形成规模。截至2014年末，村镇银行负债总规模6847亿元，比上年增长1433亿元；各项存款余额5808亿元，比上年增长1176亿元；资产总额7973亿元，比上年增长1685亿元；各项贷款余额4862亿元，比上年增长1234亿元，其中，农户贷款余额达到了2111亿元，小微企业贷款余额达到了2405亿元，两小贷款占比达到92.9%。全国村镇银行80%以上实现盈利，平均资产利润率1.71%，较2013年提高0.05个百分点；平均资本利润率11.5%，较2013年提高0.74个百分点。

这一时期，村镇银行设立速度有所放缓，更加注重经营效率的提升和先进技术的应用。更多的村镇银行开始打造自身的核心竞争力，坚守自己擅长的领域，采用错位竞争与差异化经营方式，打造有特色的精品银行。与此同时，村镇银行开始开展金融科技创新。最近的一次中小银行论坛上，众多村镇银行表达了发展科技金融的意愿与规划。① 其中，兴义万丰村镇银行提出用数字化理念改变村镇银行传统发展路径，建议村镇银行在以物理网点作为业务承载中心的基础上，大力发展数字化业务，以网点为"中心"带动大量数字化"移动网点"；宁夏中宁青银村镇银行指出，选择有支农经验、区域性经营的农商行，以及科技服务能力强的系统外包商，是村镇银行对金融产品服务与科技支撑的需求；深圳农村商业银行广西业务管理部分享了深通村镇银行在探索地域特色发展方面的做法和经验。

随着越来越多村镇银行的成立，村镇银行内在的问题也开始暴露，部分村镇银行盈利困难，甚至出现亏损。例如 2017 年 7 月 28 日，齐鲁银行拟以 3.90 元/股的价格，向 18 名机构投资者定向发行 12.82 亿股。其中，11.13 亿股为现金认购，将募得现金 43.41 亿元，另有 1.69 亿股为股权认购，澳洲联邦银行以其所持有的 15 家村镇银行股权作价 6.59 亿元参与增资。澳洲联邦银行拟转让的 7 家河南省村镇银行分别为澳洲联邦银行济源村镇银行、登封村镇银行、兰考村镇银行、伊川村镇银行、渑池村镇银行、永城村镇银行、温县村镇银行，2016 年，河南省这 7 家村镇银行合计实现营业收入 7740.19 万元，合计亏损 757.48 万元。

第三节　中国村镇银行的典型特征

一、村镇银行"群体"形成：从星星之火到遍地燎原

2007 年以来，在循序渐进、梯次推进、逐步规范的总体思路下，村镇银行合理规划试点，积极稳妥地推广覆盖面，稳步扩大参与主体，村镇银行广泛性、规范性、普惠性不断提升。村镇银行已遍及中国各地，形成了一个涉及不同

---

① 凤凰网，2017 年 9 月 14 日，http://news.ifeng.com/a/20170914/51996104_0.shtml。

区域、不同背景主发起行股东的成规模的中国村镇银行"群体"。截至2016年底，全国共组建村镇银行约1500家，营业网点数约4700个，对此后文进一步详细说明。

二、村镇银行的空间布局

村镇银行现已遍布全国所有省份，共覆盖1256个县（市、旗），覆盖率达67.2%。[①] 首先，按东中西部区域划分，村镇银行分布相对均衡。[②] 从村镇银行法人机构分布情况看，截至2016年2月，在全国已开业的1328家村镇银行中，东部成立481家，中部成立482家，西部365家。其中，设在国家级贫困县的有193家，占14.53%。具体来看，东部10个省份平均每个省设有48家村镇银行，最多的是山东省，多达110家；中部9个省份平均每个省设有54家村镇银行，最多的是河南省，为72家；西部12个省份中平均每个省设有30家村镇银行，最多的是内蒙古，为79家（见图1-4）。另外，江苏、浙江以及河北成立的村镇银行数量也接近或者超过70家，处于全国前列。

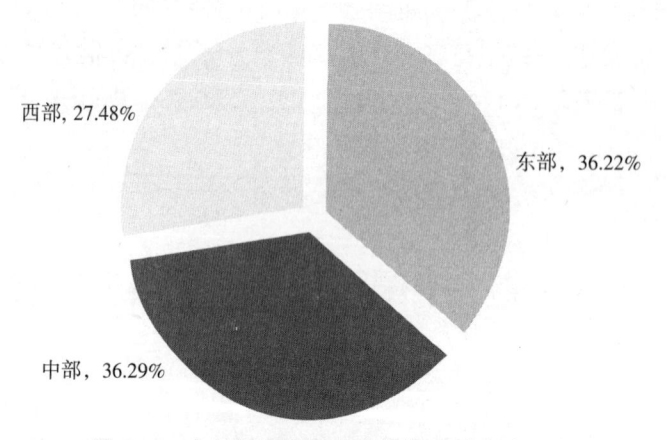

西部，27.48%
东部，36.22%
中部，36.29%

图1-4 中国村镇银行法人机构区域占比
资料来源：《中国村镇银行发展报告（2016）》；中国银行业监督管理委员会。

[①]《中国村镇银行发展报告（2016）》由中国县镇经济交流促进会、中国村镇银行发展论坛组委会联合中国人民银行金融研究所、中国社会科学院农村发展研究所相关学者以及部分商业银行的领导共同成立的"全国村镇银行综合业务发展情况课题研究小组"调研完成。
[②] 东部地区：北京、天津、河北、上海、江苏、浙江、福建、山东、广东和海南；中部地区：山西、安徽、江西、河南、湖北、湖南、黑龙江、吉林和辽宁；西部地区：内蒙古、广西、重庆、四川、贵州、云南、西藏、陕西、甘肃、宁夏和新疆。

根据银监会金融许可证信息的统计，截至 2016 年底，31 个省市都已经拥有村镇银行营业网点，共计 4689 个，平均每省拥有 151 个，不同省市之间营业网点数量差别明显。拥有村镇银行营业网点数 200 个以上的省市达到 11 个，除广西和四川外，主要分布在中部和东部地区，其中河南、山东、浙江最多，分别为 398 个、393 个和 301 个。村镇银行营业网点少于 50 个的省份 5 个，分别是西藏（1）、青海（4）、上海（27）、海南（30）、北京（38）和陕西（45）。其他 15 个省份村镇银行营业网点数量都在 100 个以上。

三、村镇银行的主发起行分类

村镇银行管理办法明确要求村镇银行的发起人必须至少有一家银行类金融机构是最大固定或唯一股东。2006 年以来，国有大型商业银行、全国性股份制商业银行、城市商业银行（包括城市信用社）、农村商业银行（包括农村合作银行）、农村信用社、外资银行、政策性及开发性银行七类机构都参与了村镇银行的发起和设立。从主发起行类型的角度看，截至 2016 年 2 月，全国共有 279 家银行类金融机构发起设立了村镇银行，其中农村商业银行以及农村合作银行占主要地位，约占 50%；其次是城市商业银行，约占 30%；再次是农村信用社，约占 10%；其余银行类金融机构较为有限，总和不到 10%（见图 1-5）。

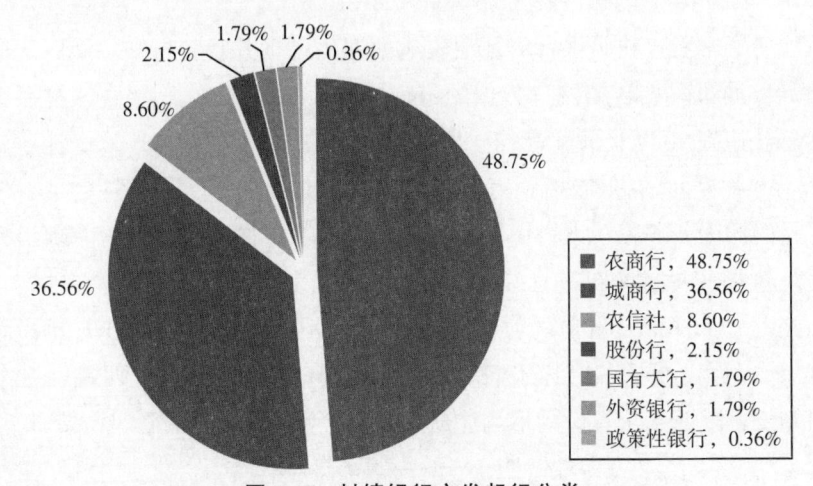

图 1-5 村镇银行主发起行分类

资料来源：《中国村镇银行发展报告（2016）》；中国银行业监督管理委员会。

不同类型银行发起设立村镇银行的初衷或目的有所差别。总体上城商行和农商行发起设立村镇银行最为积极，这与它们意图利用开设村镇银行的办法扩展业务范围有关。

四、村镇银行的总体经营状况

1. 村镇银行法人机构、营业网点和从业人员持续增长

经过近10年的快速发展，截至2016年底，全国共组建村镇银行1443家，相比2009年底的148家足足增加了约9倍；村镇银行网点数由2009年底的193个增加到2016年底的4716个，增长了20多倍；村镇银行从业人数由2009年底的3586人增加到2016年底的81521人，同样增长了20多倍。截至2016年底，村镇银行资产规模已达1.24万亿元，各项贷款余额7021亿元，农户及小微企业贷款合计6526亿元，占各项贷款余额的93%，500万元以下贷款占比80%，户均贷款41万元，从期限结构看，村镇银行以短期贷款为主，其余额占到贷款余额总数的84.8%；贷款投放行业主要为制造业、批发和零售业以及农林牧渔业，占贷款余额总量的77.7%（见图1-6）。总体来看，村镇银行的"三农贷款"增长速度远高于目前农村金融市场中的主要金融机构，已经成为农村金融机构的重要力量，在坚守支农支小、增加农村金融供给方面做出了巨大贡献。

2. 资产规模不断增长，注册资本差异存在

从注册资本看，村镇银行的注册资本普遍不高，并且各行和各地区之间存在明显差异。通过对"村银网"数据的进一步分析，截至2016年底，村镇银行注册资本总计达到1344亿元，平均注册资本为0.71亿元（见图1-7）。注册资本在2000万~5000万元的村镇银行约为797家，占村镇银行总数的55.23%；注册资本过亿元的约为425家，占村镇银行总数的29%。不同地区之间，东部沿海村镇银行平均规模较大。东部地区10个省份中，北京、上海、福建、吉林、广东、浙江、江苏、天津8个省份的村镇银行平均注册资本均超过8000万元；而中西部地区只有河南、四川2个省份平均注册资本超过8000万元；西藏、甘肃、宁夏、黑龙江、陕西5个省份的平均注册规模更是不及4000万元。

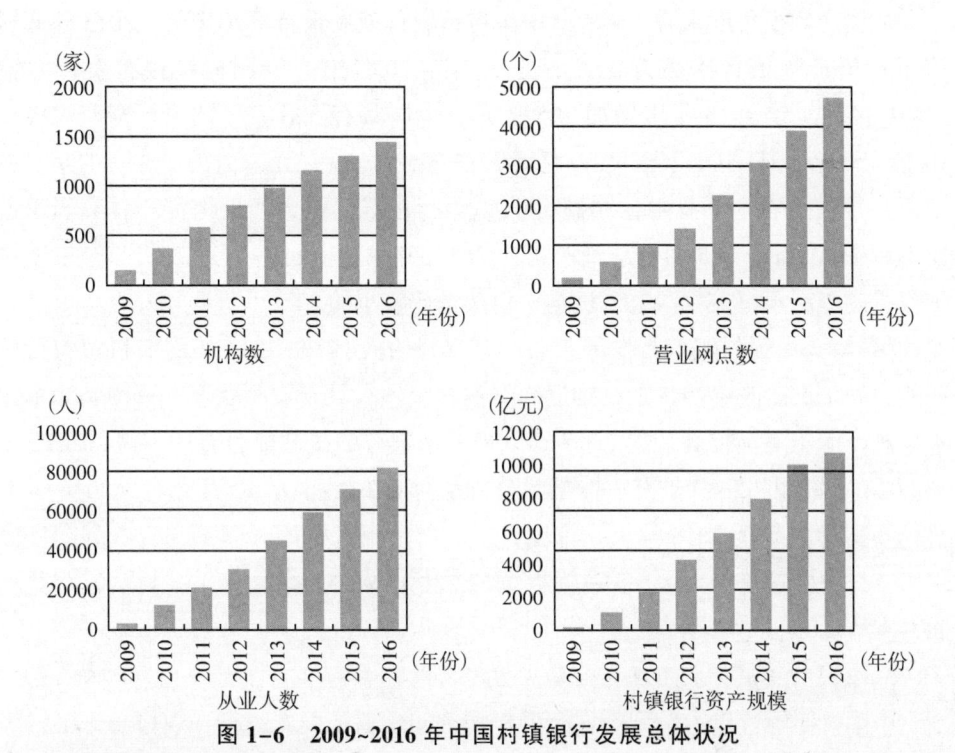

第一章 中国村镇银行发展现状

图 1-6 2009~2016 年中国村镇银行发展总体状况

资料来源：Wind；中国人民银行。

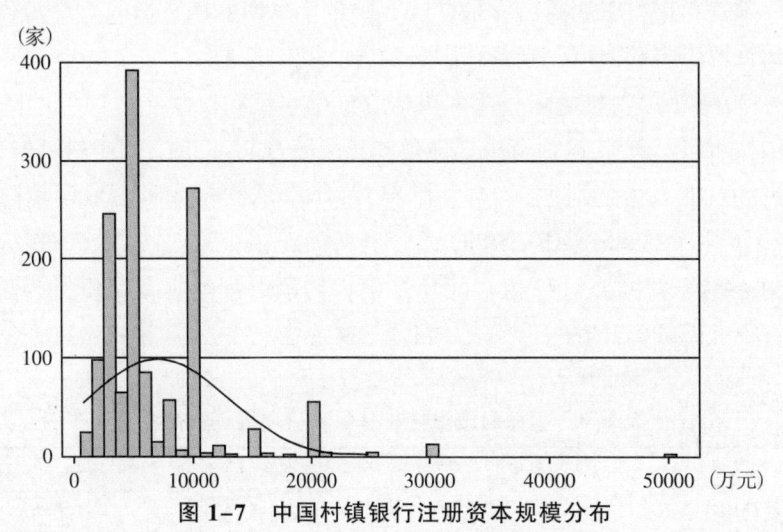

图 1-7 中国村镇银行注册资本规模分布

资料来源：村银网。

从资产规模角度来看，根据《中国村镇银行发展报告（2016）》，2015年底村镇银行资产规模首次破万亿元，至2016年6月末，全国村镇银行资产总额10810亿元，较2015年末增加795亿元。全国共有306家村镇银行资产规模在10亿元以上，其中91家超过20亿元，13家超过50亿元。但需要注意的是，村镇银行规模仍然十分有限，2015年村镇银行在银行业金融机构资产总额当中占比不到1%，而当年城商行总资产占比为11.7%，农商行占比为7.8%。这说明村镇银行的资产规模在我国银行机构中仍然是比较小的。

另外，《中国村镇银行发展报告（2016）》指出，在2014年之前村镇银行盈利能力处于不断改善的状态，接近90%的村镇银行处于盈利状态，资产利润率和资本利率润也逐渐提高。但2015年以来村镇银行的盈利能力有所下滑，2015年较2014年资产利润率和资本报酬率分别下降0.2个和0.7个百分点，2016年下滑仍在持续。截至2016年第一季度，全国村镇银行资产利润率和资本利润率分别为1.11%和8.32%，低于商业银行1.19%和15.96%的平均水平，村镇银行盈利能力有待提升。

3. 中国村镇银行成为农村金融生力军

中国村镇银行作为新型农村金融机构，与农信社、农商行、农村合作银行等一起服务农村经济和"三农"事业，已成为活跃农村金融市场的生力军。2011年，银监会宣布不再组建新的农信社和农合行，全面取消资格股，逐步将符合条件的农信社改组为农商行，农合行则要全部改组为农商行。

截至2016年底，村镇银行法人机构数量已超过农村商业银行（1114个）和农村信用社（1125个，包括省级、地市和县级联社）。同时，2016年底村镇银行营业网点和就业人员分别为4716个和81521人，农村信用社营业网点数量和从业人员数分别为28285个和297083人，农村商业银行营业网点数量和从业人员数分别为49307个和558172人。相比之下，村镇银行营业网点和容纳就业人员数量还有很大追赶提升空间（见表1-4）。

表1-4 中国村镇银行与其他农村金融机构情况

机构名称	法人机构数（个）	营业网点（个）	从业人员数（人）
农村信用社	1125	28285	297083
农村商业银行	1114	49307	558172
农村合作银行	40	1381	13561

续表

机构名称	法人机构数（个）	营业网点（个）	从业人员数（人）
村镇银行	1443	4716	81521
贷款公司	13	13	104
农村资金互助社	589	48	589
合计	3783	83750	951030

资料来源：中国人民银行《中国农村金融服务报告 2016》。

4. 中国村镇银行实现全国十省县域全覆盖

从 2007 年 3 月 1 日全国第一家村镇银行在四川仪陇县正式开业，到 2016 年底，全国共有 1519 家村镇银行相继开业成立，覆盖 31 个省份、1213 个县（市、旗），其中吉林、辽宁、江苏、湖北、海南、上海、天津、重庆、河北十省市实现县域全覆盖，山东、安徽、浙江县域覆盖率已超过 90%（见图 1-8）。

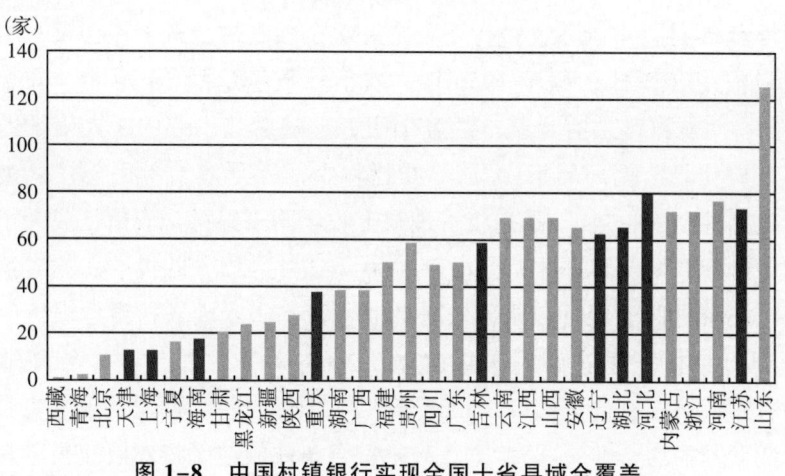

图 1-8 中国村镇银行实现全国十省县域全覆盖

第四节 中国村镇银行政策演变

中国村镇银行是中国农村金融改革的重大突破和银行业发展的重要创新。自 2006 年银监会放宽农村银行业金融机构准入条件开始，银监会等国家相关部门充分发挥政府金融服务职能，政策设计就已经显示出对村镇银行的偏爱。10年来，围绕村镇银行培育和管理，中央和地方在不同时期出台了多项政策，这些政策也在根据村镇银行的实践探索不断完善。2014年"两会"政府工作报告中还特别提出"让金融成为一池活水，更好地浇灌小微企业、'三农'等实体经济之树"。当前村镇银行发展所面临的政策环境越发积极。

一、村镇银行是中国农村金融体系改革的重大政策突破

农村金融机构是我国起步最早的金融机构之一，最早可追溯至1923年6月河北省香河县成立的第一家农信社。① 长期以来，农村金融机构弥补了乡村金融服务空白，支持农民生产生活作用巨大，直至2000年以后开始组建符合现代企业制度的农村商业银行和2007年以后组建公司制的村镇银行，其发展、管理和监管政策才大致确立基本发展方向。

中国农村金融体系中的传统农村金融机构总体是在收放周折中明确发展方向。1951年5月，中国人民银行召开第一次全国农村金融工作会议，决定大力发展农村信用合作社，截至1956年，农信社数量达到16万个，覆盖了全国80%的乡，使农村基层有了基本的金融服务。随后几十年中，农信社的管理经历了"几放几收"循环周折。"放"是指将农信社下放给人民公社、生产队管理，实现自主经营。"收"是指将管理权上收至国家银行，农信社成为了国家银行的基层机构，呈"官办化"倾向。2000年7月，国务院批准江苏省组建省联社，并试办农村商业银行，常熟农村商业银行、张家港农村商业银行、江阴农村商业银行首批三家农商行次年成立。2003年浙江试点了首家农村合作银行——浙江鄞州农村合作银行。2003年6月，国务院印发《关于深化农村信用社改革试点方案的通知》，开始重点鼓励符合条件的地区将农信社改造为股份制商业银行。同年8月，经国务院批准，吉林、山东、江西、浙江、江苏、陕西、贵州、重庆八省（市）开始试点。2011年，银监会宣布不再组建新的农信社和农合行，全面取消资格股，逐步将符合条件的农信社改组为农商行，农合行则要全部改组为农商行。至此，周折几十年的传统农村金融机构发展改革明确了农商行的发展方向。

---

① 现代合作金融的实践，始于19世纪中叶的德国，中国第一家信用合作社比1848年德国人雷发巽创办的世界上第一个信用社晚了75年。

另外，农村金融体系改革期间，出现新型农村金融机构这一新生事物，其中村镇银行是最重要的突破。启动村镇银行试点是当时农村金融体系最重要的两项"放开"：一是对所有社会资本放开。境内外银行资本、产业资本、民间资本都可以到农村地区投资、收购、新设银行业金融机构。二是对所有金融机构放开。调低注册资本，取消营运资金限制，设立村镇银行。

目前，村镇银行与农村信用社、中国农业银行、中国农业发展银行以及邮政储蓄银行等共同构成农村正规金融组织供给主体，形成了包括商业性金融机构、政策性金融机构、合作性金融机构、新型金融机构在内的多层次供给体系，不断深化我国农村金融体系改革。

二、村镇银行发起和监管政策框架逐步建立并完善

村镇银行政策发布部门由单独的银监会发展到中国人民银行、财政部等多部门联合，有利于提供更优惠的发展条件，保障更规范的行业环境。政策内容由行业准入规定向引导行业规范演变，进而转变到多种鼓励和补助政策。

1. 村镇银行设立制度与政策要求

（1）关于发起机构的相关制度。依据《村镇银行管理暂行规定》（以下简称《规定》），在农村地区设立村镇银行目的是为当地"三农"即农业、农民和农村经济发展提供金融服务，具体可由境内非金融机构企业法人、境内自然人、境内外金融机构出资组建，要求村镇银行的出资人或发起人中至少有一家应是银行业金融机构，且银行业金融机构为唯一或最大股东。《小额贷款公司改制设立村镇银行暂行规定》也明确指出，必须以符合条件的银行业金融机构作为最大股东即主发起行，才能将小额贷款公司改制为村镇银行。《村镇银行组建审批工作指引》提出，依公司法规定，采用股份有限公司形式以发起方式设立村镇银行。详见表1-5。

（2）股权设置方面的相关制度。村镇银行的股东由主发起行、其他非银行企业法人、自然人组成。依据《规定》，银行业金融机构持股比例不得低于村镇银行股本总额的20%，必须是村镇银行的最大股东。依据银监会2012年出台的《关于鼓励和引导民间资本进入银行业的实施意见》，支持与鼓励民间资本进入银行机构，并提出村镇银行主发起行的最低持股比例由20%降低为15%。村镇银行希望通过多元化的股权结构，比如吸收国内的产业资本、民间资本以及国内外的银行资本来降低资金来源风险，通过民间资本合理合法的支持使其快速获得资

表 1-5 村镇银行设立制度与政策一览

设立方面	代表性制度与政策	具体内容
发起机构	《村镇银行管理暂行规定》《小额贷款公司改制设立村镇银行暂行规定》村镇银行组建审批工作指引》	服务"三农";境内非金融机构企业法人、境内自然人、境内外金融机构出资组建;符合条件的银行业金融机构作为最大股东
股权设置	《村镇银行管理暂行规定》《关于鼓励和引导民间资本进入银行业实施意见》	银行业金融机构持股比不得低于村镇银行股本总额20%;民间资本提出村镇银行主发起行的最低持股比例为15%
治理结构	《村镇银行组建审批工作指引》《村镇银行管理暂行规定》	依据公司法的相关制度来实施村镇银行的组织机构及职责范围
网点设置	《关于调整村镇银行组建核准有关事项的通知》	依据地域适当集中和集约化发展的原则;遵循先欠发达县域、后发达县域,先中西部地区、后东部地区的基本原则

金,使其"立足农村服务当地"的定位更明显,积极开展错位竞争。

(3)治理结构方面的相关制度。《村镇银行组建审批工作指引》中提出,依公司法的相关制度来实施村镇银行的组织机构及职责范围。依据《村镇银行管理暂行规定》,村镇银行可以按照业务规模特点、决策管理复杂程度来设置组织机构。有些村镇银行通过设置董事会来行使决策和监督职能,也可通过执行董事来履行董事会职责,而不单设董事会。规模较小的村镇银行,可由董事长或执行董事兼任行长。对于那些不设置董事会的村镇银行,具体由利益相关者派驻的专职人员或利益相关者组成的监督部门来实施监督和检查责任。

(4)网点设置方面的制度。《关于调整村镇银行组建核准有关事项的通知》指出,依据地域适当集中和集约化发展的原则,主发起行可以批量化和规模化地成立村镇银行。村镇银行的设立地点、主发起行以及机构数量,具体由银监会确定与实施。同时,为促使单个主发起行设立村镇银行地域适度集中目的,依据"发达地区与欠发达地区挂钩、城乡挂钩、东西挂钩"的基本原则,不断地完善村镇银行挂钩的政策。因此,在组建村镇银行的次序时,遵循先欠发达县域、后发达县域,先中西部地区、后东部地区的基本原则,促使主发起行在中部、西部地区的欠发达县域设立村镇银行。在中西部落后地区布局设立村镇银行,不仅可以弥补当前金融服务空白,也可以提高村镇银行的组建及发展质量,促进其合理布局和规模发展,解决当前村镇银行协调和管理成本高等难题,从而实现中西部地区经济可持续发展目标。

2. 村镇银行监管制度体系的建立

（1）中国人民银行出台相关措施。2008年央行和银监会联合发布《关于村镇银行、贷款公司、农村资金互助社、小额贷款公司有关政策的通知》（以下简称《通知》），明确四类新型机构在存款准备金率、存贷款利率、支付清算和征信管理等方面的规定：①存款准备金管理。村镇银行应及时向央行当地分支机构交存存款准备金，存款准备金率比照当地农村信用社执行。经批准开办代理国库业务和代理国债业务的村镇银行，除按规定缴存存款准备金以外，还应向央行当地分支机构缴存财政存款。②存贷款利率。对村镇银行贷款利率实行市场化管理，贷款利率实行下限管理，下限为央行公布的同期同档次贷款基准利率的0.9倍，然后建立利率定价机制，按贷款定价原则自主确定贷款利率，并且符合司法部门的相关要求。③支付结算。符合条件的村镇银行可申请加入大额支付系统、小额支付系统和支票影像交换系统。④风险管理。村镇银行同贷款公司和农村资金互助社实施审慎监管；小额贷款公司则由省级政府主管部门监督管理。⑤征信管理。具备条件的村镇银行机构可以申请加入企业和个人信用信息基础数据库。

（2）银监部门的政策制度。2007年以来，银监部门先后出台了一系列政策制度，初步构建了村镇银行的监管制度框架（见表1-6）。

表1-6 村镇银行监管方面主要相关制度一览

时间	政策与制度
2007年1月	《村镇银行管理暂行规定》及《村镇银行审批工作指引》
2007年5月	《关于加强村镇银行监管的意见》
2009年5月	《小额贷款公司改造设立村镇银行暂行规定》
2009年7月	《新型农村金融机构2009年-2011年总体工作安排》
2009年12月	《农村中小金融机构风险管理机制建设指引》
2010年4月	《关于加快发展新型农村金融机构有关事宜的通知》
2011年1月	《关于进一步加强村镇银行监管的通知》
2011年6月	《村镇银行监管评级内部指引（征求意见稿）》
2011年7月	《关于调整村镇银行组建核准有关事项的通知》
2012年5月	《关于鼓励和引导民间资本进入银行业的实施意见》
2012年1月	《村镇银行监管评级内部指引》
2012年6月	《关于做好村镇银行非现场监管工作有关问题的通知》

续表

时间	政策与制度
2012 年 7 月	《村镇银行风险处置办法（征求意见稿）》
2012 年 5 月	《关于银行业金融机构发起设立村镇银行有关事项的通知》
2014 年 3 月	《农村中小金融机构行政许可实施办法》（旧《办法》）
2014 年 12 月	《关于进一步促进村镇银行健康发展的指导意见》
2015 年 6 月	《农村中小金融机构行政许可实施办法》（新《办法》）
2015 年 1 月	《关于加大改革创新力度加快农业现代化建设的若干意见》
2015 年 6 月	《中国银监会办公厅关于做好 2015 年农村金融服务工作的通知》
2016 年 2 月	《关于做好 2016 年农村金融服务工作的通知》
2017 年 3 月	"三违反""三套利""四不当"多项监管文件
2017 年 4 月	《关于集中开展银行业市场乱象整治工作的通知》
2017 年 7 月	《全国金融工作会议》
2017 年 11 月	《村镇银行监管指引》

这些政策及文件明确了村镇银行监管主体、监管原则、目标与内容、监管措施等，建立了基本的村镇银行监管制度体系框架（见表 1-7）。

表 1-7 村镇银行监管制度体系框架

监管	具体内容
监管主体	(1) 银监会负责制定村镇银行监管制度办法，汇总分析非现场监管信息，撰写综合监管报告，对撤销村镇银行做出决定 (2) 银监局负责制定村镇银行监管政策实施细则，汇总分析辖内村镇银行非现场监管信息，撰写综合监管报告，组织制订现场检查计划，指导银监分局开展非现场监管和现场检查工作，并负责对所在地村镇银行实施属地监管 (3) 银监分局负责对辖内村镇银行实施属地监管，具体监管工作可授权监管办事处实施
监管目标、原则	(1) 按照"管法人、管风险、管内控和提高透明度"的监管理念，坚持属地监管和联动监管、合规监管和风险监管、法人监管和并表监管、持续监管和分类监管相结合的原则，对村镇银行实施以资本为基础的风险监管，促进村镇银行合法、稳健运行，把村镇银行真正办成以服务"三农"为宗旨，具有可持续发展能力的农村社区性银行 (2)《中国银监会办公厅关于做好村镇银行非现场监管工作有关问题的通知》指出，各级监管机构要按照"属地监管、法人监管、并表监管、联合监管、资源集成"原则进一步推动联动监管，切实提高联动监管效能

续表

监管	具体内容
监管内容	(1) 除了针对一般商业银行的准入监管、资本监管、公司治理和内控监管、风险监管、信息披露监管及风险处置等，特别强调对支农服务的监管 (2)《关于加强村镇银行监管的意见》要求村镇银行属地监管机构积极引导村镇银行立足县域，服务"三农"、服务社区，开展金融创新，开发适应农村经济发展和区域产业特点的金融产品，促进当地经济发展。并要求属地监管机构建立支农服务质量评价考核体系，将考核结果作为对村镇银行综合评价、行政许可以及高级管理人员履职评价的重要内容，促进村镇银行更好地服务"三农" (3)《关于做好村镇银行非现场监管工作有关问题的通知》再次强调各级监管机构要将村镇银行的市场定位监管放在更加突出位置
监管措施	(1) 设置主监管员，负责收集、审查、分析、汇总和上报村镇银行的监管报表和统计信息资料，并且对村镇银行进行现场走访，与有关人员谈话，了解村镇银行运营情况 (2) 非现场监管统计制度。村镇银行每月按时向属地监管机构报送《资产负债表》、《利润表》等 (3) 现场检查。属地监管机构根据非现场监管情况和社会中介机构的审计情况，按照"一行一策"的原则，确定现场检查计划，实施现场检查 (4) 并表监管。对符合并表监管要求的，持股银行应按照非现场监管信息系统并表监管要求，向属地监管机构报送监管信息。负责并表监管的银行业监管机构要与村镇银行的属地监管机构建立每月对话机制，加强监管信息沟通，实施对持股银行有效监管 (5) 风险处置。属地监管机构要建立动态的风险监测机制，加强对村镇银行风险状况的分析。要建立村镇银行支付风险预警，及时进行风险提示等 (6) 建立监管预警制度、举报制度及问责制度等
分级、分类监管模式	(1) 对资本充足率大于8%、不良资产率低于5%的，适当减少现场检查的频率和范围，支持其稳健发展 (2) 对资本充足率高于4%但低于8%的，要限期提高资本充足率，并加大非现场监管及现场检查力度，适时采取限制其资产增长速度、固定资产购置、分配红利和其他收入、增设分支机构、开办新业务等措施 (3) 对限期内资本充足率降至4%、不良资产率高于15%的，可适时采取责令调整董事或高级管理人员、停办部分或所有业务、限期重组等措施进行纠正 (4) 对在规定期限内仍不能实现有效重组、资本充足率降至2%及2%以下的，应适时接管、撤销或破产
监管趋势	(1) 升级监管框架，推动监管规则走向一致 (2) 升级监管理念，更加注重功能监管和行为监管 (3) 加强问责

随着我国金融市场化改革的加快推进，"宽进严管"已成为银行监管的重要取向。"宽进"是对市场主体准入条件、登记服务方式和行政审批制度进行改革，放宽条件。"严管"是指通过信息公开、信用约束等方式，完善长效监管机制，形成严格监管的局面。近年银行同业业务、影子银行业务等受到监管层越来越多的"关照"就是"严管"的明显例证。可以预见，在监管趋严的大趋势下，监管

套利的空间将进一步缩小,依法经营的"红线"将更加清晰,监管问责的力度将进一步加大,违规成本也将不断增加。银行不能再寄希望于通过"打擦边球""走模糊地带"等方式获利,而是要在合法合规、风险可控的前提下加快金融产品创新,调整营利模式。

三、国家和地方层面相继出台政策培育支持村镇银行发展

1. 国务院出台的相关措施

(1)《国务院关于鼓励和引导民间投资健康发展的若干意见》(以下简称《意见》)。2010年5月,该《意见》提出,在金融领域,鼓励民间资本发起或参与设立村镇银行、贷款公司、农村资金互助社等金融机构,放宽村镇银行或社区银行中法人银行最低出资比例的限制。《意见》为民间资本参与村镇银行提供政策支持,调动了民间资本设立村镇银行的积极性,有利于村镇银行加快设立步伐以及投资主体多元化,形成良好的治理模式并实现健康发展。

(2)十二项任务提出。2012年3月的国务院常会务议上,决定设立温州市金融综合改革试验区,确定温州市金融综合改革的十二项主要任务。其中鼓励民间资金设立或参股村镇银行、贷款公司、农村资金互助社等新型金融组织。温州试改放宽政策门槛,开放民间资本准入限制,越来越多的民间资本将参与到村镇银行的组建中,村镇银行将更好发挥其服务"三农"的职能,根据市场需求提供农村金融服务,并实现以盈利为目的的商业化经营。

(3)2013年《关于金融支持小微企业发展的实施意见》。①强调从融资渠道、服务方式、服务主体、考核评价等多方面引导金融机构"用好增量、盘活存量",向小微企业倾斜金融资源。②开辟小微融资绿色通道。③充分考虑到外部环境的作用,注重通过调动外部力量改善融资环境,促进为小微企业金融服务的可持续发展。

(4)2016年中央一号文件和国务院关于《推进普惠金融发展规划(2016-2020年)》。鼓励和引导金融机构更多地将新增或者盘活的信贷资源配置到小微企业和"三农"等领域。进一步增强支农支小再贷款、再贴现支持力度,引导金融机构扩大涉农、小微企业信贷投放,降低社会融资成本。

2. 银监会发布的相关文件

(1)《关于调整放宽农村地区银行业金融机构准入政策 更好支持社会主义新农村建设的若干意见》(以下简称《意见》)。2006年12月20日银监会颁布该

《意见》，放宽农村金融机构准入政策。其中提出要积极支持和引导境内外的银行资本、产业资本和民间资本，到农村地区投资、收购、新设各类银行业金融机构，并且鼓励各类资本到农村和较边缘地区，新设一些主要为当地农户提供金融服务的村镇银行。《意见》表明，银监局将在我国中西部农村地区进行包括村镇银行、农村资金互助社、贷款公司三种机构在内的新型银行业金融机构试点，而其中村镇银行是最主要的机构。

（2）《小额贷款公司改制设立村镇银行暂行规定》。2009年6月银监会发布《小额贷款公司改制设立村镇银行暂行规定》，明确了小额贷款公司改制为村镇银行的准入条件、改制工作的程序和要求、监督管理要求。①公司治理机制完善、内部控制健全。②考虑经营能力和持续发展的要求，小额贷款公司按《关于小额贷款公司试点的指导意见》新设后持续营业3年及以上；清产核资后，无亏损挂账，且最近2个会计年度连续盈利。③小额贷款公司资产风险分类准确，且不良贷款率低于2%；已足额计提呆账准备，其中贷款损失准备充足率130%以上，净资产大于实收资本。④小额贷款公司资产应以贷款为主，最近四个季度末贷款余额占总资产余额的比例原则上均不低于75%，且贷款全部投放所在县域，最近四个季度末涉农贷款余额占全部贷款余额的比例均不低于60%。⑤小额贷款公司抵债资产余额不得超过总资产的10%。

（3）《关于加快新型农村金融机构有关事宜的通知》。2010年4月银监会下发《关于加快新型农村金融机构有关事宜的通知》，提出对设立新型农村金融机构的数量达到10家的金融机构，允许其设立管理总部，管理总部设立地点不受区域限制；对设立30家或以上新型农村金融机构的主发起人，将允许以地（市）为单位组建总分行制的村镇银行，其中总行可设在地级市，另外，为防止以前农村金融机构将农村资金转移到城市运用的情况，明确规定，地（市）总行吸收的存款除上缴存款准备金和留足备付金外，应主要用于县（市）支行发放贷款，支行吸收的存款要全部用于当地。

（4）《关于鼓励和引导民间资本进入银行业的实施意见》。2012年5月26日，银监会公布《关于鼓励和引导民间资本进入银行业的实施意见》，明确民间资本进入银行业与其他资本遵守同等条件，支持民间资本参与村镇银行发起设立或增资扩股，主要的关键点有：①将村镇银行主发起行的最低持股比例由20%降低到15%。②支持民营企业参与商业银行增资扩股，鼓励和引导民间资本参与城市商业银行重组。民营企业参与城市商业银行风险处置，持股比例可适当放宽至20%

以上。③进一步加大引导和扶持力度，鼓励民间资本参与农村金融机构重组改造。通过并购重组方式参与农村信用社和农村商业银行风险处置的，允许单个企业及其关联方阶段性持股比例超过20%。

（5）《关于2016年推进普惠金融发展工作的指导意见》。①支持各类符合条件的社会资本参与设立村镇银行，加快在县（市、旗）集约化发起设立村镇银行，重点布局中西部地区、老少边穷地区、粮食主产区和涉农小微企业聚集地区，稳步提高县（市）覆盖面。②探索开展农村承包土地经营权抵押贷款、农民住房财产权抵押贷款、大型农机具融资租赁试点，积极发展林权抵押贷款。③银行业金融机构要积极到机构空白乡镇设立标准化固定营业网点。对暂不具备条件的机构空白乡镇，继续采取便民金融服务点、金融电子化机具、电子渠道等多种形式提供简易便民服务。

（6）《关于开展投资管理型村镇银行和"多县一行"制村镇银行试点工作的通知》。强调继续做好村镇银行培育发展工作，把工作着力点放在支持普惠金融发展和服务脱贫攻坚上，从完善准入政策、加强定位监管、加强风险监管三个维度，提出了21项具体政策措施。《通知》规定，具备一定条件的商业银行，可以新设或者选择一家已设立的村镇银行作为村镇银行的投资管理行，即投资管理型村镇银行，由其受让主发起人已持有的全部村镇银行股权，对所投资的村镇银行履行主发起人职责；在中西部和老少边穷地区特别是国定贫困县相对集中的区域，可以在同一省份内相邻的多个县（市、旗）中选择一个县（市、旗）设立一家村镇银行，并在其邻近的县（市、旗）设立支行，即实施"多县一行"制村镇银行模式。

3. 财政部等部门的相关激励政策

首先，在税收政策方面，财政部和国家税务总局于2010年联合发布了《关于农村金融有关税收政策的通知》，明确规定自2009年1月1日至2013年12月31日，对金融机构农户小额贷款的利息收入，免征营业税；对金融机构农户小额贷款的利息收入在计算应纳税所得额时，按90%计入收入总额。该《通知》一定程度上鼓励了村镇银行的发展。

其次，在财政政策方面，大部分都是普惠政策。例如《关于村镇银行、贷款公司、农村资金互助社、小额贷款公司有关政策的通知》规定，村镇银行的存款准备金率可以低于其他银行，但同时规定要比照农村信用社执行。财政部于2014年决定对符合条件的村镇银行等新型农村金融机构按照贷款平均余额的2%

给予补贴。2015年，财政部提出免收村镇银行、社区资金互助社和贷款公司3类新型农村金融机构的银行业监管费。这些制度目的在于鼓励村镇银行"支农支小"，针对村镇银行存贷款稳定性差、业务创新不足等特点，通过优惠政策扶持来全方位推进村镇银行可持续发展。

4. 地方政府积极出台支持政策

全国多个省（市）地方政府专门出台或重点明确培育支持村镇银行发展，这些政策涉及村镇银行发起条件、管理流程、空间布局、业务准入和财税安排等多个方面。比较典型的有：

（1）《湖北省人民政府办公厅关于支持村镇银行发展的通知》（2009），2009年5月发布，提出村镇银行比照《省人民政府关于加快农村信用社改革和发展的意见》有关农村信用社的税收优惠政策执行；各地、各有关部门不得限制自然人和法人到村镇银行开户存款，县以下单位的各类涉农资金、财政资金等可存入村镇银行；各地、各部门不得干预村镇银行业务经营，不得强迫村镇银行发放贷款和实施不符合市场规则的信贷倾斜；优化村镇银行发展的信用环境；切实加强村镇银行管理。以上五个方面为村镇银行的健康发展提供了政策性指引。

（2）《山东省人民政府关于促进全省县域金融业更好更快发展的意见》（2012），2012年4月出台，对于村镇银行的发展提出了重要布局。《意见》提出，到2012年底县域村镇银行覆盖率要达到60%以上；到2015年底，实现全覆盖；鼓励村镇银行在乡镇设立分支机构或营业网点。

（3）《关于促进天津市村镇银行发展的意见》（2012），2012年10月发布，推出了一系列优惠政策，对新设立的村镇银行，在实施差别存款准备金动态调整、再贷款、再贴现等金融政策方面加大支持，同时还加大了财税政策的支持力度。天津市对当地股东持股比例超过50%的村镇银行给予一次性资金奖励，其中注册资本5亿元以上的，奖励1000万元；注册资本在5亿元以下、3亿元以上的，奖励500万元。村镇银行新购建自用办公用房，按其缴纳契税的100%标准给予补助，前三年按其缴纳房产税的100%标准给予补助。村镇银行自开业年度起，前两年按其缴纳营业税的100%标准给予补助，后三年按其缴纳营业税的50%标准给予补助。自获利年度起，前两年按其缴纳企业所得税地方分享部分的100%标准给予补助，后三年按其缴纳企业所得税地方分享部分的50%标准给予补助。这些鼓励政策，积极支持了村镇银行在当地的健康发展。到2014年，天津市以

"本土化、民营化、专业化"为导向和原则累计改制设立13家村镇银行，已经率先实现了村镇银行在涉农区县全覆盖。

(4)《福建省人民政府办公厅关于加快村镇银行组建和发展的指导意见》(2013)，2013年8月出台，对新设立的村镇银行，政府将给予实际到位注册资本金1%~3%的开办补助，对村镇银行每设立一家支行可给予10万元补助；对上年贷款平均余额同比增长、年末存贷比高于50%且达到银监会监管指标要求的村镇银行，按其上年贷款平均余额的2%给予定向费用补贴；对村镇银行农户农林牧渔业贷款、农户消费和其他生产经营贷款季均余额同比增长超过15%的部分，按2%的比例给予奖励。该项《意见》进一步对村镇银行的服务"三农""小微"的市场定位提出了硬性规定，各村镇银行应以农户和小微企业为信贷支持重点，确保涉农、小微企业贷款增速不低于各项贷款平均增速，贷款增量不低于上年同期水平；村镇银行开业满两年后，涉农、小微企业贷款合计余额和增量占比不得低于80%，100万元以下贷款客户数比例不得低于70%。

(5)《内蒙古自治区人民政府办公厅关于支持村镇银行持续健康发展有关事宜的通知》(2015)，2015年11月发布，从存款准备金政策、支农支牧再贷款、再贴现管理、差别化监管措施等方面提出了十二项支持村镇银行健康发展的鼓励、优惠、引导政策。《通知》提出，对村镇银行吸收存款用于当地贷款考核达标的，存款准备金按低于同类金融机构正常标准1个百分点执行；对于当年度涉农涉牧贷款余额占全部贷款余额的比例高于70%（含）的村镇银行，由盟市银监分局进行认定，经主管税务机关确认后，减按15%的税率征收企业所得税。《通知》还提出，在村镇银行设立初期，银监部门要适当放宽对村镇银行监管指标考核，突出村镇银行支农支牧指标的考核，并鼓励保险公司在产品开发、风险管理、专业化人才队伍建设等方面积极与村镇银行开展合作，为小微企业、农牧户等小额贷款人提供信用增级。

(6)《湖南省人民政府办公厅关于促进村镇银行健康发展的指导意见》(2015)，2015年12月发布，提出优化股权结构，支持和引导开业3年以上、主要监管指标良好、经营发展稳健的村镇银行通过转让股权、增资扩股和新引进社会资本等方式，适度调整主发起人和其他股东的持股比例；支持主发起人按照规模化、集约化、专业化发展方向，批量设立村镇银行；推进网点下沉，支持村镇银行在辖区内乡镇设立分支机构，打破"冠名村镇，身处县城"的格局，下沉服务重心、下延机构网点，扩大县域内金融服务范围。同时，推动行业创新发展，注重产品开发和创新合作模式，批量设立的村镇银行，以村镇银行管理部为载体，根据相关规定给予国土资源网上交易、财税库银等公共系统服务，共享相关资源；对经营稳健的村镇银行，纳入社会保障卡发放银行管理名单；扩大资金来源，支持符合条件的村镇银行申请支农再贷款和小微企业专项金融债。

第二章　中国村镇银行理论之基

村镇银行成立的初衷，是国家要利用网点下沉优势，打通农村金融市场"最后一站地"，真正盘活农村金融业务及市场。要深入探究村镇银行的公司治理、业务发展、风险管理以及科技建设等内容，首先需要掌握村镇银行发展的理论基础，正所谓理论基础是研究社会经济运动的一般规律。关于村镇银行理论基础的阐述，主要按照市场定位（总体发展方向与定位）、金融共生理论（共生系统的依存或竞合关系）、普惠金融理论（主要功能与承担使命）以及可持续发展理论（发展目标与追求）的逻辑构架展开。

第一节　村镇银行发展的市场定位

一、C-A-P 市场定位模型

早在20世纪70年代初期，美国营销学家艾·里斯和杰克·特劳特首次提出市场定位这一概念，并将市场定位界定为塑造与众不同的产品，从而促使自己的产品在竞争的市场上找到适合自己产品的位置。C-A-P市场定位模型是市场定位的一般性理论，也是当前银行业实施定位决策的最常用模型之一。C-A-P市场定位模型所关注的三个核心对象或者是定位决策系统可划分为客户（Client）、经营区域（Area）、产品或服务（Product）三个部分。因此，C-A-P市场定位模型的核心内容就是通过不同目标群体的客户—经营区域—产品或服务组合以确定产品的定位方向，从而准确、全面地描述企业的市场定位战略（见图2-1）。

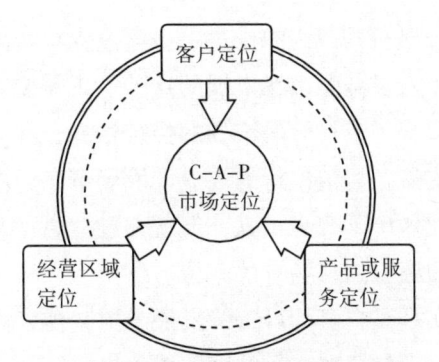

图 2-1　C-A-P 市场定位模型逻辑结构

图 2-1 描述了 C-A-P 市场定位模型的潜在市场定位战略，系统性地揭示了市场定位战略的三维要素决定论。其中，客户定位、经营区域定位、产品或服务定位三个方面的定位战略相互影响、相互促进，最终实现银行业发展的战略定位目标。事实上，C-A-P 市场定位模型所强调的就是，当某一银行进入某一地区后，最先需要考虑的就是选择什么样的客户、确定经营区域以及提供什么样的产品或服务。而且，不同经营区域存在着不同的客户源，而不同的客户源又需要提供不同的产品或服务，产品或服务的质量又直接决定着该经营区域的客户资源持续性。因此，C-A-P 市场定位模型就是一种循环往复的演进过程。

二、村镇银行市场定位的意义

村镇银行的 C-A-P 市场定位是指村镇银行在银行业的细分市场上，从提升资金使用效率和经营管理水平出发，针对特定的客户群体特征与需求而设计出适宜的产品和服务，并不断凸显村镇银行产品和服务的独特优势或优质性，以此形成与竞争对手产品和服务的差异性，进而获得客户的认可以及更大的市场份额。在市场定位过程中，村镇银行需要坚持实事求是、因地制宜、因人制宜的原则，市场定位战略必须建立在对宏观政策环境、地区金融市场竞争环境和信用环境等外部环境有充分了解的基础上，经过细致的市场调查和严密的分析预测来确立目标市场主体客户的有效需求，进而使村镇银行所提供的产品和服务的营销策略组合与目标市场要求相吻合，最终实现长久的可持续发展。事实上，实现村镇银行的市场有效定位不仅有利于促进村镇银行的自身可持续发展，而且有利于构建农村多元金融体系，进而更好地满足"三农"服务需求。

（1）促进村镇银行的自身可持续发展。目前，我国的农村金融市场发育尚不完善，亟须引入新的金融机构或组织来进一步激发农村金融市场竞争活力，村镇银行的成立正是满足了农村金融市场发展的这种客观需要。从某种角度来看，村镇银行的诞生有效地改变了农村金融市场的传统格局，并为促进农村地区的经济发展提供了重要金融支持。村镇银行的成立与发展着实为农民生存发展环境改善以及农村金融市场优化做出了突出贡献，但这一过程离不开村镇银行的自身可持续发展，更离不开村镇银行的市场有效定位。事实上，村镇银行的精准市场定位的首要目标就是为了实现其自身的可持续发展。更具体来讲，精准的市场定位不仅有利于村镇银行针对农村金融市场的服务对象推出符合当地发展需求的特色产品和服务，从而在减少竞争成本的同时提升金融服务效率，而且有利于村镇银行扬长避短，充分运用自身的优势和借力的优势防患于未然，最终形成良好的自控力和调解能力，并增强农村金融市场对村镇银行的认可度。

（2）有利于建立多元的农村金融体系。从客观现实来看，村镇银行的主要工作使命就是有效地吸收农村地区的社会闲散资金，尤其是广大农户的储蓄存款，进而通过金融资本的集中调配来优化农村地区金融资本的供给，为促进广大农村地区的经济社会发展与创新创业活动提供重要的金融支持力量。另外，村镇银行还会通过金融创新等手段来满足农村地区各类群体和组织对金融资本的多样化需求。因此，针对村镇银行的精确市场定位，不仅有利于村镇银行与中国农业银行、中国农业发展银行、各地区农村商业银行或农村信用社等农村金融机构和组织在客户群体、金融功能、业务范围等方面有效区别开来，而且有助于通过构建多元化的农村金融体系来促进互补型农村金融体系的形成。除此之外，明确村镇银行的市场定位，还有利于村镇银行在广大的农村地域内开展特色金融服务，推动农村金融产品、服务以及经营管理模式的创新与变革。

（3）更好、更优质地服务于"三农"。为了填补农村金融服务的空缺与不足，国家金融监管部门为村镇银行戴了一顶"帽子"并划定了一个"圈子"。一方面，要求村镇银行将目标市场定位在村镇地区；另一方面，要求村镇银行的服务对象主体是"三农"和中小微型企业。此外，村镇银行也会结合自身的发展需求进行市场定位。其中，村镇银行将自身发展与农户或中小微企业的利益连接在一起，而这一根植于农村的地缘优势又在无形中产生了一种"鲶鱼效应"，即促使农村市场中的其他金融机构或组织产生一种危机感，进而督促根植于农村市场或与农村市场存在一定关联的中小金融机构乃至大型银行的分支机构不断参与农村金融市场的细分，并不断在差异化竞争和个性化服务上下功夫，以此形成多米诺骨牌效应。事实上,"鲶鱼效应"的形成在一定程度上推进了农村金融产品和金融服务的创新,根本性地增强了农村金融机构的竞争力以及服务于"三农"和中小微企业的能力,而农村金融系统的进一步完善以及金融市场竞争力的逐步强化又有利于村镇银行不断调整市场定位,从而为"三农"和中小微企业提供更好、更优质的金融服务。

三、村镇银行发展的角色定位

2007年5月,中国银行业监督管理委员会印发了《村镇银行管理暂行规定》,明确了村镇银行的具体身份,即经中国银行业监督管理委员会依据有关法律、法规批准,由境内外金融机构、境内非金融机构企业法人、境内自然人出资,在农村地区设立的主要为当地农民、农业和农村经济发展提供金融服务的银行业金融机构。并且,村镇银行是独立的企业法人,享有由股东投资形成的全部法人财产权,依法享有民事权利,并以全部法人财产独立承担民事责任。[1] 简言之,村镇银行的主要性质就是服务"三农"的农村商业银行。从村镇银行的角色定位来看,村镇银行既非政策性金融机构,也非合作金融组织,是一种自主经营、自担风险、自负盈亏且以安全性、流动性、效益性为经营原则的商业性的农村金融机构组织。总之,追求利润最大化以及保持商业经营的可持续性就是村镇银行存在与发展的基本前提。

在经济欠发达地区,地方政府公共财政对农村地区的资本供给严重不足,因此会强制性地要求面向农村地域开展业务的金融机构或组织推行低利率政策。这种对农村金融市场的政府干预会导致以利润最大化为发展目标的农村金融机构出现政策性亏损现象,要么选择"脱农化"或是退出农村金融市场,要么在涉农贷款业务上实施传统的信贷配给制(这种信贷配给制通常是优先满足那些经济较富裕农户或乡镇企业),最终结果就是农村金融市场呈现出稀缺金融资源的低效配置以及涉农金融机构的低效运行。为了解决我国农村地区金融机构的覆盖率低、竞争不充分、金融供给不足以及金融服务缺位等问题,我国金融监管部门于2006年放松了对农村金融市场的管制,并积极引入村镇银行进行市场"补位",以达到"激活"农村金融市场的目的。不过,对农村金融市场的"补位"并不意

---

[1] 详见中国银行业监督管理委员会关于印发《村镇银行管理暂行规定》的通知,银监发〔2007〕5号文件。

味着以牺牲村镇银行的商业利益和可持续性发展目标为代价。因此，村镇银行这一新型农村金融机构的设定，首先需要明确的就是其商业性金融机构这一特性，以及不承担政策性金融业务这一角色。

总之，村镇银行发展还是要尊重市场规律，不能以脱离市场配置资源的基本原则并以损害或牺牲村镇银行的可持续发展为代价。而且，村镇银行的发展不能不现实地期望其"毕其功于一役"地解决农村金融市场的困局。事实上，我国金融监管部门在实施"东西挂钩、城乡挂钩"的双挂钩政策时，还应该督促各级地方政府改善金融制度环境和金融生态环境，着实解决村镇银行所面临的实际困境，保障村镇银行的可持续发展及盈利前景。否则，在中国目前的农村金融市场环境中，即便是实行"挂钩"政策或是数量计划，也很难吸引更多的金融机构或私人资本进入农村市场。此外，甚至还可以用差别性的政府诱导政策来取代当前地方政府关于村镇银行建设的硬性数量指标和"挂钩"政策。比如，在金融覆盖率较低的中西部农村地区，地方政府可以通过税收优惠、财政补贴以及奖励等政策来诱导更多的社会资本进入，并促进村镇银行的发展。

四、村镇银行发展的目标客户定位

村镇银行的性质特征以及角色定位决定了其目标客户也应该是多元的或具有多元性特征。不过，具体操作还应根据村镇银行所在地区的"三农"特点进行自行选定。从目标市场来看，村镇银行与中国农业银行以及农村商业银行（或称农村信用社）等其他农村金融机构的业务区域具有重叠性，这就意味着村镇银行的目标客户将会与其他涉农性质的农村金融机构具有重合性，也就是说，这种重合性会"激活"农村金融市场竞争。不过，从农村金融市场的发展来看，这种竞争关系有助于打破原有农村金融市场中由中国农业银行和农村信用社独家垄断的局面，有利于倒逼农村金融机构改善服务质量、提升服务效应，最终促使"三农"服务资金规模扩大且服务效率和质量增加。

与传统的涉农金融机构相比，作为新型农村金融机构的村镇银行表现出一定的优势，这决定了村镇银行发展在目标客户定位方面具有比较优势。首先，村镇银行基本上是按照现代公司制度设立的，其治理结构规范且不存在历史负担（诸如坏账、不良贷款以及亏损等）。其次，村镇银行大多由现代银行业金融机构发起，具有较规范的业务流程和内控机制，并且能够利用先进的经营管理体制和科技、网络等优势条件来维系自身系统的健康运行。最后，村镇银行的业务不再受到限制，可以向所有的经济主体提供除存款和贷款之外的其他多元化银行产品和服务，具体包括票据贴现、结算、兑付、代理发行、代理收付款、代理保险业务、承销政府债券、担保以及信用证服务，等等。

进入 21 世纪后，我国农村地区的经济主体日益多元化，涉农的信贷需求也呈现出多元化、多层次的特点。其一，农业金融需求呈现出多元化。经济社会的快速发展促使农业生产不再局限于传统的小规模粮食生产，而是倾向于大规模的粮食种植、特色经济作物种植、大规模养殖、特种高附加值养殖以及大范围的海面养殖等。不仅如此，现代化的农业金融需求还囊括了除农林牧副渔生产之外的农产品加工、运输、储藏以及销售等诸多环节在内的整个产业链。因此，多元化的农业金融需求意味着村镇银行发展的目标客户也将辐射至农业生产发展产业链上的各个主体。其二，农户金融需求呈现出多元化。现代农业的生产发展，使得整个生产链条上的各主体不只是传统涉农生产主体，还包括了中小微企业的私营企业主、具有一定资金的返乡创业农民工，所以，农户金融需求的多元化发展也需要村镇银行的目标客户趋于多元化。其三，农村金融需求呈现出多元化。新时期的农村金融需求是一个范围更广、种类更多、链条更长的范畴，不仅涉及传统的农业和农民，还涉及农村基础设施建设、农业产业化经济组织以及乡镇企业、农业龙头企业、部分涉农外资企业等。多元化的农村金融需求也将促使村镇银行的目标客户趋于多元化。

五、村镇银行发展的经营区域定位

（1）从当前的政策法规来看，村镇银行的营业地域范围是模糊的。2007 年 1 月，中国银行业监督管理委员会在《村镇银行管理暂行规定》中，将村镇银行明确为为当地农民、农业和农村经济发展提供金融服务的银行业金融机构。也就是说，村镇银行的设立主要用于服务"三农"。到了 2010 年 4 月，中国银行业监督管理委员会在《关于加快发展新型农村金融机构有关事宜的通知》（银监发〔2010〕27 号）中指出，"允许西部除省会城市外的其他地区和中部老、少、边、穷等经济欠发达地区以地（市）为单位组建总分行制的村镇银行，总行设在地（市），办理除贷款以外的经银行业监管部门批准的其他业务，支行设在地（市）辖内所有县（市）"。①所以，村镇银行的主要营业范围既包括县级区域内的农村，也包括县城。目前，中国县城中的正规金融机构并不缺乏，不仅涵盖了全国五大国有商业银行（中国银行、中国工商银行、中国建设银行、中国农业银行以及交通银行），还囊括了10余家股份制商业银行以及100余家城市商业银行。不过，这些商业银行具有一个共性，那就是贷大不贷小、贷城不贷乡。显然，中国的县域金融市场还需要村镇银行来"补位"或是"激活"，而这些执行金融市场"补位"和"激活"职能的村镇银行则应将经营区域集中在那些被存量正规金融机构忽视的县域农村地区，存款市场可以兼顾县城、农村乃至地级城市，但贷款市场还应以农村市场为主、县城市场为辅。

（2）从权利和义务角度来看，村镇银行发展的主要经营区域也应定位在农村。自2007年成立首家村镇银行以来，国家金融监管部门不断出台优惠政策来鼓励村镇银行发展，以此来解决农村金融市场的"缺位"问题。2008年4月，中国人民银行和中国银行业监督管理委员会在《关于村镇银行、贷款公司、农村资金互助社、小额贷款公司有关政策的通知》中规定，村镇银行的存款准备金率比照当地农村信用社执行。2009年4月，财政部在《财政县域金融机构涉农贷款增量奖励资金管理暂行办法》中规定，对贷款质量符合规定条件且年度涉农贷款平均余额增长幅度超过一定比例的县域金融机构（包括村镇银行），对余额超增的部分给予一定比例的奖励。2010年5月，财政部在《关于农村金融有关税收政策的通知》中规定，"自2009年1月1日至2011年12月31日，对金融机构农户小额贷款的利息收入免征营业税，对金融机构农户小额贷款的利息收入在计算应纳税所得额时按90%计入收入总额，对村镇银行的金融保险业收入减按3%的税率征收营业税"。总之，国家相关部门出台优惠政策是以鼓励村镇银行为"三农"服务为前提，村镇银行不涉农的业务不能享受到政策优惠。除了给予政策上的优惠，国家金融监管部门还要监督村镇银行为"三农"服务这一宗旨。2010年10月，中国人民银行会同银监会制定印发了《关于鼓励县域法人金融机构将新增存款一定比例用于当地贷款的考核办法（试行）》（银发〔2010〕262号文），明确规定县域法人金融机构（包括村镇银行）用于"三农"服务的贷款比例下限，并根据其服务于农业、农户、农村的绩效来予以奖励，如存款准备金率按低

---

① 具体参见中国银监会官网，http://www.cbrc.gov.cn/govView_DFC1FB47FEA74B439AB2F35B36721D57.html。

于同类金融机构正常标准1个百分点执行,可按其新增贷款的一定比例申请再贷款并享受优惠利率,优先批准其新设分支机构和开办新业务的申请。

(3)考虑到区域的经济发展差距,不同地区村镇银行的主要目标客户定位也可以有所差别。比如,在东部地区农村和中西部城市近郊的农村,由于工业化和城镇化发展程度比较高,所以,村镇银行的经营区域定位应优先选择中小型城镇,通过"1+N"的形式股份制吸收当地民间资本,并以"金融扶贫"的方式将信贷支持延伸到村镇,在服务于"三农"的同时做大自己。在中西部农村地区,国有商业银行和其他股份制商业银行因资金趋利、成本核算、人员管理等问题而在中西部农村地区撤销了大量县域网点,这给村镇银行让出了市场空间。这个时候,村镇银行应该在具体网点设置时优先选择县政府所在地,然后等发展壮大后再将网点扩大到乡镇甚至是农村基层,这种区域定位有利于村镇银行的稳定和发展。在"农业大县、工业小县、财政穷县"地区,村镇银行的定位应该紧紧抓住该地区的特色项目,在促进当地农业产业发展以及农民增产增收的同时,不断壮大自己和发展自己的竞争优势。

六、村镇银行发展的业务产品定位

对于任何农村金融机构,除了政策性银行定位之外,追逐经济利益并实现利润最大化,是正常市场经济主体实现可持续发展的价值取向。村镇银行是新时期"政策性"与"商业性"并存的新型农村金融机构,是农村金融机构与"三农"共生的新型组织。除了在总体战略上兼顾政策导向和商业运作模式,并以此来合理规避风险,还要做出合理的市场定位,确定适合银行自身发展以及客观现实需求的金融业务产品和服务。

根据营销学理论,任何一个市场经济主体必须在"产品(Product)、价格(Price)、渠道(Place)、促销(Promotion)"(4P)方面取得相对优势地位后,才能主导市场并领先于其他经济主体或组织(见图2-2)。从设定的初衷来看,村镇银行的设立就是为了填补农村金融的空白、弥补农村金融供给的不足以及支持"三农"发展而成立的,村镇银行能否在农村市场上站稳脚跟并实现长效发展,在很大程度上取决于其所推出的业务产品和服务能否符合当前农村、农业以及农户的实际需求。

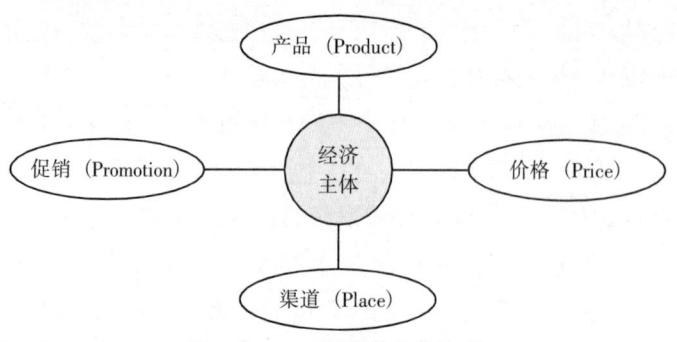

图 2-2　4P 营销模式的构成

目前，村镇银行主要推出的业务产品表现出一定的不足：业务品种过于单一，主要业务依然以存贷款为主；业务产品与其他农村金融机构的同质化严重；业务产品定价较简单且杠杆系数较小；结算手段有限且只存在支票业务，而汇票和本票业务发展滞后；业务服务范围具有局限性，无法通存通兑到任一乡镇。面对上述不足，村镇银行应该通过业务产品创新来突破企业内部和外部政府的约束，并在公权"法无授权不可为"、民权"法无禁止即可为"的基础上，尽可能地规避现有金融监管部门的管制措施，进而实现"曲线救国"。除此之外，还要积极引进技术并适应于互联网的发展，在流程和核算上实现创新，并严控交易成本，以谋求村镇银行的商业未来。

第二节　金融共生理论与村镇银行发展

一、金融共生理论基础

共生的概念最早由德国生物学家德贝里（Anton de Bary）于1979年提出，指共生单元之间在某一共生环境中按照某种共生模式形成的共生关系。经过100余年的发展，共生理论已被学者们赋予了更多的内容。随着共生理论的日趋完善，共生理论被进一步应用到社会学、经济学、管理学、政治学以及人类学等各个人文社科领域，用于解决具体的社会现实问题。诸如，斯蒂格利茨（1998）最先将共生理论运用在金融问题分析中，并首次提出金融学理论中的共生概念以及金融共生的形成逻辑（见图 2-3）。袁纯清（2002）将共生理论融入金融学研究领域，并在其著作《金融共生理论与城市商业银行改革》中将金融共生定义为"银行与银行之间、银行与企业之间、银行与非银行金融机构之间，在一定共生环境中并借助某一特定共生模式而形成的相互依存关系"。

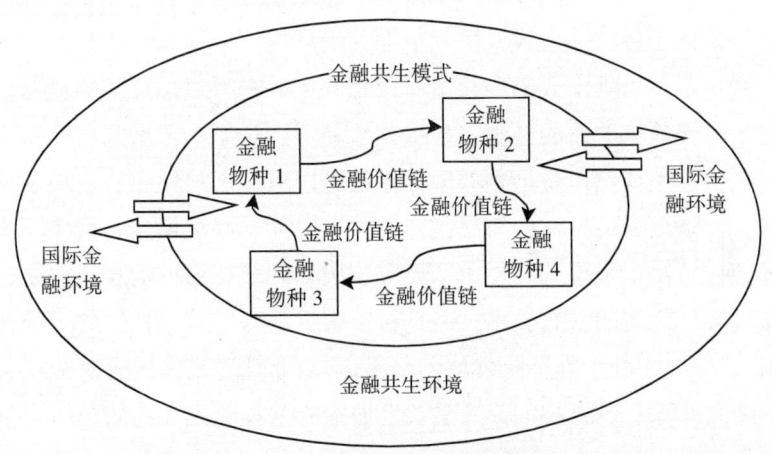

图 2-3　金融共生的形成逻辑

金融共生理论是指具有不同性质、不同规模、不同类型的金融机构之间，金融机构与相关企业之间，金融机构与经济环境之间在某一共生环境中凭借交互式作用方式而形成的共同发展态势。金融共生理论具体包括三个共生要素：金融共生单元、金融共生模式以及金融共生环境。其中，金融共生单元是金融共生理论的细胞，具体包括银行业机构、保险机构、证券机构等与社会经济发展密切相关的系列经济单元。随着我国经济社会发展水平的日益提升，金融业对外开放程度得到不断增强，金融共生单元的内涵将更加充裕、更加丰富、更加多元化。金融共生模式是各类金融共生单元的共生结合方式，在一定程度上体现了金融机构与其他相关主体之间的物质信息交流关系，以及通过互惠互利的共生关系来实现共赢目标。事实上，金融共生模式不仅反映了金融共生单元之间的作用方式，更反映了作用强度以及共生单元之间的能量互换关系。金融共生环境则包括一切可能影响到金融主体生存的各类经济、政治、文化等因素。从本质上来讲，金融共生环境是金融共生体所不能控制的因素，相对于共生单元来说是外生的。另外，虽然金融共生体与共生环境的关系在某一特定物件下能够确定，但这一共生关系也会随着时间和空间的变化而发生改变。因此，关于金融共生环境的研究，不能仅局限于某一方面，还应从多视角、多方面展开具体分析。

二、村镇银行共生系统的要素构成

根据共生理论，共生系统通常包括三大要素，即共生单元（Unit）、共生模式（Model）以及共生环境（Environment）。那么金融共生理论也不例外，具体包括金融共生单元、金融共生模式以及金融共生环境三个要素。而且，三个要素紧密相连，缺一不可。其中，金融共生单元是共生关系得以形成的物质基础，金融共生模式是形成共生关系的关键，金融共生环境则是影响金融共生关系的外部条件。事实上，共生理论以及金融共生理论也可以应用于村镇银行发展领域的研究中，并且，村镇银行的共生性发展也包含共生单元、共生模式、共生环境三个要素。此外，村镇银行发展的共生关系还应该包括两个层面的信息：一是村镇银行与"三农"客户之间的共生关系；二是村镇银行具有"政策性"与"商业性"共存的关系。其中，"政策性"是发展的前提，"商业性"是发展的根本。

（1）村镇银行发展的共生单元是共生理论的基本单元和物质载体，是村镇银行共生体得以形成的基本能量生产单位和交换单位。村镇银行共生单元的具体特征可以通过象参量和质参量两个参数来刻画，但是能够对村镇银行共生单位发挥主导性作用的还是主质参量。更具体地讲，村镇银行发展的共生单元就是指各家村镇银行机构所服务的"三农"对象，它是形成农村金融市场共生关系的物质基础。根据共生理论，一个良好的村镇银行共生关系得以存在和维系，必须同时具备三个条件：第一，村镇银行共生单元之间不存在任何沟通和交易障碍，能够通过共生界面来实现物质、信息以及能量的顺利交换；第二，村镇银行发展的共生单元以及凭借共生界面的交互作用所构成的共生关系具有能量函数，即村镇银行间的各种交换活动能够让彼此产生净能量或增值，并为共生系统的存续提供原动力；第三，共生系统中的信息丰度（共生体对对方信息的占有程度）达到临界值，即所有村镇银行共生单元之间不存在信息不对称问题。

（2）村镇银行发展的共生模式是村镇银行共生单元之间通过相互作用或相互结合而形成的特殊形式或状态。换言之，村镇银行共生模式是指共生单元的共生方式和结合方式，在一定程度上体现了村镇银行机构与其他农村金融主体之间通过互惠互利的生存方式来达到共赢的目标。根据共生模式的表征内容，可将村镇银行共生模式划分为村镇银行共生组织模式和村镇银行共生行为模式，而不同类型的共生组织模式和行为模式相结合则进一步构成多样化的村镇银行共生体系。

由此来看，村镇银行发展的共生模式具体指机构服务对象的作用形式，并且反映了村镇银行共生单元之间的信息交流、信息传递等基本方法。另外，村镇银行的共生组织模式可以由点共生、间歇共生、连续共生以及一体化共生四类模式构成（见表2-1）。村镇银行的共生行为模式则由寄生、偏利共生、非对称互惠共生以及对称性互惠共生四类模式构成（见表2-2）。

表2-1　村镇银行的四类共生组织模式比较

	点共生模式	间歇共生模式	连续共生模式	一体化共生模式
相互作用特征	共生单元在某一时刻只在某一方面相互作用一次	共生单元在某几方面间隔性的多次相互作用	共生单元在一封闭时间内多方面连续相互作用	共生单元在封闭时间内全方位相互作用并形成独立共生体
共生关系特征	共生关系不稳定、具有随机性	共生关系较不稳定，具有随机性	共生关系具有较稳定性和必然性	共生关系具有稳定性和必然性
界面特征	界面随机生成且不稳定	界面既随机也必然生成，较不稳定	界面有选择性必然生成且较稳定	界面按某方向必然生成且稳定
介质特征	介质单一	介质较单一	介质多样互补	介质多样且存在特征介质
专一特征	专一性低	专一性较低	均衡时专一性较高	均衡时专一性较高

资料来源：袁纯清：《金融共生理论与城市商业银行改革》，商务印务馆2002年版。

表2-2　村镇银行的四类共生行为模式比较

	寄生模式	偏利共生模式	非对称互惠共生模式	对称性互惠共生模式
共生单元特征	形态存在明显差异；同类单元亲近度较高；异类单元单向联系	形态方差可以较大；同类单元亲近度较高；异类单元双向关联	形态方差较小；同类单元亲近度差异明显；异类单元双向关联	形态方差接近于零；同类单元亲近度相同或接近；异类单元双向关联
共生能量特征	不产生新能量；能量由寄主向寄生者转移	产生新能量；新能量只分配给一方，不能广普分配	产生新能量；新能量按非对称机制广普分配	产生新能量；新能量按对称机制广普分配
共生作用特征	可能对寄主无害；双向单边交流；有利于寄生者而不利于寄主进化	对单方有利；双边交流；有利于获利方进化，无补偿机制时非获利方进化不利	广普进化；存在双边和多向多边交流；有利于双方或多方进化但非同步	广普进化；存在双边和多边交流机制；双方或多方进化具有同步性

资料来源：袁纯清：《金融共生理论与城市商业银行改革》，商务印务馆2002年版。

村镇银行发展的共生环境是村镇银行共生单元以外的所有因素的总和，或是影响村镇银行主体生存的外部因素的总称。从本质上来讲，共生环境能够通过信息、物质以及能量的交流与相互作用，进而形成对村镇银行共生系统的正向、中性或反向影响作用。村镇银行共生环境不仅包括经济因素、社会因素、法律因素、政治因素以及文化因素等因素，还包括人文传统、风俗习俗以及国际环境等一些大环境因素。而且，村镇银行共生环境相对于共生单元来讲是外生性的，是整个村镇银行共生体所不能控制的因素。不过，这种外生性特性也会随着时间和空间条件的变化而发生改变。图 2-4 给出了村镇银行发展的共生环境，其中，政府部门和监管部门主要对村镇银行发挥支持引导和监督管理的作用，村镇银行与农户和企业之间则处于共生依存的关系，而村镇银行与农村其他金融机构之间则处于共生竞合的关系。

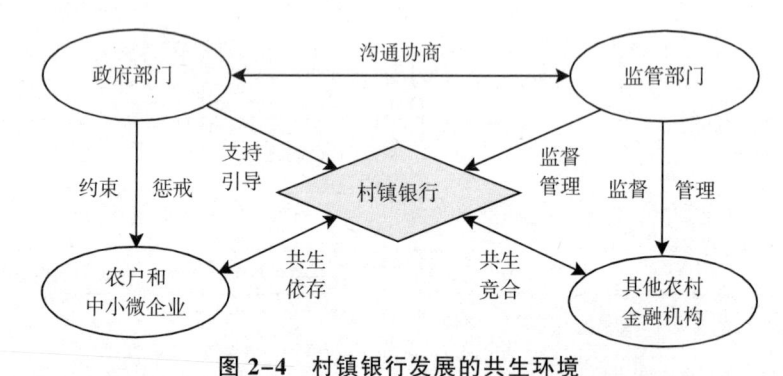

图 2-4　村镇银行发展的共生环境

资料来源：李玉：《基于共生视角的村镇银行发展研究》，东北农业大学博士学位论文，2013。

三、村镇银行与农户和中小微企业的共生依存逻辑

随着改革开放的不断推进，农村经济发生了翻天覆地的变化，农户已经由传统的农产品生产组织转变为集农业生产经营和消费为一体的经济组织，与此同时还衍生出一大批与农业生产、经营具有直接关联的中小微企业。其中，农户家庭最为明显的变化特征就是：其一，除了农业生产，外出务工和工商业经营也成为农村居民的新增收入来源；其二，农户家庭除农产品外的其他生活消费总量不断增多且呈现出多样化趋势；其三，农户家庭对农村金融产品和服务的需求也随之而高涨，除了存贷款等基本金融服务需求外，还包括汇兑、信用卡以及结算等系列金融产品和服务。

作为农村经济发展中的新兴经济组织以及国民经济发展的重要组成部分，中小微企业不仅从事着与农村经济相关联的生产经营活动并向农村或城镇社会提供

商品或服务，而且在推进农村经济发展、城乡协调发展以及促进产业结构升级等方面发挥着不可替代的作用。进入转型发展期后，中小微企业对农村金融需求也表现出一定特征：第一，贷款以短期为主，用途以流动资金为主；第二，难以达到正规金融机构所规定的贷款条件，以至于贷款成功率低；第三，资金来源渠道狭窄，主要依赖内源性融资。总而言之，不论是农户家庭还是中小微企业，都对农村金融产品和服务表现出极大的需求，这就为村镇银行发展以及与农户和中小微企业共生依存关系的形成奠定了基础。

（1）在村镇银行与农户和中小微企业的共生系统中，村镇银行、农户以及中小微企业均是共生系统中的共生单元。因此，关于村镇银行与农户和中小微企业的共生依存逻辑则分别从共生模式和共生环境两个方面进行解析。其中，共生模式的具体解析如下：①当村镇银行并不能完全获得农户和中小微企业的生产经营信息时，村镇银行与农户和中小微企业之间的共生组织模式只能算是点共生模式，此时的双方之间只可能产生随机的一次性合作。而且，村镇银行为了规避较高的信贷风险，通常会选择抵押贷款的模式。不过，即使是点共生的共生组织模式，只要农户和中小微企业的投资盈利较高，也能实现互惠共赢的共生行为模式。当然，这也不能排除农户和中小微企业的投资盈利较低时，村镇银行与农户和中小微企业之间只能产生偏利共生或寄生的行为模式。②只要村镇银行能够获得农户和中小微企业生产经营的部分信息，那么二者之间则可能产生间歇性共生组织模式。这时的村镇银行偏向于选择资产抵押或灵活贷款的方式，最终产生的共生行为模式也会包括寄生、偏利共生和互惠共生。③当村镇银行与农户和中小微企业之间信息完全对称时，二者的共生组织模式即为一体化共生模式，此时的村镇银行仍会选择灵活的贷款方式或是直接向中小微企业注资，最终的共生行为模式即为对称性互惠共生模式。

（2）在村镇银行与农户和中小微企业的共生系统中，经济环境、制度环境以及文化环境构成了主要的共生环境。其中，经济环境主要指农村地域的金融环境以及经济发展状况；制度环境主要指用于规范村镇银行金融行为的相关政策措施以及鼓励农户和中小微企业进行金融活动的相关制度；文化环境则指农村金融发展过程中所形成的道德氛围和人文习俗。一般来讲，正向的共生环境有利于村镇银行与农户和中小微企业之间形成良好的共生依存关系。不过，就目前的农村金融发展情况来看，仍缺乏有利于村镇银行与农户和中小微企业之间共生依存关系形成的共生环境。从经济环境来看，我国当前的农村地区经济发展较滞后，不能为村镇银行的金融产品和服务创新提供经济条件。从制度环境来看，我国农村地区的各级地方政府对于村镇银行发展的扶持力度较低，部分政策措施的落实不到位，而且相关配套政策也不完善，这在一定程度上限制了村镇银行的成长与进步。从文化环境来看，农户和中小微企业信用意识淡薄且信用文化缺失，这在极大程度上约束了村镇银行的发展。

四、村镇银行与其他农村金融机构的共生竞合逻辑

改革开放以来，我国农村经济建设日新月异，但农村金融市场的供给不足在一定程度上制约了农村地区的生产发展。尽管我国中央政策以及各级地方政策一直在探索农村金融市场的改革路径，但农村金融产品和服务的供给匮乏问题却仍没有得到改观。为了突出解决农村金融市场的供给不足、竞争不充分问题，相关金融监管部门尝试性地在农村进行增量改革，并建立了村镇银行、农村资金互助社、农村金融贷款公司等新型金融机构试点。经过一定时期的发展，农村金融市场的总体状况有所变化，尤其是以村镇银行为代表的新型农村金融机构已经成为农村金融供给的主要力量，并形成了与中国农业银行、农业发展银行、邮政储蓄银行、农村合作银行、农村商业银行、农村信用社、小额贷款公司以及民间金融组织等其他农村金融机构的共生竞合之势。

（1）同业竞争关系。从农村资金供给者的角度来讲，村镇银行与其他农村金融机构之间首先表现出来的是同业竞争关系，即为了特定的农村金融市场而展开竞争或争夺。一方面，村镇银行与其他农村金融机构的市场定位就决定了上述机构为农村地域农户和中小微企业提供资金服务的特定使命。但是，农村地域的有限市场和客户资源，使各金融机构为保障市场业务和经济利润而不得不展开竞争。另一方面，为了谋求自身的生存与成长，并实现社会生产资源的优化配置和自身利益的最大化，村镇银行与其他农村金融机构都会不断开发新的金融产品，改善经营管理并调整经营策略，以此来满足农户以及中小微企业等经济主体对金融产品和服务需求的不断变化。由此来看，不论是村镇银行还是其他农村金融机构，不断进行金融产品与服务创新，将成为所有农村金融机构在日益激烈的竞争中立足的根本。

（2）同类共生关系。从产业链价值理论来看，村镇银行与其他农村金融机构的质参量在性质上是兼容的，这意味着它们之间属于同类共生关系。也就是说，村镇银行与其他农村金融机构之间的共生关系也可能会表现为互利合作关系。现

代企业理论认为，任何企业均不可能在全部价值链上的所有增值环节中占有优势。这就意味着一条产业链上的所有企业在某种功能上都是不可替代的，而且这一理论逻辑也同样存在于农村金融市场。事实上，任何一个涉农的银行机构都有着自己的资源边界和权能边界，这就为各银行之间的资金、技术、信息等方面合作提供了可能。在竞合共生模式下，村镇银行可以凭借与其他农村金融机构的互利合作来提升自身的核心优势，以此来获得实力的提升并优先进入一些经济较发达地区的农村金融市场。另外，农村金融业本来就是一个内部风险关联性极强的产业，村镇银行与其他农村金融机构之间的互利合作有助于提升农村金融市场的资金运营水平、组织化程度、资本收益以及应对潜在金融风险的能力。总而言之，这种共生竞合关系的形成，能够促使村镇银行与其他农村金融组织产生各自在独立状态时无法产生的共生能量，最终使农村金融市场演变为一种均衡化的共生系统。

第三节 普惠金融理论与村镇银行发展

一、普惠金融理论基础

普惠金融（Inclusive Finance）也被称为包容性金融，是当前全球经济与社会发展的一个新热点，不仅涉及金融业态多样化和金融服务均等化，更与互联网等新技术带来的产业变革及社会重构相关。但由于普惠金融本身的多样性和探索性，其基本概念的形成在过去几十年处在不断变化与演进中（见图 2-5）。不同主体从不同维度对普惠金融进行阐述，导致普惠金融的内涵及其指代或强调的金融产品或服务也不尽一致。在思考并规划中国普惠金融的现状与未来时，需要清晰梳理普惠金融的概念与特征。亚洲开发银行（2000）在总结过去十几年间微型金融活动的经验后指出，在一定时期内持续性地向贫困人口提供多种金融服务，能够推动金融系统及全社会的进步，并认为普惠金融是指向穷人、低收入家庭及微型企业提供的各类金融服务，包括存款、贷款、支付、汇款及保险。英国国会下议院财政委员会（2004）认为，普惠金融是指个人获得合适的金融产品和服务，这些金融产品或服务主要是指人群可负担的信贷和储蓄。

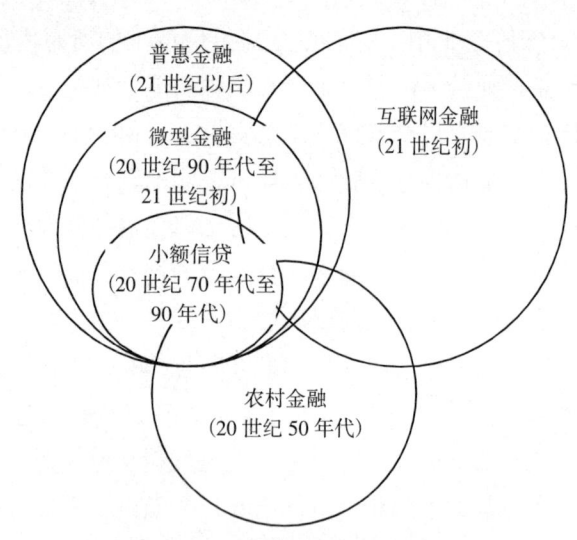

图 2-5 普惠金融的发展起源

资料来源：秦昌宁、倪瑛：《普惠金融研究进展与展望》，《四川理工学院学报》（社会科学版），2015年第6期。

关于普惠金融的具体内涵，2005年联合国在推广"国际小额信贷年"时第一次给出了明确的概念界定：一个能有效地、全方位地为社会所有阶层和群体——尤其是贫困、低收入人口——提供服务的金融体系。同时，明确了普惠金融体系的四大目标：一是家庭和企业以合理的成本获取较广泛的金融服务，包括开户、存款、支付、信贷、保险等；二是稳健的金融机构，要求内控严密、接受市场监督及健全的审慎监管；三是金融业实现可持续发展，确保长期提供金融服务；四是增强金融服务的竞争性，为消费者提供多样化的选择。2006年，联合国在《建设普惠金融体系蓝皮书》中又一次提出普惠金融的内涵，认为普惠金融将以往被忽视的小微企业、城镇低收入群体和农村贫困人口都纳入普惠金融体系，让不同的机构分别为不同的客户群体提供差异化的金融服务和产品，让每个人都拥有平等获得金融服务的权利。这一概念的提出，主要是针对传统金融体系中"贷富不贷贫"以及"只讲锦上添花、不讲雪中送炭"等问题。

到目前为止，我国仍没有一个官方的关于普惠金融的准确定义，但越来越多的学者开始关注并推行普惠金融的理念和实践。国内关于"普惠制金融体系"的概念最早由中国人民银行研究局副局长焦瑾璞提出，并在2006年3月的亚洲小额信贷论坛上对此进行了初步陈述。随后，其在《建设中国普惠金融体系——提供全民享受现代金融服务的机会和途径》一书中详细阐述了普惠金融的基本含义。他认为，普惠金融应理解为可以让社会成员普遍享受的并且对落后地区和弱势群体给予适当优惠的金融体系，包括金融法规体系、金融组织体系、金融服务体系和金融工具体系。中国人民银行原副行长吴晓灵（2013）认为，普惠金融的核心是让每一个人在具有金融需求时，都能够以合适的价格，享受到及时的、有尊严的、方便的、高质量的金融服务，具体包括三个方面的内容：一是普惠金融包含政策层面的监管与监督；二是普惠金融对于普惠金融机构的财务报告和信息披露有一定的要求；三是普惠金融对客户层面要有公平的定价。中国人民银行行长周小川（2013）认为，普惠金融是指"通过完善金融基础设施，以可负担的成本将金融服务扩展到欠发达地区和社会低收入人群，向他们提供价格合理、方便快捷的金融服务，不断提高金融服务的可获得性"，其目标包括：一是家庭和企业以合理成本获取较广泛的金融服务，包括开户、存款、支付、信贷、保险等；二是金融机构稳健，要求内控严密、接受市场监督以及健全的审慎监管；三是金融业实现可持续发展，确保长期提供金融服务；四是增强金融服务的竞争性，为消费者提供多样化的选择。

普惠金融理论的核心观点就是，只有对当前割裂且趋于分散的微型金融机构进行整合，进而构建具有包容性的金融体系，才能全面地满足现代社会中绝大部分人对金融服务的需求，并促使过去常被排斥于金融服务体系之外的农民、穷人以及中小微企业等相对弱势群体获益。从来源看，普惠金融理论是对微型金融理论以及小额信贷理论的继承与发展。总的来讲，普惠金融理论具有如下几个特征：第一，强调金融服务的全面性。普惠金融的核心思想就是包容性金融，注重所有人群具有平等享有金融服务的权利。而且，从服务内容来讲，普惠金融服务不仅包括存贷款等基本金融服务，更是涵盖了信息咨询、保险产品以及投资服务等多元化的金融服务。第二，强调金融资源分配的公平性。在普惠金融理论看来，所有地区的人群应该获得公平合理的金融服务，共同享有这一独特资源，并公平、平等地参与到金融活动中来。第三，强调金融机构的广泛参与性。根据普惠金融理论，金融服务或金融活动并不只是某个机构或组织的事情，更是需要所有经济主体的广泛参与。第四，强调金融发展的可持续性。有别于传统"低息补贴"的扶贫模式，普惠金融更加突出社会各个阶层（群体）对金融资源的公平参与和均衡配置，从而促进金融市场中营造出更有活力的可持续发展体系。另外，有别于传统"贷富不贷贫"的金融供给模式，普惠金融更加关注不发达地区以及经济弱势群体对金融服务的迫切需求，这在一定程度上拓宽了金融发展的业务空间。

二、社会主义市场经济下农村普惠金融发展

（1）农村普惠金融的形成与发展。改革开放以来，我国中央政府已发布19个指导"三农"工作的中央一号文件，并且在每一份文件中都提及了有关农村金融方面的政策。2013年，中国共产党十八届三中全会通过了《中共中央关于全面深化改革若干重大问题的决定》，提出了"发展普惠金融""完善金融市场体系"的发展战略要求。根据《中共中央关于全面深化改革若干重大问题的决定》的战略思想，国务院办公厅于2014年发布《关于金融服务"三农"发展的若干意见》，并强调"提升农村金融服务的能力和水平，实现农村金融'三农'的共赢发展"。除此之外，还提出了九条政策措施，其中就包括"大力发展农村普惠金融，推动农村基础金融服务全覆盖，加大金融扶贫力度"。

（2）农村普惠金融的推进与重视。2015年3月，李克强总理在国务院《政府工作报告》中指出，"大力发展普惠金融，让所有市场主体都能分享金融服务的雨露甘霖"。[①] 2015年10月，中国共产党十八届五中全会提出，"坚持共享发展"，"实施脱贫攻坚工程"，"实施精准扶贫、精准脱贫"。而发展普惠金融则是增加农村地区金融供给并实施精准扶贫工作的重要途径之一。2016年1月，国务院印发了《推进普惠金融发展规划（2016-2020年）》（国发〔2015〕74号），高度凸显了党中央、国务院对于普惠金融发展的高度重视，并对普惠金融的具体内涵进行了界定，即立足机会平等要求和商业可持续原则，以可负担的成本为有金融服务需求的社会各阶层和群体提供适当、有效的金融服务。另外，发展规划中也进一步明确了当前我国普惠金融发展的重点服务对象，即城镇低收入人群、贫困人群和残疾人、老年人、农民、小微企业等特殊群体。与此同时，2017年的国务院《政府工作报告》将"抓好金融体制改革"作为2017年的重点工作任务之一，具体提出"促进金融机构增强服务实体经济能力"，"鼓励大中型商业银行设立普惠金融事业部"，"有效缓解中小微企业融资难、融资贵问题"等发展要求。总之，发展农村普惠金融已经成为社会主义市场经济下的农村工作重点以及农村经济改革的重点方向。

---

① 详见国务院官网 http://www.gov.cn/guowuyuan/2015-03/16/content_2835101.htm。

三、普惠金融理论与村镇银行发展的关系

传统的正规金融机构在金融资源配置上的不合理是普惠金融体系得以提出的根本原因。事实上,正规金融机构的金融排斥现象在农村金融市场中更为严重。在广袤的农村大地上,资本的逐利本性促使大量的金融资源被配置给经济较富裕的群体,以至于处于经济弱势地位的农户以及中小微企业被排斥在正规金融体系之外。世界银行扶贫协商小组的调查报告表明,全世界不具有银行账户的农村社会群体占据了一半,这些农村社会群体完全被排斥在银行大门之外,也从没有享受过金融产品和服务,这种情况在我国的农村地区也普遍存在。普惠金融理论体系的目标就是要追求金融公平,并充分分享金融资源。其核心价值就是让社会所有阶层均有权平等享受金融产品和服务,农户以及中小微企业等弱势群体也不例外,都可以运用合适的金融手段和工具,并充分分享经济社会发展带来的福利。

根据中国银行业监督管理委员会颁布的《村镇银行管理暂行规定》,村镇银行的设立主要用于服务农户和涉农中小微企业。由此可见,村镇银行的服务对象正是普惠金融体系所关注的弱势群体。另外,村镇银行的工作重点就是解决农村地区金融机构数量过少甚至存在"金融真空"的问题,其主要经营区域为县以及县域以下的农村地区,这正是普惠金融理论中"公平分配金融资源"这一核心思想的具体表现。再者,村镇银行设定的根本宗旨就是让包括穷人、农户以及涉农中小微企业在内的所有社会弱势组织或群体都享有公平利用金融资源的权利,从而把被传统金融机构所抛弃的农村主体纳入金融服务体系之中。因此,村镇银行不仅是普惠金融理论"金融公平"理念在中国农村地区的具体显现,而且对普惠金融体系的最终实现发挥了重要推进作用。

四、普惠金融理论下村镇银行发展的要求

进入经济转型时期后,我国农村经济结构的调整以及农业生产方式的转变都对农村金融市场的金融服务供给提出了新要求。村镇银行是在这一现实背景下产生的新型农村金融机构,是普惠金融理论体系在中国的具体实践。为了充分解决农村地区的农村金融供给力量不足以及农村金融机构覆盖率较低等种种问题,普惠金融理论体系对村镇银行发展提出了新要求:

(1)成为农户及涉农中小微企业等弱势群体的普惠银行。传统的正规农村金

融机构为了保证资本回报率和资金安全,通常会将农户及涉农中小微企业等弱势群体排斥在金融服务群体之外。因此,那些急需资本又不具备信贷抵押能力的农户及涉农中小微企业只能从非正规金融机构获取所需的金融资本和服务,不过这种非正规化的民间融资会加大他们的资本成本和风险代价,极有可能加剧农户及涉农中小微企业等弱势群体的贫困状况。普惠金融的目的是要让扶贫融资服务有机地整合到金融体系中去,使这些已被排斥在正规金融服务体系之外的贫困群体有可能获得所需的金融资本。因此,普惠金融理论体系下的村镇银行更需要恪守服务于农户及涉农中小微企业等弱势群体的目标和根本宗旨,成为名副其实的普惠农村贫困群体的银行。

(2) 为农户及涉农中小微企业等弱势群体提供全面的金融服务。在普惠金融理论体系下,所有金融机构应该致力于为所有社会阶层(群体)提供全面的金融服务,以此来满足那些处于弱势群体地位的经济主体对金融资本的需求。对于村镇银行来讲,普惠理论体系下的金融服务不仅要涉及传统的存贷款服务,更要满足农村经济主体对信息咨询、保险、结算、理财等金融产品和服务的多元化需求,使其享有与城镇地区经济主体同等的金融服务权限。

(3) 要有创新的理论和服务意识,坚持金融产品和服务创新。坚持创新是普惠金融理论体系对村镇银行发展的客观要求。一方面,村镇银行必须做到理论上的创新。理论上的创新主要表现为公平对待农户以及中小微企业等弱势群体的金融服务思想,强化主动服务意识,最大限度地为农村弱势群体提供金融服务。另一方面,村镇银行还要不断地坚持产品和服务创新。村镇银行的产品和服务创新具体包括创新自己的特色产品与服务以及实现贷款方式创新,从而形成多层次、广覆盖、可持续的农村金融体系。

第四节 村镇银行的可持续发展理论

一、村镇银行可持续发展内涵

可持续发展概念最早出现于1980年国际自然保护同盟的《世界自然资源保护大纲》。1987年,世界环境与发展委员会在《我们共同的未来》报告中对可持续发展给予了具体定义，即经济社会发展在不损害后代人利益的同时，能够满足当代人的生存发展需要。1994年3月，《中国21世纪议程》（又称为《中国21世纪人口、环境与发展白皮书》）经国务院审议通过，首次将可持续发展战略纳入我国经济和社会发展的长远规划之中。在此后的中共十五大、十六大中，可持续发展被进一步确定为我国"现代化建设中必须实施"以及"全面建设小康社会"的战略。可持续发展与金融发展的完美融合就是金融可持续发展理论的提出，该理论发展了金融资源理论学说，是可持续发展概念在金融领域的创造性应用，突出金融发展的效率、公平与平衡。金融可持续发展理论在总体上突出了质、量有机统一的协调，强调了金融微观个体效率与宏观整体效率的相辅相成发展（见图2-6）。

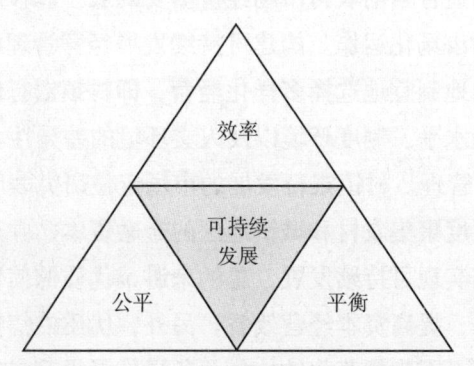

图 2-6 金融可持续发展的内在逻辑

关于金融机构量的改革以及质的提升，完全符合我国当前的金融制度改革趋势以及农村金融市场的发展需求。农村金融市场的复杂性和层次性意味着农村金融机构发展要满足农村经济发展的多元化金融需求，从而构建定位市场不同、业务上区别对待、服务客户层次不同的农村金融体系。根据农村金融可持续发展概念，可以进一步引申出村镇银行可持续发展概念内容，即村镇银行的发展不仅要注重存贷款数量以及村镇银行的分支机构数量这一宏观数据，还要降低不良资产率、资产使用效率，从微观层面保证村镇银行的可持续发展质量，进而促使村镇银行深入到农村金融市场中搞活农村经济，并保持可持续性的发展态势。

二、村镇银行可持续发展的经营机制

村镇银行构建可持续发展的经营机制主要包括三方面内容，即可持续发展经营管理机制所需坚持的原则、优质的信贷管理和扎实的内容管控。

（1）可持续发展经营管理机制所需坚持的原则。从本质来讲，组建村镇银行的最大政策背景就是建设社会主义新农村。因此，村镇银行构建可持续发展经营管理机制所需要坚持的首要原则就是坚持服务"三农"这一市场定位，通过有效吸引、引导以及利用民间资本，从而扩展农村金融供给，并为"三农"经济建设提供更充裕、更便利、更有效的金融资本和服务。构建可持续发展经营管理机制所需要坚持的第二个原则就是坚持市场化方向，即村镇银行应重点服务那些符合农业产业发展规律且适合当前农村市场经济需要的农户和涉农的中小微企业，并且要强调资金配置的市场化运作。构建可持续发展经营管理机制所需要坚持的第三个原则就是坚持因地制宜地选择多样化经营，即村镇银行的设置与经营应充分考虑各地区经济发展水平、制度环境以及人文环境的差异性。

（2）优质的信贷管理。村镇银行发展的市场定位研究表明，村镇银行的主要工作任务就是最大限度聚集农村和城镇地区的金融资本，并通过有效的信贷管理来获得资本收益以及实现可持续发展。总的来讲，优质的信贷管理有利于降低村镇银行信贷经营成本，提高资本经营效益。另外，优质的信贷管理离不开规范化的信贷业务操作流程，因为规范化的信贷业务操作是提升贷款办理工作效率的基本前提。具体内容涉及：对贷前调查、贷中审查、柜台发放、贷后管理、到期回收等信贷业务操作内容进行具体规定，构建一套更加全面完整、更加系统化、更加规范化且实用性强的信贷业务操作流程，进而提升信贷业务的标准化程度。此外，除了规范信贷业务操作流程，还应因地制宜、因时制宜、因人制宜地创新信贷制度。其中，信贷制度创新应该具体涉及信贷期限管理制度创新（如消费贷款、生产经营周期较长的贷款等），信贷抵押制度创新（如存货抵押、收费权益抵押、仓单质押等），贷款还款制度创新（如灵活的小额贷款还款方式、等额分期还本付息方式、不等额分期还本付息方式等）等。最后，可根据农户及涉农中小微企业对信贷资金需求，循序渐进地推广小额信贷制度。而且，小额信贷制度还应根据不同地区的经济状况、征信情况以及信贷用途而发放不同额度贷款。

（3）扎实的内容管控。村镇银行服务对象的特殊性决定了其在对客户进行信贷服务时，应扎扎实实做好信贷调查评定和信贷复评工作，建立科学的贷款利率定价机制以及创新信用风险管理模式。首先，贷款对象的调查评定和信贷复评工作是保障村镇银行实施有效信贷管理的前提，最终目的就是保证贷款放得出、收得回。具体涉及的工作内容包括：建立健全信贷客户的资信档案，落实信贷评级责任，制定信用评定标准，建立信息共享机制。其次，利率市场化是一种趋势，科学的贷款利率定价机制不仅能够有效地覆盖信贷成本和资金风险，而且也不会损害农户以及涉农中小微企业的信贷积极性。科学的贷款利率定价机制构建，需要村镇银行对经营管理成本进行总体核算，并根据小额信贷基础利率以及农户和中小微企业信用等级来行差别化利率。最后，村镇银行作为独立法人，更要根据客户信用特征进行信用风险管理。具体涉及内容如下：建立浮动利率的贷款风险定价机制；将信用积分作为贷款与否及贷款额度的决定性依据；采用农村信贷大联保方式来分散和转移信贷风险。

三、村镇银行可持续发展的保障机制

作为农村经济中不可或缺的组成部分，村镇银行要实现可持续发展就离不开外部制度和政策的保障。村镇银行可持续发展的保障机制具体涉及：逐步放开利率限制，给予村镇银行适度有效的利率浮动权限；加强政府政策扶持，为村镇银行可持续发展提供制度福利；增强金融监管部门的有效监管与引导，明确村镇银行的权和责。

（1）适当放宽利率限制是村镇银行有效降低风险并实现可持续发展的基础。客观来讲，放宽管制并不意味着放松监管或放弃利率限制，而是通过给予适度有效的利率浮动权限来增加村镇银行的自由度。放开利率限制的总体原则是该管的管，该放的放，实现"放而不乱"。从当前的农村金融需求与供给分析来看，最大限度地实现村镇银行对农村金融供给的补充，就需要保证村镇银行存贷款利率的灵活性。那么政府相关监管部门所需做的就是适当放松农村金融市场利率，实现利率市场化，并通过农村金融市场的资金供求关系来确定利率。除此之外，进一步扩大贷款利率的浮动范围也有必要，尤其是扩大向上浮动范围，有利于释放村镇银行更大的利率管理自主权。不过，存款利率应当允许向下浮动，而且这种情况应该出现在资本充足率监管得到严格执行之前。

（2）加强政府政策扶持是村镇银行有效降低风险并实现可持续发展的驱动力。在村镇银行的发展之中，政府一直扮演着监管人、出资人、信用担保人等农村金融建设的重要角色。在市场化初期，农业仍是弱质产业，农村经济发展的滞后性意味着农村地区很难为村镇银行发展提供经济基础。那么，促进村镇银行的可持续发展，鼓励村镇银行服务"三农"建设，就需要减少政府的干预和管制，加强政策扶持，并在税费减免、信贷风险补偿、信贷抵押登记、不良资产置换、央行法定存款准备金率以及再贷款等方面给予政策优惠。另外，作为农村金融市场中的新生金融机构，村镇银行不仅综合力量弱，而且各项工作还处于探索阶段，这都需要各级政府以及社会各界给予精心呵护和大力支持。

（3）合理监管与引导是村镇银行有效降低风险并实现可持续发展的重要保障。随着农村经济集约化和农业产业化的不断推进，对村镇银行的经营标准和服务方式实施合理的监管与引导，有助于村镇银行更新观念、转变思想，因地制宜、积极探索开发适合农村产业结构的金融产品和金融服务方式，进而满足"三农"建设需求，并解决农村金融市场供给不足问题。另外，在信贷风险防范的前提下，国家金融监管部门应积极支持村镇银行开展符合政策法规的各类创新活动，在监管中积极引导和支持村镇银行开拓创新，减少一切不必要的限制。与此同时，还需进一步完善激励村镇银行进行业务创新的政策制度，积极鼓励村镇银行不断开拓金融产品、金融业务以及金融服务方式的创新。总之，加强对村镇银行的监管与引导，其最终目标就是为了促进村镇银行的全面、协调、可持续发展。

四、村镇银行可持续发展的评价体系

鉴于村镇银行目前还处在不断完善的过程中，所以有关村镇银行可持续发展的评价体系不仅能反映现阶段的发展情况，而且能够以此来预知、评价其未来发展趋势。另外，村镇银行可持续发展评价体系应该是由一套多维度、多变量，且具有一定内在联系、相互补充的指标簇构成。考虑到评价体系设置的合理性、科学性以及实用性将直接影响到村镇银行可持续发展能力评价结果的可靠性和准确性，所以，村镇银行可持续发展的评价体系构建应遵循可行性、可比性、全面性、有效性以及适用性等原则。

关于银行可持续发展能力的评价，英国《银行家》（The Banker）杂志打破了国别和地域的限制，从资产状况、资本状况、利润状况和经营状况四个维度构建了一套综合评价体系。其中，资产状况维度具体涉及总资产规模指标、总资产增长率指标以及资本资产比率指标；资本状况维度具体涉及核心资本充足率指标和资本充足率指标；利润状况维度具体涉及资本利润率指标、税前利润总额指标以及实际利润增长率指标；经营状况维度具体涉及净资产收益率指标和资产回报率指标。另外，中国学者焦瑾璞（2003）则从现实环境因素维度、竞争能力维度、潜在竞争力维度以及银行业竞争态势维度四个维度探索构建银行业的可持续发展综合评价体系。

考虑到村镇银行所处的农村金融环境特征及其发展的角色定位、目标客户定位、经营区域定位以及业务产品定位，本书所构建的村镇银行可持续发展评价体系应该具体从客户维度、财务维度、业务维度、员工维度以及风险维度五个方面着手。其中，客户维度指标应该包括客户满意度指标、农户参与率指标、涉农中小企业参与率指标、单一客户授信集中度指标、社会认可度等；财务维度应该包括资产占比指标、存款增长率指标、贷存比率指标、贷款增长率指标、营业利润率指标、资产利润率指标、净资产收益率等；业务维度指标包括营业网点数指标、惠农贷款额比率指标、业务差错率指标、新产品推出能力指标等；员工维度指标包括员工知识结构指标、员工培训比率指标、员工满意度指标等；风险维度指标包括核心资本充足率指标、不良贷款率指标、流动比率指标、贷款市场占有率指标以及第一股东入投比例指标等。

第五节　村镇银行鲜活实践激发理论推陈出新

理论基础是研究社会经济运动的一般规律或主要规律，是由概念、范畴与范畴体系组成的学科逻辑体系，并为应用研究提供指导意义。本章从市场定位模型、金融共生理论、普惠金融理论以及可持续发展理论四个层面回顾了村镇银行发展所涉及的理论基础。

首先，在阐述 C-A-P 市场定位模型的基础上，具体解析了村镇银行发展的角色定位、目标客户定位、经营区域定位以及业务产品定位；其次，回顾金融共生理论基础，分解村镇银行共生系统的主要要素，并进一步探讨村镇银行与农户和中小微企业的共生依存逻辑以及与其他农村金融机构的共生竞合逻辑；再次，回顾普惠金融理论基础，阐明社会主义市场经济下农村普惠金融发展方向，并解读普惠金融理论与村镇银行发展的关系，以及普惠金融理论下村镇银行发展的具体要求；最后，阐述村镇银行可持续发展内涵，解析村镇银行可持续发展的经营机制和保障机制，并探析村镇银行可持续发展的综合评价指标体系。

总而言之，村镇银行在短暂的十年里能够实现快速发展，这在一定程度上得益于既有理论的有效指导。相反，村镇银行十年的发展实践也激发着相关理论的推陈出新。一言以蔽之，经济社会发展的内在规律本来就是理论与实践相互依存、相互作用、相互促进，并通过理论指导实践、实践反哺理论这一循环过程来推进经济社会的螺旋式进步。

第二篇　运营管理

　　本篇从公司运营角度着重分析村镇银行发展的外部新环境和内部运营管理的重点内容。首先，第三章分析指出，中国村镇银行应清醒地判断当前所处的历史阶段，积极应对面临的新经济环境、新金融环境、新市场环境及新技术环境。其次，村镇银行的一级法人机构特点、业务范围和经营区域限制是其特殊性的主要体现，近期银行业监管风暴集中揭示了包括村镇银行在内的许多银行机构的合规与管理问题。为此，第四章择要分析村镇银行公司治理、业务模块和风险管理这三个主要方面。众所周知，当前科技创新如火如荼，开拓了银行服务创新的可能方向，而银行服务创新为高科技运用注入了活力。第五章研究表明，致力于金融科技与银行业务的融合发展，村镇银行才能在科技大潮中占有一席之地。

第三章　中国村镇银行新发展环境

中国经济发展速度、结构和质量正在发生深刻变化，未来5~10年，将呈现从高速增长转为中高速增长，经济结构优化升级，从要素驱动、投资驱动转向创新驱动。中国村镇银行应清醒地判断当前所处的历史阶段，进一步通过管理效率、经营水平和有效金融供给的提升，产生新的能力跃升，积极应对新经济环境、新金融环境、新市场环境及新技术环境，坚持服务"三农"和支持小微企业，真正参与引领金融新常态和银行业新变革。

第一节　村镇银行新经济环境

一、国内宏观经济运行状况及预测

根据国家统计局2017年1月20日公布的数据，2016年全年国内生产总值744127亿元，GDP增速为6.7%，相较2015年GDP增速下降0.2个百分点，总体经济下行压力尚存（见图3-1）。从波动幅度来看，2016年第一至第四季度我国GDP增速波幅更为平缓，第一至第四季度的GDP同比增速均维持在6.7%，GDP同比增速的小幅波动呈现L形。

从不同研究机构和专家学者的观点来看，其有一个共同认识，即中国经济增速下行探底。对于经济增速在何处探底、中高速增长的均衡点在哪里，则仍存在诸多争议，如林毅夫、李稻葵等学者认为改革有望使经济增速回到8%左右；而中国社会科学院经济学部研究报告预测2016~2020年和2021~2030年两个时期中国潜在增长率区间分别为5.7%~6.6%和5.4%~6.3%。而权威人士指出，在当前形势下，国民经济不可能通过短期刺激实现V形反弹，可能会经历一个L形增长阶段。

图 3-1 GDP 增速

资料来源：Wind 数据库。

通常，后发追赶型国家可以将追赶进程划分为起飞、高速、中高速、中低速增长四个更替渐进阶段，前两个阶段经济增长主要依靠数量扩张，后两个阶段主要依靠质量提升。目前，我国经济增速下行是追赶进程中的阶段性转换，是经济基本面发生实质性变化的结构性减速，根源于前期高速增长奠定的厚实经济基础，不能依靠总量调节和需求管理的反周期政策，而要把要素供给、结构供给、制度供给作为最重要的任务。

1. 经济发展环境研判

外部环境方面，未来 5~10 年，国际金融危机与新技术革命将推动全球经济大调整、大改革，发达经济体仍将在较长时间内难以摆脱经济低迷状态，新兴经济体能否保持较快增长仍需观察。随着新一轮技术革命的推进，国家间的竞争和合作将呈现新格局。

内部环境方面，中国经济增长率在 2012 年跌破 8% 这一曾经的理论红线；2014 年以来，经济增长率不仅低于经济学家在年初的预期，并且出现了逐季下降的趋势。中国经济步入转型发展的新常态，产业结构、消费结构、城乡结构等结构转型的同时，伴随着人口红利效应减弱、劳动力成本上升、人口老龄化以及产能过剩等问题。

2. 经济高速增长的传统源泉

（1）三大需求对我国 GDP 增长的贡献率和拉动率方面：从数值变化上看，最终消费支出（C）和资本形成总额（I）对于 GDP 增长的贡献率和拉动作用明显高于货物和服务净出口（NE），其中消费的平均贡献最大。从稳定性上看，三大需求中净出口对 GDP 增长的贡献率和拉动率很不稳定。进一步研究不难发现，投资对 GDP 增长的贡献和拉动比例不断"缩水"，特别是近几年美国金融危机以后中国经济发展进入新常态，经济增长由高速转为中高速，由过去过分依赖投资转变为消费驱动和创新驱动。

（2）总供给因素对 GDP 的拉动方面：2000~2014 年，中国的经济增长方式为粗放型增长。经济增长主要靠技术生产要素和劳动力生产要素，而资本对于经济增长率的贡献最低。从要素贡献上看，一是资本贡献逐步回落，但仍是重要动力；二是劳动力贡献波动变化；三是全要素生产率贡献波动提升。

3. 新常态下中国经济高速增长源泉变异

（1）市场化。市场化水平的不断深入促进全要素生产率的作用不断增强，成为从根本上拉动中国经济增长的因素之一。但是，随着自贸区建设及"一带一路"政策的深入，市场化水平已然很高。在未来经济复苏的大前景下，市场化带动中国经济发展的作用会持续降低。

（2）国际化。虽然中国净出口对于 GDP 的贡献率和拉动率不稳定，但不可否认的是其整体仍然呈上升态势，并且占总体贡献率和拉动率的比例越来越大。

（3）工业化。工业化虽将进一步发展，但第二产业对整体经济的带动效应已远不如从前。

（4）人口红利。过去人力资本对中国 GDP 起根本性的推动作用，虽然这个优势依然存在，但是否具有持久性仍有待商榷。

（5）高储蓄、高投资。高储蓄率与高投资是支持中国 30 多年来经济高速增长的重要要素。但未来随着社保制度的完善以及人口结构的变化，依赖高储蓄拉动经济增长将出现调整。长期的高投资率造成了投资效率的下滑，导致投资所能带来的经济增长幅度越来越小。

4. 经济新常态下中国经济未来增长可能的新源泉

（1）消费存在大幅度提升的空间。随着从"投资大国""制造大国"以及"高储蓄大国"向"消费大国"的转变，消费将成为中国经济持续高速增长的第一推动力。

（2）区域一体化及全球化是中国经济未来增长的重要载体和源泉，是促进投资、改善经济结构、促进第三产业发展和刺激有效需求的重要手段。

（3）产业转型升级。战略性新兴产业、服务业提升的空间巨大，未来现代服务业的大力发展来自消费需求的提升以及生产型服务业围绕制造业的展开与深化，最终形成服务业与制造业的良性互动，部分工业行业仍将是拉动经济较快增长的中坚力量。

（4）自主创新和技术进步作为一个高附加值竞争源泉，既是未来中国经济是否具有国际竞争力的核心要素，也是未来中国在成本优势削弱的情况下经济增长的新源泉。

（5）社会改革和政府体制改革将进一步促进资源配置效率的提高，未来中国经济仍有巨大的挖掘潜力。

基于以上分析，我们假定：全要素生产率将呈现平稳增长态势；投资率呈缓慢递减趋势；劳动力增长基本稳定。根据国际经验，中国经济正面临类似于40年前日本经济以及20年前韩国经济的拐点。借鉴这两国的历史，在这一拐点之后，整体GDP增长通常会减速，而通货膨胀则会加速；经济结构通常会发生重大转变，三个重要的经济比率——消费占GDP比重、服务业占GDP比重以及劳动收入占GDP比重会迅速上升。在这种假定下，结合专家意见，对2016~2020年和2021~2030年两个时期中国经济增长预测的综合判定为6.0%~6.8%和5.6%~6.5%。

二、宏观经济环境对村镇银行的影响

面对错综复杂的国内外经济金融形势，中国政府坚持稳中求进的工作总基调，主动适应和引领经济新常态，着力稳增长、调结构、防风险，使我国经济运行保持在合理区间。2015年，中国人民银行继续实施稳健的货币政策，适时适度预调微调，进一步增强调控的针对性和有效性，有序推进各项金融改革。2016年，中国人民银行保持政策的连续性和稳定性，继续实施稳健的货币政策，保持松紧适度，调控工具更趋灵活，宏观审慎管理架构不断完善，并进一步推进利率市场化和人民币汇率形成机制改革，提高金融资源配置效率。2015年，中国银监会在防范金融风险、促进银行业服务实体经济、深化银行业改革开放等方面出台了一系列新的监管政策，进一步完善了监管制度，明确了监管重点，提升了监管效率。2016年，中国银监会将进一步完善银行业法律法规体系，推进普惠金融发展，推动银行业治理机制改革；同时，切实防范重点领域信用风险，严守不发生区域性、系统性金融风险的底线。

在经济下行、加强金融监管的背景下，村镇银行的潜在不良压力较大，资产质量风险持续加大。行业净息差进一步收窄，净利润增速进一步放缓。表现在以下几方面：

1. 净利润增速可能进入"零时代"

根据相关数据测算，经济增长是影响银行盈利能力最重要的因素，GDP增速每下降1个百分点，银行净利润增速将下降9个百分点左右。按此测算，如果经济增速为6.6%，则商业银行利润增速将不足2%；而如果经济增速为6.5%，则利润增速将只有1%。除国有四大银行外，如果经济增速低于6.5%，村镇银行利润增速不足1%，甚至步入"零时代"。

2. 不良贷款率可能上升，可能进入"2时代"

据测算，不良贷款率与经济增速存在稳定的相关关系，且可能存在明显的加速特征，即当经济增速持续下降时，信用风险的释放速度将有所加大。2017年经济增速放缓趋势未变，村镇银行不良贷款率逼近2%。在不良贷款上升、村镇银行盈利能力下降的背景下，村镇银行拨备覆盖率还将持续下降，银行拨备覆盖率跌破150%的监管红线。

3. 个人信贷或将持续增长

银行业人士表示，因为实体经济盈利能力下降，个人按揭贷款仍然是银行最重要的信贷投放领域。另外，从目前的宏观环境判断，今后5~10年宏观政策很可能是稳健的货币政策与积极的财政政策，由政府主导的基建投资将是重要支撑。因此，对公贷款规模依然会惯性冲高。

三、营改增对村镇银行的影响

根据国务院2016年3月18日常务会议精神，自5月1日起"营改增"试点将扩大到建筑业、房地产业、金融业和生活服务业，实现货物和服务行业全覆盖，打通税收抵扣链条，支持现代服务业发展和制造业升级，这意味着"营改增"的全面实施。根据中国人民银行、中国银监会、中国证监会、中国保监会以及国家统计局联合印发的《金融业企业划型标准规定》（银发〔2015〕309号），按照存款类金融机构资产总额区分类型，农村中小金融机构几乎均属于小微金融企业。

1. "营改增"对村镇银行的直接影响

村镇银行现有营业税征缴比例为5%。"营改增"之后,其增值税的比例为6%。由于可将购进机器设备、新增不动产纳入抵扣范围,因此总体税负有望减少。为促进金融支农,我国对农村信用社、村镇银行、农村资金互助社、银行全资控股的贷款公司以及县域农合行和农商行减按3%的税率征收营业税,该项政策延续到2015年12月31日。此外,自2014年1月1日至2016年12月31日,我国对10万元以内的农户贷款利息收入免征营业税。之前曾有农村中小金融机构担心,如果不能继续享受支农优惠政策,则税负很可能会增加,对政府工作报告中所强调的税负只减不增能否落实到自身存有疑虑。但3月18日的国务院常务会议明确表示,新增试点行业的原有营业税优惠政策原则上延续,确保所有行业税负只减不增。农村地区人口密度低,农村金融机构网点较多,对购入、租赁、自建房地产以及IT系统建设投入等进行增值税抵扣后,实际税负有望降低。

2. "营改增"对村镇银行的间接影响

"营改增"除了涉及金融业之外,还覆盖建筑、房地产和生活服务业,对于降低这些行业的实际税负有直接作用。例如,个人房屋出租按5%的征收率减按1.5%计算应纳税额,税负明显减少;个人二手房交易的实际税负基本持平。在建筑行业,由于毛利率较低,采用征收率为3%的简易计税方式,与现有营业税税率持平,故改征增值税之后可以实现只减不增。生活服务业涉及家政、健康、养老、旅游、体育、文化、法律、批发零售、住宿餐饮、教育培训等行业,其中,交通运输、文化体育、邮电通信行业的营业税率为3%,代理业、旅店业、饮食业、旅游业、仓储业、租赁业、广告业及其他服务业的现行营业税率为5%,娱乐业的营业税率为5%~20%。这些行业有大量的小规模纳税人,是村镇银行的重要客户。根据财政部、国家税务总局颁布的《营业税改征增值税试点实施办法》,小规模纳税人适用简易计税方法,应纳税额=销售额×征收率,增值税征收率为3%。因此,"营改增"后,村镇银行的生活服务行业客户税负有望减轻。总体而言,"营改增"有利于降低村镇银行客户的税负压力,改善经营状况,进而提升村镇银行的资产质量。

第二节 村镇银行新金融环境

一、央行货币政策影响

1. 央行货币政策分析

未来我国货币政策和利率水平如何演变是值得关注的问题，内部因素和外部因素都将对我国货币政策产生重要影响，而货币政策对市场利率又有显著作用。

从外部因素来看，发达经济体的利率走势逐渐分化（见图3-2）。美国2017年开启加息周期，日本、欧洲继续维持低利率甚至负利率政策。而美元走强、资本外流趋势一旦形成并逐渐加剧，将给人民币汇率带来压力，也将使我国开放资本账户的步伐放缓，并对人民币国际化产生负面影响。

从汇率情况来看，近期人民币汇率采取一种类似于参考双"锚"模式，即美元和"一篮子"货币。在美元走强时参考"一篮子"货币，在美元走弱时则参考美元。也就是说，在美元上涨的时候人民币兑美元相对走弱，但对"一篮子"货币仍然是上涨的，这有助于防止或减缓人民币贬值预期的形成。

同时，我国货币政策的重心对内将是"去杠杆，抑制资产泡沫"，对外将是保持人民币汇率稳定。而主动挤压泡沫，防范金融风险，也是货币政策势在必行的趋势。

从内部因素来看，当前的金融形势、经济基本面、四部门的债务状况等都是影响货币政策的重要因素。而当前的金融形势以及过去几年金融业的发展历程，是货币政策考量的重中之重。

当前政策已从放松金融管制阶段逐步进入加强管制和引导规范阶段。次贷危机以来，特别是2011年以后，我国逐渐放松金融管制。2015年我国金融业产值增速为15.9%，远远超过GDP增速。中国金融业增加值占GDP的比例2016年已经上升到10.2%，较2012年的6.3%，短短四年时间提升了近4个百分点。

在这四年中，整个经济和金融系统的风险也逐渐聚集。为防范金融风险，2016年特别是下半年以来，金融管制逐步加强。而市场对资金的需求规模并没有减少，如险资举牌就对资金有巨大的需求，但央行并没有放任市场资金供给，

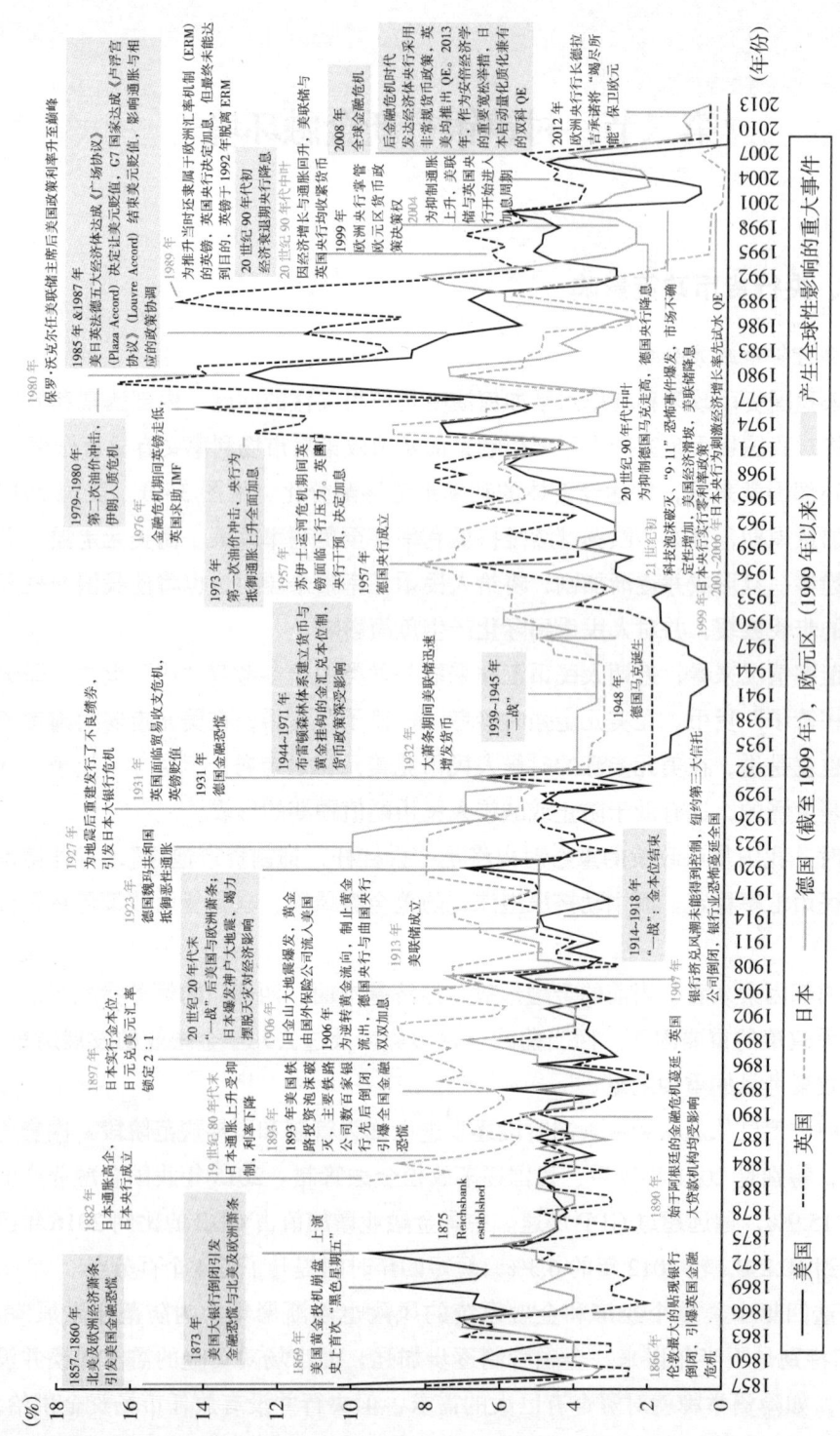

图 3-2 150 年来的利率变动

资料来源：高盛证券。

导致10月中下旬开始资金面趋向紧张。市场从"资产荒"到"资金荒"的切换十分迅速，以至于发生了一次小规模利率风暴。随着市场流动性紧张预期进一步加大，利率走高，债市也发生了大幅波动。

债市大幅波动主动打压了资产泡沫，短期释放了风险。因此，从我国当前金融状况来看，货币政策势必将以抑制资产泡沫的进一步加大为目标，以防止金融空转给整个金融系统带来风险。从这个角度来看，今后货币政策进一步宽松的可能性并不大。

再看实体经济基本面，2016年下半年以来经济逐渐企稳。规模以上工业增加值增速已经连续8个月超过6%，利润同比增长8.4%；前三季度城镇新增就业1067万人，提前一个季度完成全年1000万人的就业目标；投资也出现好转，特别是民间投资，10月民间投资增长5.9%，较6月的负增长高出约6个百分点。此外，PPI由负转正，CPI温和上升，PMI连续3个月在临界点之上，市场预期明显改善。因此，从实体经济角度来看，稳增长压力减小，也给货币政策相对从紧创造了条件。

目前，我国整体债务负担较为沉重，2015年底全社会杠杆率为249%，四部门的负债情况各有不同。政府方面，2015年中期至2016年中期有一波强劲的加杠杆过程，负债同比增速由不足10%上涨到超过30%。2016年中期以后政策开始有所收敛，但11月增速仍然在25%以上。对于居民部门来说，其负债大多用于购房。伴随着房价上涨，2016年以来居民部门杠杆率迅速增加。在10月楼市调控加码的情况下，增速依然高达22.1%。金融机构方面，金融机构是2015年配合有关部门加杠杆的主力。2016年初，其负债同比增速已经超过30%，是2006年有历史数据以来的最高水平，也成为资产价格膨胀的重要推手。非金融企业部门的债务攀升是负债中最值得关注的。我国当前非金融企业债务占GDP的比重高达166%，高于主要经济体，较2010年高出42%。

因此，为防范金融风险，政府将继续去杠杆，四部门负债同比增速几乎将全面下行。从货币政策来看，适度收紧货币供应是去杠杆的重要条件。但过重的债务负担又将掣肘从紧的货币政策，一旦市场利率抬升过猛，将大幅增加整个社会的经济成本。因此，央行货币政策的重要议题将是去杠杆、抑泡沫、稳汇率、防风险。为此，央行可能继续推行稳健中性的货币政策。尤其值得注意的一点是，SLF利率明确与银行的宏观审慎要求挂钩。对于不符合宏观审慎要求的地方法人金融机构，发放的SLF利率在上述利率的基础上额外增加100个基点。这意味着监管奖罚的加码，还意味着央行未来有可能继续增加其他奖罚内容，对银行的威慑力在加大。预计银行对 MPA 考核的重视程度会大幅上升，很多机构的经营会更趋审慎。

2. 货币政策对村镇银行经营的影响

货币政策转向导致银行间利率水平上行，考验银行的负债成本控制能力，也考验银行将负债成本转嫁至资产端的能力。关于货币政策对村镇银行经营的影响，我们具体可以从四个角度分析：

一是对央行负债的成本。MLF、SLF、逆回购利率的上行，首先直接影响银行"对央行负债"这一科目。根据村镇银行资产负债表，该科目占"负债与股东权益"的比例为4%左右，如果其成本上行10个基点，则直接影响非常轻微。

二是其他市场负债的成本。银行间市场利率上行后，银行多种负债的利率与之相关，包括同业负债、债券发行等。这类负债占比20%左右，会对负债成本有一定影响。

三是存款成本。理论上存款成本也会受到传导，但传导效果并不明显。因此，部分存款基础较好、存款占比较高（尤其是活期存款占比较高）的银行，受银行间利率上行的影响较弱。

四是资产定价。银行还可以将负债成本转嫁至资产端，从而维持净息差稳定。从近期信贷数据来看，信贷需求有所复苏，尤其是中长期对公贷款反弹，且债券市场融资受挫，有些融资人重新申请贷款，这些因素均有助于信贷资产定价，抵消部分负债成本上升的影响。

二、农村信用环境分析

1. 农户和农村小微企业信用意识淡薄

我国农村地区信用制度依然是以传统的乡村信用制度为主，这种信用制度的主要特点是以地缘、亲缘等为基础，以交易主体间的人格信任为依托，在家庭、亲戚、朋友之间进行交易。中华人民共和国成立后，这种传统乡村信用制度历经冲击和挑战，但由于我国农村地区的经济发展速度一直落后于城市，农村居民受教育程度较低，思想观念较保守，这种信用制度在农村地区仍然为广大农户所承袭和秉持。有些农户认为没按时还款自身也没什么损失，所以就恶意拖欠。农村小微企业由于经营不善，"三角债"较多，逃废金融债权的现象比较严重，对于银行贷款"敢借、敢用、敢不还"的思想普遍存在。此外，一些农村地区的农户和小微企业对政策的依赖性很强，把国家的支农贷款看成扶贫资金，认为国家的钱不用白不用，还了也白还。农户和小微企业的屡屡爽约行为严重影响了村镇银行服务"三农"的积极性，"贷款难"现象由此产生。

2. 农村信用体系建设滞后

我国诚信体系建设远远落后于西方发达国家，城市的信用体系尚未健全，农村的信用体系建设更是不容乐观。首先，我国尚未设立收集和管理农户信用资料的专门机构，农户的信用信息处于极端分散的状态。农村金融机构在信贷业务中建立的农户信用信息管理系统基本上是为自己信贷服务，并不对外公开，且规模普遍偏小。人民银行的个人信用信息征信系统虽然近几年开始涉足农村，但仍处于起步阶段。可见，各个部门的信用信息数据未能得到有效的整合与共享。其次，我国还没有制定科学统一的信用等级评定标准，农户征信的专门法律和管理制度、奖惩与监管机制也不完善。由于信用信息体系建设滞后，农村农户逃废金融债权得不到经济上应有的惩治。农户信用违背现象较严重，增加了村镇银行风险控制的难度。此外，农户对征信的认知非常肤浅，不知道什么是征信、征信的作用，对将自己的信息收集并对外发布披露等感到疑虑重重。

3. 农村担保体系建设落后

现阶段，我国金融机构普遍要求抵押担保，农村客户提供的抵押品往往不符合金融机构的贷款要求，缺乏必要的抵押品成为农户和小微企业获得贷款的主要障碍。在这种情况下，农村担保体系建设就尤为重要。已有的担保机构主要扶持国有大中型企业和基础设施项目，难以顾及农户和农村小微企业，而且担保手续烦琐、费用偏高。尽管一些地方政府相继探索成立了一批农业信用担保机构，但这些信用担保机构规模较小，资金实力不足，抗风险能力较弱，监管存在漏洞。近年来，农户联保制度在推广的过程中难度也较大，由于联保贷款手续烦琐，担保连带关系复杂，农户使用积极性不高。可见，现有的农村担保体系在很大程度上制约了村镇银行发展农村信贷业务的积极性，亟待完善。

4. 我国的农业保险市场欠发达

我国农业生产在很大程度上受自然风险的影响，农户和小微企业对自然灾害的抵御能力弱。风险损失率高和农户的分散性加大了农业保险的成本，使农业保险的价格较高，农户难以承受其高额保费，农业保险业务逐年萎缩，农业保险体系在我国迟迟不能建立。由于农业保险业务发展停滞，农户和小微企业的农业生产风险无法分散，还贷能力受到影响，制约了村镇银行发放农业贷款的积极性，也使村镇银行的信贷资金风险较大。

三、农村居民收入分析

2016年全年全国居民人均可支配收入23821元，比上年名义增长8.4%，扣除价格因素实际增长6.3%。2015年全年全国居民人均可支配收入21966元，比上年增长8.9%，扣除价格因素实际增长7.4%（见图3-3a）。

2016年城镇居民人均可支配收入33616元，增长7.8%，扣除价格因素实际增长5.6%；农村居民人均可支配收入12363元，增长8.2%，扣除价格因素实际增长6.2%。城乡居民人均收入倍差为2.72，比上年缩小0.01。全国居民人均可支配收入中位数为20883元，比上年名义增长8.3%（见图3-3b）。

按全国居民收入五等份分组，2016年低收入组人均可支配收入5529元，中等偏下收入组人均可支配收入12899元，中等收入组人均可支配收入20924元，中等偏上收入组人均可支配收入31990元，高收入组人均可支配收入59259元（见图3-3c）。

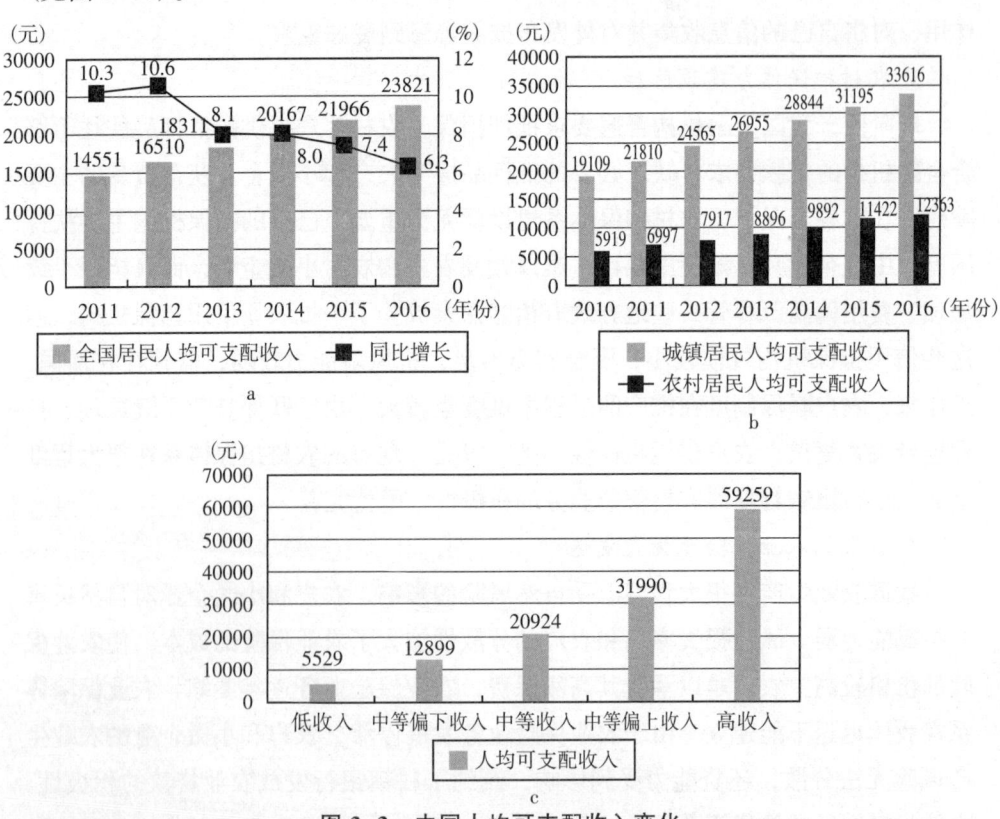

图3-3 中国人均可支配收入变化

资料来源：Wind数据库。

2016年全国居民人均消费支出17111元，比上年名义增长8.9%，扣除价格因素实际增长6.8%。全年农民工总量28171万人，比上年增加424万人，增长1.5%。其中，本地农民工11237万人，增长3.4%；外出农民工16934万人，增长0.3%。农民工月均收入水平3275元，比上年增长6.6%（见图3-4）。

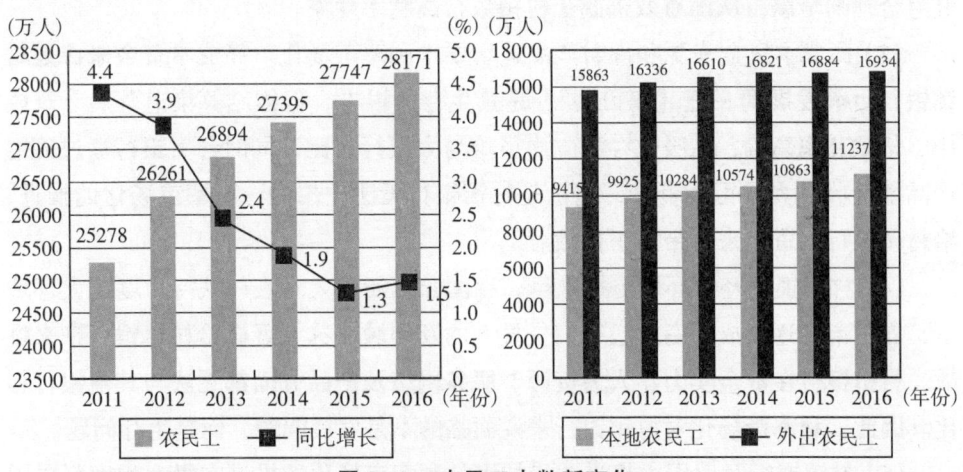

图3-4 农民工人数新变化

资料来源：Wind数据库。

四、利率市场化改革对村镇银行的影响

利率市场化是中央银行逐步放松和消除对利率的管制，由市场主体自主调节、自我完善的市场利率体系和利率形成机制，是中央银行货币政策的基础。从国内整体要求看，利率市场化对现阶段我国经济金融发展显得非常迫切而必要。从国际实践来看，利率市场化在实现内外均衡、保证金融资源优化配置、促进经济增长等方面起着重要的调节作用。

1. 利率市场化对村镇银行的不利影响

（1）村镇银行面临新的定价管理的挑战。利率市场化后，利率管制的保护作用已消除。村镇银行在经营管理相对滞后、服务经营成本高、员工素质较低、电子信息化和结算服务功能弱等诸多条件下，如何合理确定利率价格将成为村镇银行需要跨过的一道门槛。

（2）遏制了村镇银行高利率放贷现象。村镇银行是农村金融改革的产物，服务对象与范围受自身和政策的限制。过去在官方管制利率下，国有银行为获得低风险稳定利差收益，多倾向于向大型企业发放贷款，忽视了对中小微企业提供低成本融资，结果扭曲了资金价格，损害了金融公平，导致大量的中小企业特别是小微企业以及自然人得不到平价贷款，只能接受村镇银行高利率贷款或进行民间融资。利率市场化后，企业和个人选择银行的范围逐步扩大，高利率贷款市场被打破，迫使村镇银行与市场贷款利率逐步接轨，保证小微企业和自然人也能获得利息合理的贷款，从而有效遏制了村镇银行高利率现象。

（3）高成本资金来源和理财产品迫切要求利率市场化。高成本资金来源是村镇银行目前发展的一把"双刃剑"，是其生存的根本，但因结算渠道落后、规模小、贷款利率高等，在吸收存款方面很难与大银行相比，同时各大银行通过理财产品能吸收到大量可用资金，这也是村镇银行无法比拟的。利率市场化的推进，给村镇银行的资金来源带来了挑战。

（4）村镇银行经营环境更加艰巨。在国家不断加大对农村扶持力度的大环境下，农村市场逐渐成为商业银行信贷投入的新领域，这无疑会给村镇银行带来挑战。村镇银行在资金实力、人力资源、服务网络及产品方面都无法与其他银行相比。因此，利率市场化对村镇银行来说面临的不是发展问题，而是生存问题。

（5）村镇银行经营压力将进一步加大。利率市场化的推进在很大程度削弱了金融机构的盈利能力。存贷款利率的双向浮动会使村镇银行的融资成本升高，主营业务收入降低。这样"一升一降"将严重挤压村镇银行的利润空间，其经营将会变得更加困难。

2. 利率市场化给村镇银行带来的机遇

（1）激励村镇银行自身管理升级和产品创新。利率竞争是金融机构管理和技术的竞争，是综合实力的竞争。只有管理、技术和实力上领先于对手，才能有更为广阔的发展空间。存贷款利率双向浮动倒逼村镇银行精细管理、加强核算。利率市场化后，企业和个人客户由于对期限、利率、风险程度、流动性等需求不同，将对存贷款产品提出更高的要求。这就要求村镇银行必须遵循市场规则，重新审视组织结构、管理模式和经营策略，树立科学的经营观念与风险意识，尽快建立与市场经济相适应的现代金融企业制度，不断进行金融创新，推出适应客户需求的金融工具和产品。

（2）激励村镇银行尽快完善自我约束机制。利差缩小后，迫使村镇银行根据市场资金供求状况灵活调整利率水平，同时也将迫使村镇银行细化对客户的分类管理和差异化服务。这将有助于纠正村镇银行盲目扩张业务的惯性思维，积极探索新的满足客户需要的服务方式，也有助于村镇银行建立以头寸控制、成本控制、风险控制、期限匹配为核心的资金约束机制，培养村镇银行的成本效益理念。

第三节 村镇银行新市场环境

一、中国农村金融的供给分析

中国农村金融体系如图 3-5 所示。

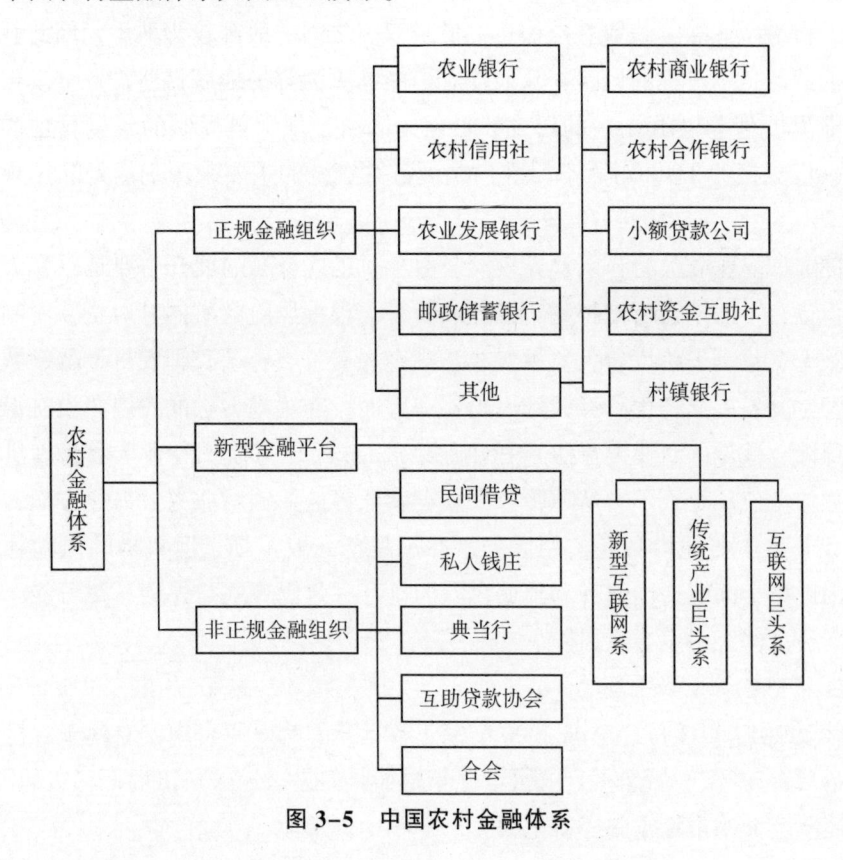

图 3-5 中国农村金融体系

1. 非正规金融组织

农村地区由于自然条件及社会条件的限制，正规金融资源相对于城市地区较为匮乏，同时由于四大银行对农村金融业务的消极态度，导致我国农村金融资源供给明显不足,这种供需不平衡便催生了民间金融。目前,我国的非正规金融组织形态主要包括民间借贷、私人钱庄、农村合作基金会、民间集资等。

我国农村非正规金融发展的主要特点如下:

(1) 规模庞大。近年来,由于我国政策性银行功能的弱化,以及商业性银行大幅度撤出农村金融市场,导致我国农村地区的金融需求无法从正规金融机构中得到满足,这就使得非正规金融在一定程度上获得了较大的发展空间。郭沛在2004年曾对我国非正规金融规模进行了估算,就宽口径而言,2002年我国非正规农村金融规模达到2750亿元,约占农村信用社农村贷款的30%。可以说,非正规金融机构为我国农村地区的经济发展发挥了重大作用。

(2) 非正规金融活动发生率较高。非正规金融与正规金融不同,其主要通过地缘、血缘、业缘等获取农户信息。借贷双方之间一般都较为熟悉,因此就面临着较低的信息不对称的风险,从而使农户能够更为容易地获得所需资金。根据国际农业发展基金(IFAD)的研究,目前中国由正规金融提供的资金只是非正规金融融资规模的1/4。对大部分农户来说,其资金的重要来源仍然是非正规金融组织。

(3) 非正规金融的利率差异较大。由于非正规金融的展开主要是以私人信用作为保证,一般不会有抵押物,因此放贷者会根据风险的不同针对贷款者制定不同的利率,且利率跨度较大。虽然非正规金融有效填补了我国农村金融领域的空缺,但是其发展同样面临巨大的风险。一方面,非正规金融的发展并没有得到国家的保障,我国《商业银行法》中明确规定"未经国务院银行业监督管理机构批准,任何单位和个人不得从事吸收公众存款"等商业银行业务。另一方面,由于非正规金融主要凭借私人信用展开,并不具备一般正规金融机构的风险管理系统,因此将会面临逆向选择和道德风险问题,一旦出现农户违约,很可能面临资金链断裂,甚至引发金融风险。

2. 新型农村金融平台

截至2017年3月,全国2000多家正在运营的P2P平台中,专注于农村金融的平台只有47家。虽然平台的数量逐年增加,但是对比农村市场万亿级的需求,无疑还有巨大的市场空间等待挖掘。

我们根据进入农村金融市场的主体将平台类型分为三类(见图3-6):①新型互联网系代表,如PPmoney、翼龙贷等;②传统产业巨头系,如新希望企业等;③互联网巨头系,如蚂蚁金服、京东金融等。

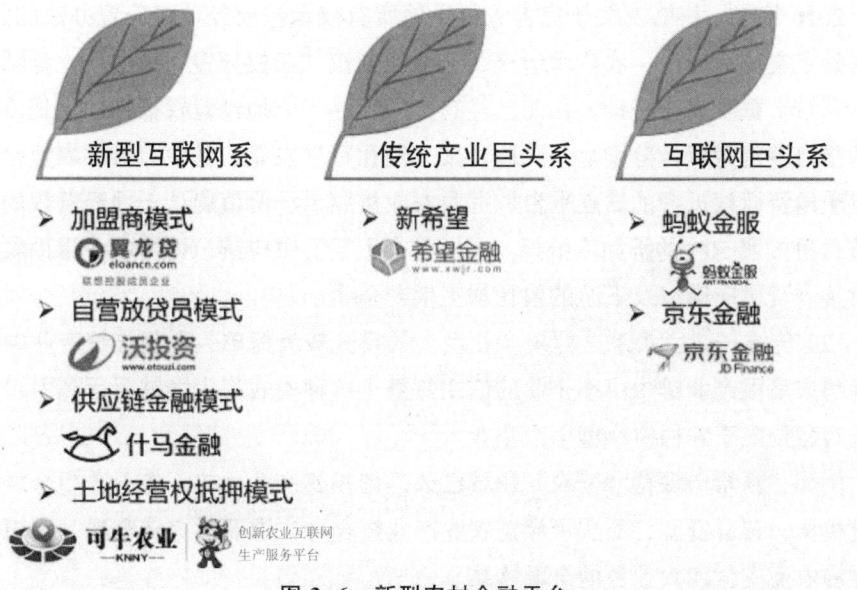

新型互联网系
- 加盟商模式
  翼龙贷 eloancn.com
- 自营放贷员模式
  沃投资 www.etouzi.com
- 供应链金融模式
  什马金融
- 土地经营权抵押模式
  可牛农业 KNNY 创新农业互联网生产服务平台

传统产业巨头系
- 新希望
  希望金融 www.xwjr.com

互联网巨头系
- 蚂蚁金服
  ANT FINANCIAL
- 京东金融
  JD Finance

图 3-6　新型农村金融平台

资料来源：凤凰财经。

（1）新型互联网系。新型互联网系可分为加盟商模式、自营放贷员模式、供应链金融模式和土地经营权抵押模式。

加盟商模式的典型代表平台是翼龙贷。翼龙贷与全国的小贷公司、担保公司、投资公司合作，使这些机构成为翼龙贷在全国范围的加盟商，加盟商推荐借款人在平台融资并由加盟商担保。加盟模式的好处是可以快速将盘子做大，但这种将风控外包、转嫁风险的模式，其实风险也更高。

自营放贷员模式的代表平台是沃投资。沃投资在农村建了培训学校，业务员到岗实习，定期回学校在文明服务、技术培训等方面进行学习。放贷员在服务农村的养鸡、养猪等农户时，要与农户进行技术交流和指导。当放贷员放款项目逾期超过所有放款的3%时，就会让该放贷员停止放贷业务，进行业务催收，如果超过一个月，则交由专业催收团队。

供应链金融模式的代表平台是农信宝和什马金融。农信宝是专注于生猪养殖业的农村供应链金融服务提供商。平台以金融中介的角色来为农民收集信用信息，提交给金融机构，金融机构审核后给农民放贷。什马金融和电动车厂商合作，为农民提供购买交通工具的消费分期金融服务，同时为电动车各级分销商提供信贷服务。

2016年11月初,《关于完善农村土地所有权承包权经营权分置办法的意见》正式确定集体所有权、农户承包权、土地经营权"三权分置"的格局,盘活了土地经营权。据不完全统计,目前已经有三家专注于土地经营权抵押、土地流转功能的平台获得融资,分别是来买地、聚土网和可牛农业。其中,可牛农业是最早一批土地经营权抵押的试点平台。可牛农业按照市场价值确认土地经营权的实际价值,再按照50%的折扣率抵押。通过整合上下游供应链,可牛农业帮助农民直接对接农资供应商以及下游的粮食加工生产企业。

(2)传统产业巨头系。传统产业巨头的模式较为简单,利用传统产业中的企业优势来发掘产业链中中小企业的信用等级,这种模式很少能够覆盖到农户,服务的对象局限于农村中小型生产企业。

例如,新希望深耕"三农"领域已久,依托其产业优势,旗下希望金融联合传统机构,整合资源,形成了涵盖农业产业链金融、农业供应链金融、农村消费金融和农业支付四大业务的金融体系。

希望金融推出供应链金融产品"应收贷",为核心企业,如饲料厂、新希望地产等上游原材料供应商或工程承包商,提供到货融资或应收账款融资。"应收贷"最大的特点在于以核心企业为授信主体,帮助中小企业快速获得维持和扩大经营所必需的现金流,在一定程度上解决了回款慢、融资难等问题。

传统产业巨头系平台依靠其资源的优势和地方性的产业优势,通过打通自有供应链关系,建立了农村金融服务体系。通过金融服务解决供应链中各级企业资金周转周期长的问题,能够提高产业链中的工作效率,让各级企业持续生产工作,促使它们在最短时间内达到最优生产量。

(3)互联网巨头系。以蚂蚁金服和京东金融为代表的互联网巨头系已进军农村金融市场。阿里和京东布局农村金融市场是依靠它们在农村线下电商的布局,根据农民线上消费的数据来评估信用等级。

2016年12月20日,蚂蚁金融服务集团正式发布"谷雨计划"农村金融战略:未来三年,蚂蚁金服将联合100家龙头企业,为大型种养殖户提供金融服务;与合作伙伴一起为1000个县提供综合金融服务,包括支付、信贷、保险等;面向国内所有"三农"用户,拉动合作伙伴及社会力量提供累计10000亿元信贷。

蚂蚁金服农村金融事业部内部已经形成了三大服务平台,服务于三类不同的客群。这三大平台分别是旺农贷平台(见图3-7)、旺农保平台和旺农付平台。截至2016年12月,蚂蚁金服已经为3514万"三农"用户提供信用贷款服务,累计放款金额 4062 亿元；为 1.3 亿"三农"活跃用户提供互联网保障保险服务，累计投保笔数 47.63 亿笔；为 1.6 亿"三农"用户提供互联网支付、缴费、转账、充值等便捷支付服务。

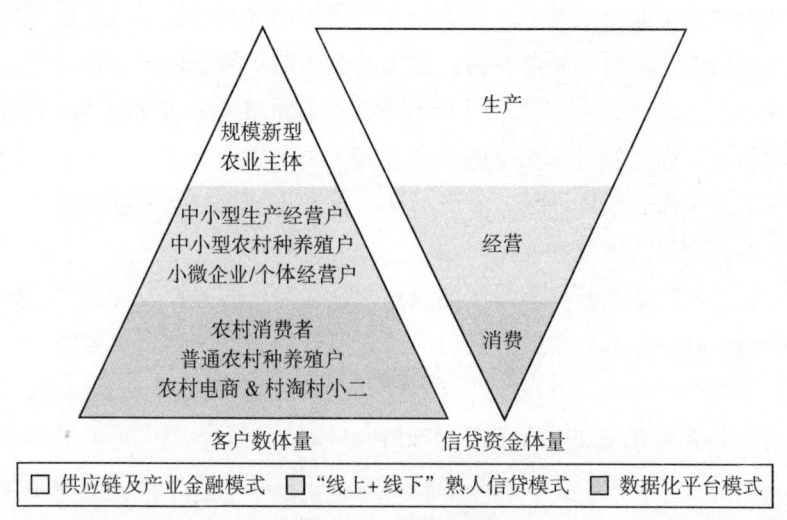

图 3-7　旺农贷平台

资料来源：《华厦时报》，2016 年 12 月 22 日。

同样，京东金融与格莱珉中国合作，运用众筹平台推动格莱珉中国业务的开展，主要在农民小额贷款、消费贷款和创业贷款等方面开展业务。2015 年 9 月 18 日，京东金融发布农村金融战略，将充分发挥京东在渠道下沉、电子商务、互联网金融上的巨大优势，紧扣以"农产品进城""工业品下乡"为核心的农村经济闭环，设计和打造先锋京农贷、仁寿京农贷、养殖贷、乡村白条等具有京东特色的农村金融模式。

京东的核心优势是自营仓配体系，成为"三农"服务能够深入到村的触角。京东的乡镇体系遍布全国，拥有 7 大物流中心，在 44 座城市运营了 166 个大型仓库，拥有 4142 个配送站和自提点，覆盖全国范围内 200 多个区县。高效快速的团队不仅让商品更好地下沉到农村，而且可以使金融服务更好地下沉到农村。

上述农村金融供给体系看上去很完备，但在实践中其功能和效率都远不尽如人意。中国农村金融供给在实际上呈现出单一、垄断和低效的特点，农村正规金融供给严重不足。由于农村金融市场中正规金融供给有限，因此农户大量的信贷需求是依靠非正规金融供给来满足的。农村非正规金融供给，特别是新型农村金融平台的兴起，起到了重要的但非全部的补充作用。

二、中国农村金融需求分析

总体上看，在我国当前农村地区，金融需求服务主要包括两大层次，第一层次是由三大需求主体决定的金融需求服务，第二层次是确保第一层次金融需求实现的外围辅助性金融需求服务。第一层次的金融需求服务包括农户、企业或经济组织以及基础设施建设项目所需要的存款、贷款、汇兑、票据承兑、支付结算。第二层次是为了满足农村三大主体的金融需求而派生的金融需求服务，包括为实现借贷的抵押担保、信用评级、农产品期货、农业保险、支付清算等。

1. 农户的金融需求服务

中国农村金融体系基本上是围绕农户的金融需求服务而发展建立起来的，因此农户融资问题一直都是农村金融理论中最重要的研究领域。一方面，对中国目前的绝大多数农户而言，"存贷汇"等基本的金融需求服务尚未得到充分的满足，相对来讲，存款和汇兑的需求已基本得到了满足，而贷款需求却存在很大的缺口。农户大量的信贷需求依靠民间金融来满足。同时，农户对于各种保险以及金融知识的需求非常强烈，部分富裕农户还存在购买国债、股票等金融投资需求，但由于金融供给的缺乏和自身条件的制约等，这些方面的需求尚未得到满足和开发。另一方面，中国农户具有独立生产实体和基本消费单元的双重身份，因此农户对资金的需求也包括生产和生活需求两方面。从融资需求用途分，有生活性借贷，如上学、婚葬、建房；有生产性借贷，包括农业生产如购买种子、化肥、农具或收购农副产品和非农业生产如运输、仓储、加工、贸易等。而在现实中，很难将农户的生产性需求和生活性需求严格区分开来。何广文（2001）的调查表明，在中国农户的资金借贷中，用于购置生产资料的仅占32%，而用于非生产目的（如建房、购买耐用消费品、子女教育、婚丧嫁娶等）的占比高达60%以上。

2. 农村企业与农村经济组织的金融需求服务

（1）农村企业。目前，除少数大型农业产业化龙头企业的金融需求能够基本得到满足外，其余绝大多数的农村中小微企业都在发展过程中不得不面对严重的资金短缺困扰。中小微企业融资难一直都是世界性的难题，而农村中小微企业除了有着与城市中小企业一样的财务制度不完善、资本金不足、资信情况不透明和信贷需求短、小、频、急等劣势外，在抵押担保方面会遇到更多的制约。加之中国目前正处于经济转轨期，各项改革正处于不断深化阶段，相应配套的经济社会环境还有待完善。因此，在当前和今后较长时期内，中小微企业融资都将是必须要面对的主要问题之一。

（2）农村经济组织。对于近几年大量兴起的农民专业合作社、各类专业协会和家庭农场的金融需求来说，与农村中小微企业相比，其财务制度、资本金、资信状况和抵押担保状况更加落后，所以其信贷需求的满足率更低。据张龙耀等（2012）的研究，2008~2010年，金融机构对农民专业合作社的贷款投放规模逐年下降，三年贷款余额分别占当年金融机构涉农贷款的8.84%、7.84%和6.55%（近似数值），其中一部分贷款的获得还主要是依靠农民专业合作社创办人或所依托部门的资金实力和社会关系，实质的贷款对象是创办人或依托部门。

3. 农村基础设施建设项目的金融需求服务

在中国广大的农村地区，基础设施建设十分落后，亟须大量的资金投入来加以改善。目前，中国共有70多万个行政村，自然村的数量高达300多万个。根据国家发改委2005年的调查测算，到2020年，这些村庄要实现全面小康社会的发展目标，需要4万亿元左右的基础设施建设投资，年均2700亿元（侯军岐等，2006）。如此巨大的资金需求自然离开金融的大力支持。农村基础设施建设的基本特点是社会效益大于经济效益，大部分农村公共基础设施建设的资金需求属于财政范畴，但中国大部分农村地区的财政是"吃饭"财政，根本没有能力对农村基础设施建设进行资金投入。随着农村基础设施建设的市场化运作方式不断推进，经济效益的不断拓展，可以采用政策性金融和商业性金融等不同形式满足其资金需求。但由于农村基础设施建设项目的资金需求量数额大、期限较长且缺乏有效的承担主体和还款来源，所以现实中金融机构对农村基础设施建设项目的信贷支持一直很少。据国务院农村综合改革工作小组办公室课题组（2011）对全国除上海和西藏外29个省（自治区、市）的100个村委会和农村社区的问卷调查，农村公共基础设施建设基本依靠财政和农民投入为主，银行投入很少。在新农村建设中，各地都启动了一系列重大的公共工程。从所调查的农村道路"村村通"、改厕改气和农村社区信息化等工程的投入来看，均是以政府投入为主。其中，农村道路"村村通"政府投入占52.52%，改厕改气政府投入占67.70%，农村社区信息化政府投入占57.56%。在安全饮水及污水处理等工程方面，则农民投入较多。安全饮水工程农民投入占41.57%，政府投入占6.2%；污水处理工程农民投入占42.08%，政府投入占39.92%，农民投入略多于政府投入。而银行金融机构在上述工程中的投入所占比例很低，在农村道路"村村通"中占1.01%、安全饮水工程中占1.54%、污水处理工程中占4.58%、改厕改气中占2.65%、农村社区信息化中占9.33%。由于资金不足，在这些公共设施建设中，一些村还向私人和非银行机构筹款，有的甚至超过了从正规金融机构的筹资。

4. 中国农村金融需求的整体特征

根据上述对农村金融需求主体以及农村经济发展变化的分析，当前我国农村金融需求主要呈现出以下特点：

（1）季节性、分散性与复杂性并存。农业生产受客观自然条件的影响较大，大部分农业生产需要遵循四季的时节变换，因此我国农户的信贷需求沿袭了"春贷秋还"的周期性交替。同时，农村的中小微企业由于经营规模、技术水平、担保条件以及内部经营等不够完善，很难如大型企业一般有完善的资金需求计划，导致其金融需求呈现出"随意性大、时间紧、频率高、规模小"的特征。

同时，农村金融需求主体的自身情况有较大差别。例如，一些龙头企业除了存、贷、汇需求以外，还存在着其他更高要求的金融服务需求，同时其贷款需求一般具有规模大、数量多的特征。其他中小微企业的贷款需求及经营实力远远不及产业化的龙头企业，其贷款的规模及抵押担保品的状态与大企业相比也差距较大。最后，贫困农户的贷款需求与之前两类企业的需求又不相同。因此，农村金融需求主体的复杂性也导致了其金融服务需求的复杂性。

（2）高成本与高风险性。与城镇居民相比，包括企业及农户在内的农村金融主体单个贷款金额一般较小，这种较为分散、小规模的金融需求导致金融机构的运营成本大大提高。另外，由于农业生产的高风险和弱质性，农户未来按期偿还贷款的能力变得不确定。同时由于农村金融的需求主体很难提供合格的抵押品，导致金融机构为大规模的农户提供贷款时将面临极大的风险。

此外，由于农村金融贷款的用途具有较强的不确定性，生产性、生活性两种需求都是农户所必须面对的，但在实际操作中对其进行区分十分困难。而且，农民不像城市人口可以按月领取工资，他们的现金收入主要靠出售农副产品，而农副产品的生产周期长且面临的自然风险大，这又进一步加大了农业借贷的高风险性。

（3）地区差异性。由于地区之间自然资源禀赋的差异以及国家政策的引导推动，导致中国目前区域经济发展水平具有较大差异，这使相应的农村地区经济水平也十分不同。不同的收入结构所引致的金融需求同样具有较大的差异性，一般来说，生活性需求为贫困地区的主要需求，扩大经营的生产性资金需求是中等发达地区的主要需求，除上述两种需求外，在发达地区，城镇化建设等金融需求也具有较大的份额。

（4）金融需求的多元化。随着农村劳动力向城市的大量转移，农村经济与外界的联系更为紧密，农民的收入渠道日益多样化，收入水平得到日益提升。同时，伴随着全国经济一体化进程的推进，农村金融需求主体对于新兴的结算、汇兑、保险、信托、租赁和有价证券等更高层次的金融服务需求将不断增加。另外，随着农村综合改革的深入推进、农村的城镇化建设、农业的产业化升级、农民的市场化经营，农户及农村企业对于银行、证券、保险、期货等的个性化金融需求也在持续增长。

总体来看，我国农村金融需求主体的资金借贷需求并没有较好地得到满足，而农村金融抑制的主要原因在于制度供给的短缺：一是目前我国正规金融机构对于贷款交易中抵押、担保的严苛要求，较为烦琐严苛的贷款手续及流程，以及农村金融需求主体自身条件的限制，严重抑制了我国农村地区的金融需求。二是收入水平较低的农户因为无法保证拥有充足的现金流以及无法提供合格的抵押、担保品，所以一般被正规金融机构排除在外，部分主体只能转向非正规金融机构"另谋出路"；而收入水平较高的农户或农村企业又因为正规金融机构烦琐的贷款流程及较为高昂的信贷成本，不愿选择正规的金融机构作为融资渠道，反而更加倾向于手续简便、期限灵活的民间借贷或者干脆选择内源融资。

三、农村融资渠道及用途分析

在对发展中国家农村金融的研究中，考虑到银行等正规金融机构的利率往往受到政府干预而控制在较低的水平，国外主流观点通常对农户融资的顺序做如下假设：农户在需要外源融资时，首先向正规金融机构申请贷款，如果正规机构不能满足其需求，他们才会考虑非正规渠道。但 Boucher 等（2007）指出，银行通过抵押机制将贷款风险转移给了农民，这会使风险规避型的农户不愿意向正规金融机构贷款，从而选择无抵押无担保要求的民间融资。Kazunari 等（2010）指出，农户自营经济倾向于将正式借贷作为其资金的稳定来源，然而由于交易成本等因素，虽然他们的信贷规模较小，但仍然被排斥在正规金融之外。Calum 等（2010）通过对1500户农户的调查发现，超过67%的农户是从亲戚、朋友等非正规金融渠道借贷，非正规借贷是农户融资的首选。George 等（2013）运用 Tobit、Logit 模型分析得出，家庭规模、年龄、性别、婚姻状况、职业、收入等决定着农户金融市场参与度，地理特征是农户从金融市场获得金融服务的一个重要影响因素，相比城镇居民，农村住户更倾向于从非正规金融渠道获取金融服务。

中国农村金融市场存在着正规金融和非正规金融的二元金融供给结构，这两种融资渠道在不同地区的活跃程度不同，在很多地区非正规金融渠道的融资要比正规金融渠道的融资比例高。马晓青等（2012）研究发现，相较于江苏和四川的农户，河南的农户更倾向于非正规融资渠道，90%以上农户的融入款项来自亲戚、朋友等非正规融资渠道。孔荣和衣明卉等（2011）通过对陕西、甘肃两省农户的调查分析认为，农户融资更偏好于非正规渠道，贷款程序的复杂程度、利率高低、金融机构对农户的信任水平、家庭文化等是农户不选择正规融资渠道的原因。

1. 非正规金融是农户融入资金的主渠道

调查发现，为了满足生产、生活资金需求，大部分农户主要通过非正规金融渠道融入资金。如果把民间借贷区分为无息的友情借贷和民间有息借贷，则无息的友情借贷主要是发生在亲戚、朋友之间的互助性借贷，而民间有息借贷大部分是农户向民间金融组织或村里的富裕户、放贷者的借款。调查显示，发生无息借款的农户（在所调查的农户中、参与有息借款的农户均有无息借款）在所调查的农户中占比高达64.89%，参与民间有息借款的比例较小，仅为8.5%。

非正规金融成为农户融入资金的主渠道，一个重要的原因是农户融入资金主要用于生活性开支，而正规金融机构的贷款倾向于生产性融资。目前，商业银行、农村信用社等正规金融机构很少有针对农户生活性融资的贷款项目，因此，当农户出现生活性资金短缺时，只有选择非正规融资渠道。

2. 民间集资成为农户闲余资金的重要融出渠道

赵庆光（2013）认为，2010~2011年，国家宏观调控政策加大了对房地产业的限制，民间借贷市场需求由中小企业生产经营需求转向房地产规避政策限制性需求，从而推动了河南省民间借贷市场的非理性、爆发式增长。对样本农户集资情况的线性回归分析证实，高利率是吸引农户参与民间集资的首要因素。农民收入有了闲余却没有合适的投资渠道，成为他们参与民间集资的重要原因。在回归分析中，将农户集资金额作为因变量，家庭人口数、户主文化程度、户主年龄、收入、集资利率作为自变量，回归结果如下：人口数、文化程度、年龄对于集资金额的影响均不显著，而农户收入和集资利率分别在5%、1%的显著性水平上对集资金额有着显著的正向影响。

四、金融空白乡镇现状分析

2014年，银监会启动实施了基础金融服务"村村通"工程，印发《关于推进基础金融服务"村村通"的指导意见》，引导和鼓励银行业金融机构用三至五年时间总体实现基础金融服务行政村全覆盖。通过设立标准化网点、开展简易便民定时定点服务、布设自助服务终端等多种服务形式，金融服务已覆盖52万个行政村。截至2014年底，全国金融机构空白乡镇从启动时（2009年10月）的2945个减少到1570个，实现乡镇金融机构和乡镇基础金融服务双覆盖的省份（含计划单列市）从2009年10月的9个增加到25个。全国已组建的新型农村金融机构92.9%以上的贷款投向了"三农"和小微企业。全国已有1045个县（市）核准设立村镇银行，县域覆盖率达54.57%。

中国银监会印发《关于做好2016年农村金融服务工作的通知》，要求银行业金融机构认真落实中央一号文件等精神，不断加大金融支农力度，切实补足金融服务"短板"，着力强化对农业现代化的金融支持，精准扶贫，努力实现涉农信贷投放的持续增长，力争在2020年底全面消除金融机构空白乡镇，在具备条件的行政村推动实现基础金融服务"村村通"。

银监会明确支持民间资本参与发起设立村镇银行。允许已投资一定数量村镇银行且所设村镇银行经营管理服务良好的商业银行，选择一家条件成熟的村镇银行作为投资管理行，提升批量化组建、集约化经营和专业化服务水平。在经济欠发达地区实行"一行多县"政策和在经济发达地区实行"一县多行"政策，持续提升村镇银行的县市覆盖面。

五、农村金融发展趋势分析

未来一个时期内，随着经济增速放缓和资源约束加强，农业和农村经济将面临许多新挑战与新问题，农村对多元化、多层次金融产品和服务的需求日益迫切。对照经济新常态下农业和农村经济面临的新挑战与新趋势，农村金融服务改革创新的任务依然艰巨。

1. 农村金融组织体系不断完善，有效地提升了服务覆盖面和渗透率

通过多年的持续努力，我国正在形成银行业金融机构、非银行业金融机构和其他微型金融组织共同组成的多层次、广覆盖、适度竞争的农村金融服务体系，政策性金融、商业性金融和合作性金融功能互补、相互协作，推动农村金融服务

的便利性、可得性持续增强。

如农村信用社改革基本实现了"花钱买机制"的政策目标，农村信用社（含农村商业银行、农村合作银行）的支农能力不断增强，涉农贷款和农户贷款分别占全部贷款的1/3和近七成，金融支持"三农"的主力军作用得到持续发挥。农业银行"三农金融事业部"改革在治理机制、财务核算、风险管理等方面赋予了一定的独立性，农村金融服务水平得到有效改善。邮政储蓄银行发挥网络覆盖全国、沟通城乡的优势，不断强化县域金融服务。开发银行发挥开发性金融的支农作用，在促进农村和县域社会建设、积极稳妥支持农业"走出去"方面持续发挥积极作用。村镇银行、小额贷款公司等新型农村金融机构和组织在丰富农村金融体系，解决农村地区银行业金融机构网点覆盖率低、金融服务不足、竞争不充分等问题上发挥了日益重要的作用。

2. 农村金融产品和服务方式创新不断推进

人民银行从2008年起开展了农村金融产品和服务方式创新试点，2010年会同银监会、证监会、保监会将该项工作推向全国。几年来，金融机构结合农村金融服务需求的特点，积极探索扩大抵押担保范围，运用微小贷款管理技术，扩大小额信用贷款和联保贷款的覆盖范围，涌现了集体林权抵押贷款、大型农机具抵押贷款、"信贷+保险"产品、中小企业集合票据、涉农企业直接债务融资工具等在全国范围内较有影响的创新产品以及一些具有地方特色的创新实践，取得了良好的效果。截至2016年末，232个农地抵押贷款试点县贷款余额达140亿元，59个农房抵押贷款试点县贷款余额达126亿元。金融机构针对农业适度规模经营、水利、新型城镇化、绿色生态等重点领域，探索开发大型农机具、预期收益权、林权等抵押贷款业务和供应链融资服务。保险机构开发推出几百个地方特色优势农产品保险产品，已有31个省（自治区、市）启动或制定了价格保险试点方案，试点品种达到50多个。

此外，随着互联网技术的深入普及，通过互联网渠道和电子化手段开展金融业务的互联网金融发展迅猛，众筹融资、网络销售金融产品、手机银行、移动支付等互联网金融业态也在快速涌现，部分互联网金融组织还在支持"三农"领域开展了有益探索。

3. 村融资环境进一步改善，融资方式由间接融资向直接融资扩展

债券融资方面，截至2014年末，218家涉农企业（包括农林牧渔业、农产品加工业）在银行间债券市场融资7233.39亿元，期末余额2953.58亿元。2013~

2014年，共4家涉农企业在证券交易所债券市场发行公司债券，融资23.4亿元；共49家涉农企业发行中小企业私募债，融资80.24亿元；共1个涉农小额贷款资产支持专项计划成功设立，融资5亿元。

股票融资方面，2013~2014年，首发上市的农业企业有3家，融资17.3亿元；农业类上市公司再融资20家，融资250.6亿元。截至2014年底，共66家涉农非上市公众公司在全国股份转让系统挂牌。其中，2013年新增公司4家，1家涉农公司发行股份649万股，募集资金5841万元；2014年新增公司55家，5家公司共发行股份4556.9万股，共募集资金12511.45万元。

4. 农业保险覆盖面稳步扩大，风险保障能力日益提高

目前，全国共建立农业保险乡（镇）级服务站2.3万个，村级服务点28万个，覆盖了全国48%的行政村，协保员近40万人。从保险品种看，关系国计民生和国家粮食安全的农作物保险、主要畜产品保险、重要"菜篮子"品种保险和森林保险获得了重点发展，农房、农机具、设施农业、渔业、制种保险等业务逐步推广。2007~2014年，农业保险提供风险保障从1126亿元增长到1.66万亿元，年均增速57.09%，累计提供风险保障5.72万亿元，向1.68亿户次的受灾农户支付赔款958.62亿元，在抗灾救灾和灾后重建中发挥了积极的作用。

5. 农村基础设施建设稳步推进，农村金融生态环境有效改善

人民银行提供了灵活多样的接入方式，支持农村金融机构加入人民银行支付清算系统，目前接入的农村合作金融机构和村镇银行网点数已达4万多个。通过组织开展农民工银行卡特色服务、银行卡助农取款服务，为广大金融空白乡镇的农村居民提供家门口式的基础金融服务，从根本上提升了金融服务在农村的可得性。目前，农村地区人均持卡量已超过1张。全国共有超过4万个农村地区银行营业网点可以办理农民工银行卡特色服务受理方业务，2014年累计完成农民工银行卡特色服务取款业务超过1157万笔、金额185亿元。助农取款服务点达92万个，受理终端数量93万台，2014年助农取款业务达到1.57亿笔、金额494亿元。

按照"政府主导、人行推动、多方参与、共同发展"的思路，人民银行联合地方政府、相关部门、金融机构共同推动农村信用体系建设。加快建立小微企业和农户信息征集体系，开展小微企业信用评价和"信用户""信用村""信用乡（镇）"评定工作，完善信息共享与应用，发挥市场机制的作用，形成良好的信用环境。至2016年末，全国累计为1.72亿农户建立信用档案，已有近9248万农户获得银行贷款，贷款余额2.7万亿元。

第四节　村镇银行新技术环境

随着信息技术的快速发展，我国进入了信息社会高速发展的阶段，农村信息化已成为国家信息化建设的工作重点之一。近几年，农村基础网络建设规模加大，信息化建设进程不断深入，体现在电视、电话"村村通"的目标陆续实现，信息传输网络覆盖范围逐年扩张，电脑下乡逐渐普及等多个方面。"家家通电话，村村通宽带，信息进万家"的农村信息化建设呈现蓬勃生机。2016年底，我国网民数量达7.31亿人，互联网普及率达53.2%，其中农村网民规模达2.01亿人，占比为27%。移动电话普及率达到95%，手机网银规模超过5亿户。

当前，区块链（Block Chain）技术成为市场的焦点话题之一，被认为是继大型机、个人电脑、互联网之后计算模式的颠覆式创新。其应用实践在金融科技领域发展最为迅速。该技术在金融领域的应用将完全改变交易流程和记录保存的方式，有效解决银行现有流程的多个痛点（见图3-8），从而大幅降低交易成本，显著提升效率。

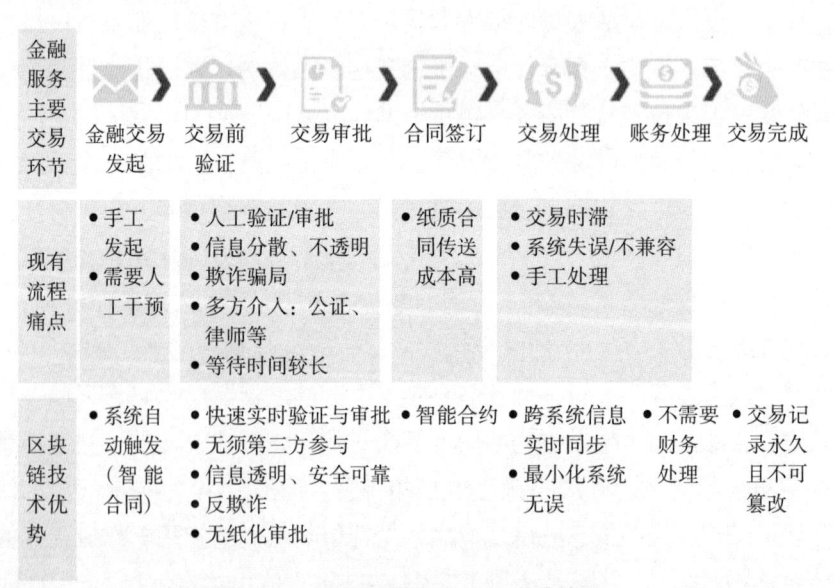

金融服务主要交易环节	金融交易发起	交易前验证	交易审批	合同签订	交易处理	账务处理	交易完成
现有流程痛点	• 手工发起 • 需要人工干预	• 人工验证/审批 • 信息分散、不透明 • 欺诈骗局 • 多方介入：公证、律师等 • 等待时间较长		• 纸质合同传送成本高	• 交易时滞 • 系统失误/不兼容 • 手工处理		
区块链技术优势	• 系统自动触发（智能合同）	• 快速实时验证与审批 • 无须第三方参与 • 信息透明、安全可靠 • 反欺诈 • 无纸化审批	• 智能合约		• 跨系统信息实时同步 • 最小化系统无误	• 不需要财务处理	• 交易记录永久且不可篡改

图3-8　区块链技术在银行中的应用

资料来源：麦肯锡公司。

面对区块链技术的机遇与挑战，国际领先银行纷纷采取行动，根据自身情况采取不同的应对策略。或者参与区块链联盟，共同开发解决方案，致力于建立行业标准；或者携手金融科技公司发展拳头业务的应用；或者成立区块链实验室，主动针对不同业务的应用场景进行技术开发（见图3-9）。

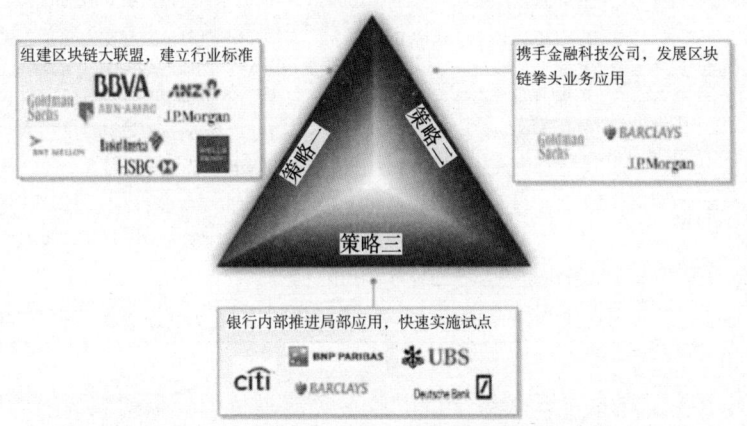

图 3-9　国际领先银行面对区块链技术的应对策略

资料来源：麦肯锡公司。

农村信息化程度的不断提高与新技术的推动，为村镇银行开展现代便捷的金融服务、与利益相关者保持良好沟通、方便金融统一监管等提供了技术保障。

一是融资方式的改变。传统农村金融市场是由一家金融机构面对成千上万的农民，而互联网金融的进入使一个农民可以向众多投资者融资。这种"金融脱媒"现象能够大大提高效率，降低融资成本。传统一家金融机构面对成千上万的农民做信贷调查，成本十分高昂。互联网农村金融平台可以利用社会资源做信贷调查和筹集融资款项，其社会化的思维方式可以帮助互联网金融平台降低运营成本。

二是征信方式的改变。互联网金融对农村金融市场的一大转变就是从传统需要提供抵押物或者担保的方式转变为农户只需要提供社会信息、生产信用信息和征信信息。农村的生活特点是较为封闭，且农民之间的信任度较强，农民之间相互也较为了解。金融机构在放贷过程中最需要的就是客户信用的支持，只要提供信用支持，金融机构就可以放贷。农民的社会信息、生产信用信息等足以说明农民的信用等级。表3-1为农户信用评价指标体系。

表 3-1　农户信用评价指标体系

	一级指标	二级指标
1	农户户主自身以及家庭特征	农户的年龄、农户的健康状况、农户的受教育程度、农户的政治面貌、农户的特殊技术和技能、农户的婚姻状况、农户从事的职业、家庭中是否有成员现在或者曾经担任过干部、家庭中是否有成员现在或者曾经为农业银行职员或者农村信用社社员、农户的成长与创新能力、家庭劳动力数量、赡养和抚养的人数、家庭外出务工的人数、是否拥有各类保险和政府补贴
2	农户偿债能力	户主年纯收入、家庭年纯收入、人均年纯收入、家庭支出水平、预期收入率、家庭财产状况、农户家庭财产与贷款金额之比、农户现有借款总额、为他人担保情况、农户参加联保情况、农户社会资本状况
3	农户家庭经营状况	农户家庭耕地面积、农户家庭林地面积、农户非农经营性收入、农户非农收入占总收入的比例、农户经营项目的盈利性及稳定性
4	农户贷款状况	农户的贷款数额、农户的贷款期限、农户的贷款利率、农户的贷款用途、贷款是否有抵押、贷款是否有担保、贷款项目的潜质、月还款收入比
5	农户信誉状况	农户的个人品德和农户的信用记录
6	宏观环境状况	农户居住地的经济发展程度以及稳定性、农村优惠政策支持

三是偿还方式的改变。传统金融的收益只能是货币，金融机构不可能收取农民的农产品。但是互联网金融平台上投资人所要获取的收益，除了货币之外，除了收回本金之外，还可以有很多种选择，可以要货币，也可以要农产品，甚至连本金都不需要，全部为农产品，如优质大米和土鸡蛋等。这种方式可以减少中间环节，更好地满足投资者和融资者的需求。同时也可以根据产业特点，制定不同的还款周期和还款方式。

四是金融投资方向的改变。大多数传统农村金融机构从农村吸储之后，投资到城市市场。这种资金配置方式虽然可以提高农村资金的利用率，但是并没有从根本上解决农村金融市场的问题。互联网金融的创新思维将城市投资者聚集起来，投资健康、绿色的农村项目产品，起到反哺农业的作用。

当前，银行业正提速向互联网转型，村镇银行业有望借助"互联网+"，继续取得新一轮发展。首先，积极争取当地社保、医保、农补与公积金等发卡权，并打造微电子银行，高效服务银行客户。此外，要积极争取与当地商场、超市等机构的会员卡联网互通，打造互联网一体化的金融服务场景。其次，解决农村市场金融服务"最后一公里"的问题。农村地区交通不发达，需要更多金融服务网点，因此，村镇银行可以建立助农服务站、选择代理人，通过代理人向农民普及相关操作方式，在联网设备上为农民提供基础的金融服务或增值服务。再次，加大移动端领域的投入。与城市电脑、智能手机共同普及的现象不同，农村市场电脑产品较少，低价智能手机更为流行。因此，推出移动端 APP，布局移动业务自然更加能受到市场欢迎。最后，整合跨界资源，加强与电商以及第三方支付机构的合作。随着农村电商逐渐普及，电商平台与第三方支付也将深入农村市场，村镇银行可以通过与这类平台合作，提高自身平台的影响力。

专栏 3-1

阿里巴巴农村金融运作模式"四步曲"

一是搭建网络。2017 年，阿里巴巴在全国启动"千县万村"计划，投资 100 亿元建立 1000 个县级运营中心和 10 万个村级服务站。同时，阿里巴巴还是苏宁的第二大股东，苏宁拟建立的 10000 家苏宁易购服务站（覆盖全国 1/4 的乡镇）可为阿里巴巴所用。此外，阿里巴巴和中国邮政储蓄银行合作，后者在全国拥有近 4 万个网点。这意味着全国平均每个乡镇将有 3 家以上"马云银行"。

二是获取数据。凭借大量"网点"和支付宝用户，阿里巴巴快速渗透到农村生产、流通、消费领域，积累了海量的农村交易数据，这些大数据资源有利于阿里巴巴对企业和农户精准"画像"，充分发掘其潜在需求和风险特征，为开展金融服务做好铺垫。

三是开发产品。阿里巴巴用大数据积累、创造和消费信用，开发有针对性的金融产品。如已经正式上线的互联网小额贷款产品"旺农贷"，最高可拿 50 万元纯信用贷款，无须抵押和担保，可采用每月还息、一次性还本或等额本金还款的方式。

四是打造闭环。除广泛介入存贷汇等传统金融业务外，阿里巴巴还试图融入农村丰富的生活场景（如婚嫁丧娶等），提供"一揽子"、综合化金融服务方案，实现 O2O 线上线下融合，从而打造农村互联网金融闭环。

资料来源：作者整理。

对村镇银行新发展环境的分析表明，目前村镇银行处于初创阶段，不确定性因素较多，但整体局势较好。在宏观层面，农村经济已有的发展成果以及未来的发展劲头为村镇银行业务的开展奠定了基础，"三农"问题也受到越来越多的关注，国家大力推出一系列助推村镇银行发展的政策，积极发展村镇银行的意

味十分明显。在市场方面，尽管近几年村镇银行数量增长迅速，但村镇银行数量远未满足农村经济发展需求，目前仍有较大的改善空间，并将在农业地区、中西部地区、金融机构网点覆盖率低的地区、贫困地区以小微企业发展活跃的地区重点发展。在技术环境方面，农村信息化程度的不断提高与新技术的推动，为村镇银行开展现代便捷的金融服务、与利益相关者保持良好沟通、方便金融统一监管等提供了技术保障。

第四章 村镇银行内部运营管理

村镇银行公司治理、业务发展和风险管理是影响村镇银行发展的三个主要方面。同时，2017年银行业监管"风暴"集中暴露了各类银行的不合规问题，许多直接涉及村镇银行。为此，本章针对这些内容，从村镇银行内部运营管理角度予以重点分析。

第一节 村镇银行的公司治理

公司治理是指协调投资者、经理人员和职工等各方利益的一整套制度安排，目的是对管理者经营行为进行监督，以保障公司股东的正当权益，并实现投资收益最大化。公司治理通常可以分为公司内部治理和公司外部治理两个层面，其中内部治理主要指股东代表大会、董事会、监事会和高级管理层等主体的权责安排，以确保各个主体处于相互监督、相互制约的状态；而公司外部治理主要是指政府监管部门或行业协会等外部监督机构以及经理人市场对公司行为所起的监督作用。公司治理有时也被称为法人治理，其重点在于如何安排企业的权力，明确公司中各主体的权责，在激发企业内部活力的同时，使利益相关者处于一种相对均衡的状态。

金融是经济发展的必要条件，虽然在农村地区已经有大量商业银行以及农村信用社存在，在支持农村经济发展方面发挥了重要作用，但是由于各种原因导致仍由大量农户或农村中小微企业没有获得发展所需的金融支持，影响了农村经济的进一步发展和农户收入水平的提高。政府对从2007年开始兴起的村镇银行寄予了厚望，希望其能弥补现有农村金融市场存在的不足。要想在农村经济发展过程中发挥重要作用，村镇银行需要加强自身治理结构建设，构建权责明确、有效制衡、决策科学、运作高效的现代金融企业制度。

一、村镇银行公司治理结构存在的缺陷

我国村镇银行在数量方面快速增长的同时，在经营方面也暴露出了很多问题。例如，公众认可度不高，导致吸收存款难度大，进而使得信贷资金供给不足；股权结构存在不合理之处，使得村镇银行的独立性受到很大影响；民间资本进入村镇银行的门槛高；大银行发起设立村镇银行的积极性不高；等等。这些问题的存在，在很大程度上是由于村镇银行治理存在不足。

(一) 股权高度集中

主发起行制度下，村镇银行股权高度集中，"一股独大"的局面导致公司治理低效。2007年《村镇银行管理暂行规定》颁布，其中第二章第八条规定，村镇银行发起人或出资人应符合规定的条件，且发起人或出资人中应至少有1家银行业金融机构。第三章第二十一条规定，境内金融机构投资入股村镇银行，应符合下列条件：商业银行的资本充足率均不低于8%，主要审慎监管指标符合监管要求；另外商业银行的财务状况要良好，满足2年连续盈利的要求；同时要求入股资金来源真实合法；具有良好的现代企业公司治理结构；最后要符合其他审慎性条件。对于境内金融机构出资入股须事先报银监会批准。第三章第二十五条明确规定，村镇银行最大股东或唯一股东必须是银行业金融机构，其持股比例不得低于村镇银行总股本的20%，而企业法人和自然人股东持股比例不得超过总股本的10%。2012年，银监会出台《关于鼓励和引导民间资本进入银行业的实施意见》，支持民营企业参与村镇银行发起设立或增资扩股，将村镇银行主发起行最低持股比例由20%降低为15%，并明确在村镇银行进入可持续发展阶段后，主发起行可以与其他股东按照有关原则调整各自的持股比例。目前，村镇银行按照主发起机构所属类型的不同，通常可以划分为以下八类：城市商业银行、农村商业银行、农村合作银行、全国性股份制商业银行、农村信用联社、四大国有商业银行、外资银行和国家开发银行。

从实际运行情况看，该制度的执行面临着一系列问题。例如，很多村镇银行的股权呈现出高度集中的特点，主发起金融机构有时处于绝对控股地位；村镇银行资本金来源受到较大管制，提高了民营和外资银行的进入门槛，同时也降低了这些主体投资的积极性。在实际操作中，民间资本对于参与设立村镇银行的积极性很高，但很难找到相应的金融机构作为发起人或出资人。即使找到了商业银行

愿意作为发起人，但受制于发起人制度，使得银行机构对于村镇银行有绝对控股权，而民营资本则占比较低。所以，发起人制度大幅度降低了民间资本参与村镇银行的积极性，进而抑制了村镇银行的设立数量及后续发展。由于数据收集的局限性，以下选取了八家村镇银行的数据进行股权结构对比，如表4-1所示。

表 4-1　部分村镇银行的股权结构分布

银行名称	成立时间	股东名称	出资数额（万元）	持股比例（%）
西峰瑞信村镇银行	2007年3月15日	西峰区农村信用合作联社	750	25
		非金融机构企业法人（5家）	690	23
		自然人（77人）	1560	52
包商贵民村镇银行	2008年10月22日	包商银行	1020	51
		非金融机构企业法人（3家）	980	49
		自然人（3人）		
安塞农银村镇银行	2010年3月29日	中国农业银行	1020	51
		非金融机构企业法人（6家）	980	49
石河子交银村镇银行	2011年5月5日	交通银行	4900	70
		非金融机构企业法人（6家）	2100	30
容县桂银村镇银行	2011年6月28日	桂林银行	2550	51
		非金融机构企业法人	2450	49
		自然人		
呈贡华夏村镇银行	2011年8月16日	华夏银行	3500	70
		非金融机构企业法人（3家）	1500	30
九龙坡民泰村镇银行	2012年7月26日	浙江民泰银行	7000	70
		九龙坡区政府	3000	30
林芝民生村镇银行	2013年11月29日	民生银行	1275	51
		非金融机构企业法人（7家）	1225	49

资料来源：许燕：《村镇银行公司治理研究》，硕士学位论文，西北大学，2015年。

目前，我国村镇银行股权结构中，发起银行持股比例都在20%以上，部分主发起金融机构持股比例甚至超过50%，村镇银行股权高度集中。与股权结构分散相比，股权结构集中时大股东占股权比例大，通常有很高的积极性经营村镇银行，但股权高度集中也会带来一些弊端。一方面，由于大股东处于绝对控股地位，所以董事会和监事会的选举容易被大股东操纵，使得董事会和监事会的独立性大打折扣。在这种情形下，村镇银行缺乏有效的制衡和监督机制，大股东往往会通过关联交易等方式进行利益输送，中小股东利益因此而受损。另一方面，在股权结构高度集中时，中小股东的话语权小，导致参与日常经营管理的积极性不足，进而使村镇银行的经营决策缺乏足够的科学性和民主性。这意味着，发起人制度导致村镇银行股权高度集中，不仅会导致内部人控制问题，也会降低中小股东参与经营决策的积极性，从而降低公司治理效率。

（二）董事会无法充分发挥作用

《村镇银行管理暂行规定》（以下简称《规定》）指出，村镇银行可以只设立董事会，行使决策和监督功能；也可以不设董事会，由执行董事行使董事会相关职责。同时，《规定》还指出，村镇银行可以设立独立董事。从《规定》中可以看出，银监会希望村镇银行可以设置简洁灵活，同时有效解决各类代理问题的治理结构，但是对于设立何种治理结构却没有做出明确说明。在村镇银行的实际设立中，主要存在两类内部治理框架：一类为层级模式，具有典型的"三会一层"①的结构特征；另一类为扁平模式，内部没有设立股东大会与董事会。另外，《规定》对于其他外部利益相关者，更多地强调其监督职能而忽略了建议、咨询等功能，这会导致外部董事在监督职能上无法发挥作用。拥有董事会结构的层级模式，在很大程度上可以帮助村镇银行构建合理的治理结构，进而帮助其实现稳健发展。而在不设置董事会的扁平模式下，村镇银行将会面临更为严重的内部人控制和委托—代理问题，公司治理效果会受到较大影响。

对于那些已设置董事会的村镇银行而言，其董事会仍存在很大的改进空间。村镇银行所设置的董事会缺乏足够的独立性，目前在董事人员遴选和聘用等方面存在较为严重的形式化和行政化问题。董事会是公司最高的经营决策机构，其主要职责是制定公司的长期发展战略和近期的经营计划，还需要监督公司高级管理层人员。因此，董事会成员的业务能力至关重要，而科学合理的董事选聘制度，能够在最大限度上保障公司所聘任的董事人员满足任职的需要。然而在实际运营中，村镇银行董事会成员的选聘出现了形式化和行政化的问题，如董事长大多是由发起行直接提名或决定。显然，以这种方式选举出的董事长往往缺乏独立性，通常是发起行的代理人，这会造成对中小股东以及存款人的利益考虑不周的问题，进而影响公司治理效果。

---

① 三会一层，即股东大会、董事会、监事会和管理层。

村镇银行行长也是重要的高管，往往也是董事会成员，但行长的选聘也逐渐出现了形式化和行政化的趋势。在实际中，还会出现董事长和行长由同一人担任的情形，董事会和高管层之间的职能界限不清晰。此时不仅容易造成管理混乱、责任相互推诿的问题，董事长身兼行长导致权力过度集中，也给村镇银行的经营带来了很大的潜在风险。

村镇银行缺乏董事会专门委员会制度，导致董事会决策的职能被弱化。我国《公司法》规定，董事会作为公司的执行机关，主要职责是制定公司经营方针和发展战略。当前我国很多村镇银行的董事仅通过出席董事会以听取行长做报告的方式，对银行的经营和决策等重大事项做出审议。村镇银行的运营具有很强的专业性，公司治理涉及信贷风险控制、财务管理、风险控制和关联交易管理等方面，但村镇银行董事参与日常经营决策的深度和广度，离满足村镇银行经营的客观需求仍有距离。

《规定》提出，"村镇银行董事会和经营管理层可根据需要设置不同的专业委员会"，因此村镇银行可以考虑引入专门委员会制度，借此提高董事会在日常运营中的决策能力。

例如，村镇银行可设置风险管理委员会，该委员会的主要职责是监督高级管理人员的风险控制情况，定期对村镇银行的风险状况进行评估，并提出相应的意见以完善银行风险管理体系和内部控制体系。村镇银行还可以设置提名委员会，负责制定董事会成员和高级管理人员的选拔程序与选拔标准，对候选人任职资格进行初核，并向董事会提出建议。

（三）监事会不能充分发挥监督职能

村镇银行如果要建立科学有效的权力制衡机制和公司治理架构，则监事会将是村镇银行必不可少的组成部分。实际上，《公司法》明确规定，无论是股份有限公司还是有限责任公司，都应当设置监事会或监事岗位，作为一级法人机构的村镇银行理应也不例外。然而《规定》中并未对村镇银行监事会的设置与否做出明确规定，这就导致部分村镇银行没有设置监事会。即使对于那些已经建立了监事会的村镇银行而言，监事会所起的监督作用也不明显，其中村镇银行现有的监事会履职机制不完善是重要原因。

为什么村镇银行的监事会在其公司治理中扮演的角色不如大众预期？其中一个重要原因是缺乏监事会履行监督职能的具体制度。现有已经建立监事会的村镇银行，大多数只是例行公事地每年召开一到两次监事会，无法起到有效监督和检查的作用。例如，在监事会上即使监事发现银行的经营管理有问题，但缺乏时效性使监事会的监督效果大打折扣。此外，监事专业能力欠缺也限制了监事会功能的发挥。银行的监事工作具有非常强的专业性，如果要行使好监事的权力，监事应具有较强的银行专业知识和丰富的从业经验，并且为人要正直。

二、村镇银行公司治理结构改革策略

（一）形成合理的村镇银行股权结构

引进战略投资者对村镇银行具有非常重要的作用，能够改善村镇银行的股权结构和提高其公司治理水平。在引进战略投资者时，村镇银行应注意如下事项：首先，战略投资者应有较好的社会信誉度、雄厚的资金实力、丰富的管理经验及社会资源。其次，除了能够为村镇银行提供资金支持外，战略投资者还要能提供先进的管理技术和理念，并且是通过长期合作来谋求长远的利益回报。最后，村镇银行在引进战略投资者时，需要结合当地及自身的实际情况，制定个性化的合作条款。此外，还需要考虑股权持有主体的多元化，在允许国内机构投资者和个人参股的同时，也要允许外国机构投资者入股。引入国内证券公司、保险公司、信托公司和投资基金等专业性较强的金融机构入股，不仅可以为村镇银行带来资金支持，而且这些机构具有非常强的专业技能，可以直接帮助村镇银行提高公司治理能力。另外，外资金融机构一般比国内金融机构在管理模式和公司治理上更先进，引入外资金融机构作为战略投资者，可以进一步提高村镇银行的经营效率和公司治理水平。应大力鼓励民营资本进入村镇银行，民营企业对市场较为敏感，能较好地判断一项业务的未来发展状况，进而帮助村镇银行提高业务风控能力和业务范围。

但目前还应清楚地认识到，村镇银行在引入战略投资者方面存在很大的政策限制。现行的村镇银行制度规定村镇银行的主发起人必须为银行业金融机构。一方面，这一政策规定严重限制了包括民间资本和外资资本等在内的各种资本进入村镇银行业，阻碍了村镇银行数量的扩张和业务的发展。另一方面，村镇银行的股权高度集中于主发起行，导致"一股独大"的局面，难以形成股东间的权力制衡，进而导致公司治理结构的不合理。相关监管部门应在保障村镇银行作为政策性银行，为农村经济发展提供金融支持的前提下，部分放开村镇银行的发起人制度，以此提高村镇银行的经营效率和公司治理能力。

（二）企业内部制衡体系的完善

1. 建立权力和责任明确的公司治理架构

村镇银行成立后，应依照《公司法》和《村镇银行管理暂行规定》等相关法律法规的规定，组建董事会、监事会和高管层，并以现代金融企业制度的要求制定村镇银行章程。

首先，优化董事会成员结构，提高董事的履职能力。在条件允许的情况下，董事会成员中应包括职工董事、自然人董事、代表中小股东的董事和大股东董事代表，同时还应有独立董事，这可以较好地平衡各方的利益。为了提高董事会成员履行职权的能力，村镇银行在选聘董事会成员时应注重考察其专业能力，董事会成立后还需要加强对董事会成员的培训，进一步提高董事会的专业知识水平和责任感。此外，村镇银行还需要明确董事会的具体职责，在召开董事会例会时明确所需讨论的议题及决策事项。

其次，建立董事与其他高管的分工协作机制，提高村镇银行内部透明度。高级管理人员依据公司章程独立履行职责，在对董事会负责的同时还需接受监事会的监督。当高管遇到重大经营决策事项时，村镇银行高管应及时向全体董事会成员披露详细情况，避免出现少数人控制的现象。此外，村镇银行需要贯彻现代金融企业的管理方式，制定具体可行的业务及管理流程，提高经营效率。

最后，构建规范的董事会制度。董事会作为银行的执行机构，在公司治理中扮演着非常重要的角色。村镇银行应按照相关法规，在公司章程中明确规定董事会的具体职权，而董事会则应严格按照公司章程执行决策过程，做到决策合法化。独立董事与村镇银行及其主要股东的关联相对较弱，其在维护中小股东和存款人的利益上起着非常重要的作用。需要认真贯彻执行独立董事制度，按照相关法规中所要求的独立董事任职资格和产生程序，选聘独立董事，并给予独立董事适当的薪酬激励。此外，建立董事会专门委员会，确保董事会的各项职责落到实处。例如，建立风险管理委员会，提高村镇银行的风险管控能力；设立关联交易委员会，防止大股东通过关联交易进行利益输送，损害村镇银行的利益。

2. 建立符合村镇银行特点的薪酬制度

科学合理的薪酬制度对于稳健经营非常重要。在设计村镇银行的薪酬制度时，必须同时兼顾经理人激励和稳健经营的要求。首先，在建立薪酬制度时要以绩效薪酬为主。薪酬的绝对水平需要综合考虑市场竞争和银行业绩因素，设置合理的业绩考核目标。其次，调整薪酬结构，以长期激励为主，短期激励为辅，实现村镇银行长期的发展和高管层短期激励的有机结合，避免过度注重短期激励给未来的经营带来隐患。最后，将经理人激励强度同银行的风险监督体系结合起来，及时监控薪酬激励存在的不足并加以改进和完善。

第二节　村镇银行的业务发展

一、农村金融业务的特点

1. 农村金融业务需求的特点

首先，从农村金融业务的需求主体看，中华人民共和国成立后特别是改革开放以来，我国农村金融业务的需求主体主要有三种：一是分散式的小规模农户。根据农业部统计数据，截至2016年底，我国经营规模在50亩以下的农户有2.6亿余户，约占总农户数量的97%，所经营的耕地面积约占82%。二是新型农业主体（或称为适度规模经营农户），包括家庭农场、专业大户、农民合作社、龙头企业等（见图4-1）。截至2016年底，经营规模大于50亩的新型农业主体约350万个，所经营的耕地面积约2.5亿亩，平均经营规模偏小且仍低于美国、澳大利亚、英国等国家。三是农垦和兵团企业。其中，我国农垦企业经营耕地面积为9300余万亩，约占全国耕地总数的4.6%，规模总体不大。

图 4-1　新型农业主体分类

资料来源：零壹智库。

其次，从农村金融业务的需求内容看，随着农村金融业务需求主体的多元化和多层次发展，除了存款、贷款、汇兑、票据承兑、支付结算等基本的金融业务外，农村日益呈现多层次、多类型的金融需求，抵押担保、信用评级、农产品期货、农业保险、支付清算等需求快速增加。

最后，从农村金融业务的需求形式看，对于农户而言，消费性金融业务需求和生产性金融业务需求均存在。大部分农户家庭具有消费性融资需求，尤其是农村低收入家庭；中高收入农户家庭的生产性融资需求不断增长。农户生产性融资需求分为农业生产性资金需求与非农业生产性资金需求。随着我国农业的发展及结构的改变，农业投入中传统要素的比重在下降，现代要素的比重在上升，农户为购买现代投入要素，对融资的需求逐渐增长。在生产性消费方面，一些中等收入及更高收入的农户家庭，已经逐渐从传统、落后的农业生产方式中解放出来，开始从事一些非农业生产活动。因此，基于经营性需要，产生了较为强劲的资金借贷需求。

整体来看，规模化、产业化经营主体的资本密集度较高，对金融服务的需求既有小额、短期、分散的季节性资金临时周转需求，也有大额、长期、集中的持续性固定投入需求。家庭农场、专业大户等发展规模化、机械化农业，需要引进优良品种、流转土地、购买现代化机器设备等，这一过程中需要流动资金的支持。而且，企业发展农产品加工业，需要建设厂房、购买机器设备、建立冷库、购置包装设备等，也需要流动资金的支持。各类经营主体的金融需求已经不是单一需求，而是多层次融合需求。

2. 农村金融业务供给的特点

首先，从农村金融业务的供给主体看（见图4-2），除了正规金融体系外，还存在游离于金融监管体系外的民间金融，即自由发起成立的从事金融及相关业务的组织或活动，如民间借贷、典当、私人钱庄等。

正规金融体系				民间金融体系
传统银行类			新型金融机构类	非银行类	民间借贷（互联网金融）
政策性金融	商业性金融	合作性金融		贷款公司 农业保险公司 小额贷款公司 （互联网金融） 证券、期货、 信托公司等	合会 银背 民间集资 私人钱庄 典当 基金会 民间票据贴现等
中国农业发展银行	中国农业银行 邮政储蓄银行	农村信用社 农村商业银行 农村合作银行	村镇银行 农村资金互助社		

图4-2 农村金融业务的供给主体

资料来源：零壹智库。

我国目前虽已在形式上构建起了政策性、合作性和商业性所组成的"三元"农村金融体系，但农村金融供给仍存在一些突出问题。例如，近年来我国"三农"贷款余额均在增加，但贷款业务增速乏力且整体增速趋于放缓（见图4-3）。

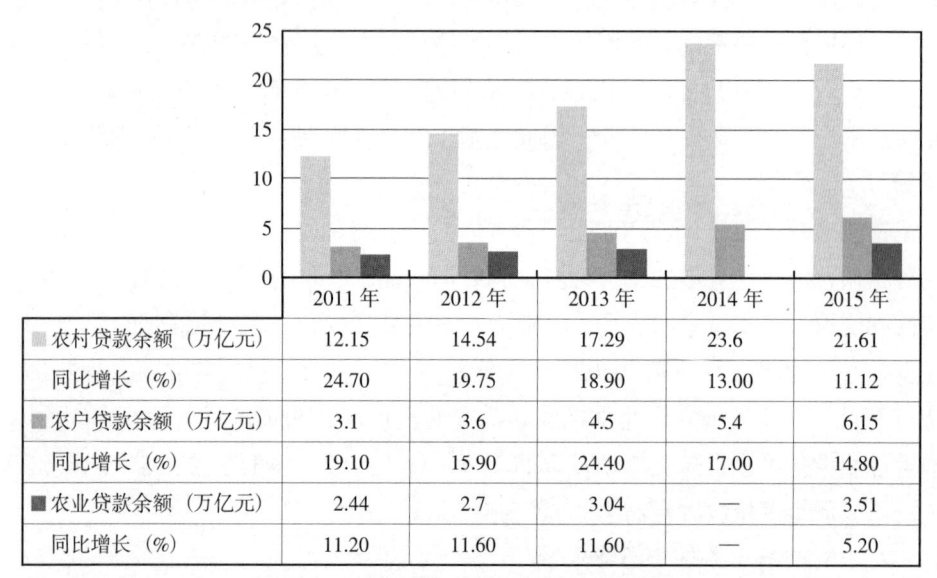

	2011年	2012年	2013年	2014年	2015年
农村贷款余额（万亿元）	12.15	14.54	17.29	23.6	21.61
同比增长（%）	24.70	19.75	18.90	13.00	11.12
农户贷款余额（万亿元）	3.1	3.6	4.5	5.4	6.15
同比增长（%）	19.10	15.90	24.40	17.00	14.80
农业贷款余额（万亿元）	2.44	2.7	3.04	—	3.51
同比增长（%）	11.20	11.60	11.60	—	5.20

图4-3 金融机构"三农"贷款余额情况

资料来源：中国人民银行。

同时，农村金融需求主体缺乏抵押物，金融服务受限且信贷业务受阻。无论是广大的农户，还是数量众多的农村个体工商户、中小微企业以及农村基础设施建设项目，抵押担保物的缺乏是制约其获得贷款的最大"瓶颈"。农村金融与城市金融最大的区别之一是缺少抵押物，在现行土地制度下，农村土地不能用于抵押，农户难以获得其他有效抵质押物。

二、村镇银行现有的业务

（一）存贷款业务

村镇银行与其他商业银行一样，同属于银行业金融机构，在办理人民币存贷款业务方面与其他商业银行基本没有区别。二者主要的区别在于规模、体制和服务重心的不同。其他商业银行一般规模较大，传统体制重，服务对象偏好大企业和大贷款；而村镇银行一般规模小，体制新，服务对象主要是农民和社区居民、个体工商户、小微企业，是为解决农村、县域地区银行业金融机构网点覆盖率低、金融供给不足而设立的金融机构。经过10年的迅速发展，村镇银行丰富了农村金融市场的主体结构，已成为服务"三农"、支持小微企业的金融生力军。

村镇银行在数量不断增加的同时，存贷款业务规模也在不断发展壮大，不过规模增速呈放缓之势。《中国村镇银行发展报告（2016）》显示，自设立起，村镇银行存贷款余额逐年增加，由2008年底的不足百亿元上升至2016年6月的0.8万亿元，呈几何式增长。2008~2012年是村镇银行存贷款余额增速最高的时期，增速高达三四倍，最低的年份也超过一倍。2012年之后存贷款余额增速双双回落，2015年增速降到了25%左右，2016年存贷款增速呈继续回落态势。截至2016年6月末，全国村镇银行各项存款余额8021亿元，较2015年末增加2.23%；贷款余额6471亿元，较2015年末增长10.05%。但即便如此，总体上村镇银行贷款余额的增速仍快于银行类金融机构的平均水平，尤其是贷款增速。2015年全国村镇银行存贷款分别增长28.79%和20.94%，而当年全国银行金融机构存贷款增速均在15%之下。可见，村镇银行仍然具有较大的发展潜力。

在村镇银行的贷款余额中，"三农"和小微企业贷款余额一直占据较大比例。截至2015年末，村镇银行各项贷款中，农户与小微企业贷款余额合计5067亿元，占比为93%。由于村镇银行不可跨区经营，因而其吸收的资金主要投放在当地，其对县域经济的发展产生了较大的支撑作用。2016年第一季度全国村镇银行存贷比达到83.07%，高于2015年底的78.6%，居县域银行业金融机构首位。村镇银行信贷业务坚持"小额、分散"原则，2016年第一季度户均贷款余额46万元，较2015年底的48.2万元进一步下降，说明村镇银行在支农支小方面持续发展。

（二）清算与支付结算业务

截至2016年底，全国已有近1000家村镇银行及其分支机构加入大小额支付系统，打破了村镇银行只能通过第三方银行代理清算的困局，以"方便客户，快捷服务"的理念，克服自身困难，加强合作平台建设，拓展服务渠道，解决了汇路不畅的问题，丰富和完善了结算服务功能，为各项业务的发展创造了良好条件。此外，村镇银行还可以根据自身实际及业务发展需要，在满足相关条件的情况下，选择自行开办或代理开办银行卡、支票、银行本票、银行汇票、商业汇票等业务，采取直接接入或代理接入的方式接入当地的同城清算系统（含同城票据交换系统）、人民币账户管理系统、公民身份联网核查系统等。在推进业务积极发展的同时，村镇银行坚持科技引领，完善金融服务基础设施，打造了以CRM、

CBS、CMS 为核心，包括几十个外围系统的独立 IT 系统平台，并构建了丰富的清算网络和电子支付渠道。在清算方面，连通了人民银行大小额支付、银联、同城清算等支付清算系统。

在支付结算方面，村镇银行主要通过汇总和支票等传统支付工具与方式为客户提供支付结算服务。不过，为适应互联网金融的发展趋势，村镇银行在 ATM、网上银行、手机银行等基础电子渠道基本覆盖的情况下，进一步建设新一代手机银行、快捷支付、移动 POS 机等新的电子渠道。另外，村镇银行依托中国银行的结算服务体系，以低成本方式建立了较为完备的金融基础设施，包括统一以间联方式接入大小额支付系统。不过，当前的村镇银行在支付结算方面还存在一些不足之处：第一，村镇银行的支付服务优势不突出，支付结算收入贡献率低，支付结算平均收入仅占全部营业收入的 5‰。第二，核心系统提供方的多元化导致村镇银行支付结算的成本偏高。目前，村镇银行的核心系统多是主发起行或代理行现用系统或淘汰的旧系统，而现用系统功能不适合村镇银行的自身特点和业务需求。而且，村镇银行的核心系统选择渠道较少。第三，支付渠道不通畅且服务体系不健全。

三、村镇银行业务探索与创新

从银行创新来说，近年来无论是从思想上还是实践上都做了很多创新，但还是无法适应自身需求，这是因为随着高科技背景下的不断迭代，外界环境发生了巨大的变化。近年来，村镇银行不断致力于业务探索与创新，依托科技创新，全面推进管理创新、服务创新、科技创新和产品创新，大力发展普惠金融，打造现代化社区银行，构建起全方位、综合性、多功能的县域农村金融服务网络，有力地推动了各项业务的持续、健康、快速发展，走出了一条依托支付结算创新推动可持续发展的新路子。

（一）大数据集成模式

科技金融和大数据发展给村镇银行带来挑战的同时，也给村镇银行发展带来了转型的机遇。当前科技化领跑金融行业转型，负债端互联网化、支付端区块链化、管理大数据化、资产证券化是金融科技化的未来发展趋势，在这样的背景下，大数据外部化、动态化都要求村镇银行在运营架构、系统上进行创新，其核心在于跳出小我、找到大我，融入大数据时代。自从大数据概念开始兴起，数据体量逐年攀升，近十年来银行业围绕大数据在转型改革上做出了许多探索。从数据应用出发,大数据既是风控的视角,也是转型的视角。目前,管理大数据化是村镇银行必须面对的问题,即如何在精准营销、在线风控、数据管理上实现突破。

村镇银行大数据集成模式的典型表现就是"金融IC卡发行+行业应用"。2014年2月,全国首张村镇银行金融IC卡(PBOC 3.0版本)由山东临朐聚丰村镇银行发行,所申领的银行卡无开户费、手续费、年费,网上银行、手机银行、短信通等费用全免。另外,可以持该金融IC卡在全国任意标有银联标识的银行ATM上无手续费取款和跨行跨区域转账,网上银行、手机银行、自助银行跨行跨区域转账汇款均无手续费。随后,湖南资兴浦发村镇银行、浙江缙云杭银村镇银行、山西榆次融信村镇银行、广西贺州八步东盈村镇银行等村镇银行机构相继发行了金融IC卡。

(二)社区银行+差异化服务模式

为有效弥补持续上升的网点建设软硬件成本和人力成本,解决服务网点和服务辐射半径相对不足的问题,村镇银行引进远程视频柜员机(VTM),利用高科技手段将社区金融服务深入到社区,打通了金融基础服务"最后一公里"。而且,远程银行具有便捷的渠道拓展能力、较低的建设和运营成本。另外,为进一步贴近市场,更好地服务"三农"和小微企业,满足广大客户的差异化、多样化需求,村镇银行针对不同客户群体和个体推出了各具特色的支付服务模式。一是开通流动银行服务车,把银行"开"到集贸市场、乡村社区、田间地头,服务于商贩、农民工等群体,实现真正的上门服务,拉近了银行与客户之间的距离。二是引入移动银行终端,将现有柜台所有非现金业务由网点柜台推进到社区农户的工作或生活地点,使柜台业务的办理不再受银行网点的限制。这不仅提高了办理业务的效率,还切实解决了边远山区农户、农村留守老人等特殊个体办理银行业务的困难。

(三)线上线下融合的支付模式

近年来,村镇银行紧紧围绕普惠金融体系建设的要求,从线下基础金融服务工程的建设到线上移动金融渠道的拓展,再到客户精细服务的升级,以线上线下立体融合的方式打通金融服务"最后一公里"。与此同时,不断完善电子渠道建设,手机银行、网上银行顺利上线运行,进一步分流了营业网点的柜台压力,实现了对偏远山区、集贸市场以及非营业时间金融服务的有效补充。另外,通过电子支付渠道的建设,全面打通了移动支付、柜台等各渠道资源,形成了客户一点接入，银行线上、线下融合的全程响应一体化客户服务模式，其便捷的服务方式、舒适的业务办理体验，提升了客户满意度。村镇银行还积极顺应互联网金融发展趋势，加强与第三方支付机构的业务合作，打造了专门面向农村市场的互联网金融支付平台，有效开展了以信息技术为载体的产品和服务创新。此外，村镇银行充分利用移动互联和大数据技术，结合其信贷经验和线下网点优势，线上线下相结合，发展农村互联网金融，搭建"支付+融资"的综合性电商平台，实现支付中介职能与融资中介职能的有机联动。

（四）普惠金融支付网络

目前，全国已组建村镇银行的县域覆盖面达到57%，农户贷款和小微企业贷款合计占比达到93%，村镇银行已成为践行普惠金融的新兴农村金融组织。为更好地服务"三农"，近年来村镇银行积极构建县、镇、村、户多级支付服务网络架构，落实"金融服务进村入社区"工程，在一定程度上弥补了农村地区商业银行供给不足的问题，成为普惠金融的重要推动力量。另外，村镇银行自成立之初即根植农村，并以农村市场补缺者的身份不断深耕农村市场，积极克服村镇银行规模和实力薄弱等先天性不足，持续加大资金和技术投入力度，结合村镇银行特点，以支付服务创新为突破口，充分发挥新型结算手段和支付载体的业务替代功能，有针对性地研发推广企业和农户能用、好用、爱用并用得起的支付服务与产品，满足农户多样化、差异化的需求，有效降低了人力成本，提升了经营效益，增强了市场竞争力，带动了各项业务健康发展。

第三节 村镇银行的风险管理

银行业在日常经营过程中会面临信用风险、利率风险、政策风险及操作风险等几大风险，村镇银行作为银行的一种也会面临这些风险。村镇银行的服务对象主要是农户和农村中小企业，而农村地区一般基础设施较为落后，信息收集难度大、成本高，这导致村镇银行对客户信息的掌握程度要低于其他银行。而且村镇银行在贷款时，一般不要求贷款人有抵押品，进一步加大了村镇银行的信用风险。村镇银行作为政策性银行，在开展贷款业务的过程中对利率定价时会受到限制，且更容易受到政策冲击的影响。同时由于规模小等因素，村镇银行和其他银行相比面临更为突出的操作风险，抗风险能力天然较低。

一、信用风险

村镇银行的信用风险是指由借款人或者交易对手履行合约的能力下降或者履行合约的意愿缺失，导致村镇银行无法获取足额的预期收益率，从而遭受损失的可能性，其中不良贷款率是其主要度量指标。在村镇银行面临的多种风险中，信用风险是最主要的风险之一，其涉及面最广、范围最大，既可能诱发出其他风险，又可以表现为其他风险的转换形式。地处农村地区的村镇银行，服务对象主要是农民和农村中小微企业，由于内部和外部因素，其所面临的信用风险更为严峻。

我国村镇银行目前还处于发展初期，中间业务占营业收入的比重较低，借贷业务所带来的利息差是其利润的主要来源。因此，不良贷款率的高低不仅直接影响着村镇银行的盈利水平，而且是村镇银行生存与发展的最重要决定因素。

(一) 信用风险的影响因素

1. 农业生产和农产品价格波动

农业受到自然因素的影响极大，这是世界范围内农业行业的特性。同时中国是世界上自然灾害最严重的国家之一，具有洪涝灾、旱灾、风雹灾、冷冻灾、台风灾等多种自然灾害，并且分布地域广、发生频率高、损失程度大等。先天脆弱的生态环境和薄弱的农业基础设施，导致农业应对自然灾害的能力较差，加大了农产品产量的不确定性。表 4-2 列出了 2000~2014 年中国粮食产量与农作物受灾面积情况。

表 4-2 中国粮食产量和农作物受灾面积

年份	粮食总产量（万吨）	农作物受灾面积（万公顷）	农作物成灾面积（万公顷）	农作物播种面积（万公顷）
2000	46218	5469	3437	15630
2001	45264	5222	3179	15571
2002	45706	4695	2716	15464
2003	43070	5451	3252	15242
2004	46947	3711	1630	15355
2005	48402	3882	1997	15549
2006	49804	4109	2463	15215

续表

年份	粮食总产量（万吨）	农作物受灾面积（万公顷）	农作物成灾面积（万公顷）	农作物播种面积（万公顷）
2007	50160	4899	2506	15346
2008	52871	3999	2228	15627
2009	53082	4721	2123	15861
2010	54648	3743	1854	16068
2011	57121	3247	1244	16228
2012	58957	2496	1148	16342
2013	60194	3135	1430	16463
2014	60703	2489	1267	16908

资料来源：《中国农村统计年鉴》。

表4-2显示，农作物受灾面积和成灾面积与粮食总量呈现负相关关系，同时由于农作物播种面积的增加，粮食总量在总体上呈现上升趋势。该结果说明，自然灾害对于农作物的产量带来了巨大的风险，制约了农业的生产发展，也使得农作物的价格呈现较大的波动。另外，农产品的对外依存度也较大，国际市场农作物价格的波动叠加国内自然灾害带来的价格波动，使得种植农作物的平均收益低且不稳定。当遇到极端天气，产量下降或农产品价格大跌时，农户收入势必会受到大的冲击，此时村镇银行所发放的贷款就极有可能面临违约问题。

2. 银行缺乏系统的客户信用记录

由于农村地区基础设施不健全，加上农户和涉农企业分布的分散性，收集农户和涉农企业的信用记录成本高，也缺乏完整的财务记录和专业机构的评估记录。村镇银行在贷款审核过程中，可能更多是根据社交关系或主观判断来决定贷款发放与否，这很容易造成违约贷款的发生，使得信用风险突出。

3. 内控机制不健全

科学的内部控制监督体系是银行经营安全的基石，但当前我国村镇银行内控机制还很不健全。例如，过度重视业务发展，忽视了对业务质量的把关；发起人和股东之间关联关系过强，裙带现象比较严重，没有形成有效的公司治理结构，这也造成部分贷款天然具有高违约风险。职业技术、专业水平和职业道德等是职业技能的重要构成，是村镇银行稳健经营的重要保证。但村镇银行由于地理位置和整体环境的原因难以吸引优秀的金融专业人才，同时缺乏先进经营理念和方式，奖惩激励机制不健全，自身人才培养不足。村镇银行整体素质与商业银行相比差距较大，使得借贷风险在源头处把控不足。

（二）加强信用风险管理

信用风险管理可分为贷款前对借款人的信用分析、贷款时对贷款项目的审查控制以及贷款后的监控管理三个阶段。从具体的业务流程上，村镇银行信用风险管理又可以分为信用风险识别、信用风险评估、信用风险检测和预警、信用风险处理四个部分，从内部和外部两个角度加强风险管理。

1. 村镇银行信用风险的识别

信用风险识别是指在各种信贷业务发生之前，对潜在风险的类型和原因进行预判与分析，这是信用风险管理的第一步，其重点是做好贷前调查。贷前调查可从还款态度和还款能力两个维度对贷款人的信用风险进行识别。

由于大多数农户没有相关的信用记录，村镇银行应针对农村地区的实际情况建立一套适合在农村地区推行的资信评定方案。村镇银行可以成立由当地村委组织、农户代表及村镇银行员工共同组成的资信评定小组，在评定小组中需要有对当地农户各项情况都较为熟悉的人员，如当地村干部、村委会工作人员或是由当地农户推荐的农户代表。当地人员的加入不仅可以有效扩大收集贷款者真实信息的渠道，而且能够大幅降低村镇银行获取信息的成本。此外，为提高获取信息的效率和质量，可以向当地人员提供一些必要的激励措施。除了给予固定报酬外，当借款人按时还本付息时，村镇银行可以按贷款比例给予当地人员一些奖励，使银行和当地人员组成利益共同体。

2. 村镇银行信用风险的监测

一笔贷款发放后，贷款小组负责人作为第一责任人，要根据相关要求对客户进行贷后回访和及时跟踪检查。当发现借款人资金使用情况出现异常，或是农业生产遇到极端天气影响，很可能导致到期款项不能及时偿还或无法偿还时，要第一时间将具体情况反映给村镇银行的风险管理部门。预警信号出现以后，风险控制人员要与贷款业务经办人员一起进一步深入了解情况，对风险预警信息进行分析和判断，寻找风险信息源并采取必要的应急保护措施，防范信用风险的进一步蔓延。当判断风险程度较轻，但有必要关注时，由风险管理部门提出风险预警意见书。业务部门人员除了根据风险预警提示加强对潜在风险客户的生产和财务状况的跟踪检查外，还应当帮助农户或农村小企业分析存在问题的原因，共同提出解决方法，协助借款人改善生产经营管理。如果判断风险程度较高时，风险管理部门应提出风险处置意见书。业务部门人员按照处置意见书执行相关要求，例如，要求农户加大分期偿还借款的数额或缩短还款周期等。

3. 从硬件和软件两方面优化农村金融环境

从硬件方面看，地方政府应加大在农村基础设施上的财政投入，改善农村交通、通信和计算机网络等基础设施及经济生活环境，这是农村金融健康持续发展的基础和必要的外部环境。从软件方面看，政府应积极推进农村信用体系建设，提高广大农村居民的金融意识，尽可能建立覆盖所有农户和涉农企业的征信体系。在条件允许的情况下，要拓宽和延伸农村金融支付结算网络的辐射范围，并且帮助村镇银行研发财务和业务信息软件，不断提高村镇银行的技术水平。

4. 推广农业保险，减少村镇银行放贷风险

村镇银行的主要客户是农民和农村小微企业，他们主要从事与农业相关的生产或加工活动，推广农业保险既可以直接减轻农户的损失风险，又可以减少村镇银行的借贷风险。在农业保险市场的建设中，政府应该起主导作用，制定农业保险制度，构建政策性保险公司、商业性保险公司和合作性保险公司等多类型的农业保险机构体系。

二、流动性风险

（一）村镇银行流动性风险诱因

1. 制度设计因素

《村镇银行管理暂行规定》要求，村镇银行成立时，主发起人中至少应有1家以上境内外银行业金融机构，同时村镇银行的最大股东必须是银行业金融机构，并且其持股比例不得低于股本总额的20%，其他单个投资主体的持股比例不得超过股本总额的10%。这一规定不仅限制了村镇银行主发起人的范围，大大缩小了投资者的范围，而且高度集中的股权很有可能使村镇银行最终变为主发起行的附属机构，从而抑制其他投资人的参股积极性。这一规定很大程度上限制了民营资本进入村镇银行。一方面，民营资本不能独立成为发起人，必须依附于作为主发起人的其他银行机构，这意味着民营资本无法单独进入村镇银行业。另一方面，民营资本持有股份不超过10%的规定，导致收益规模会非常有限，这也会影响逐利性的民营企业的进入。

2. 吸收存款难度大

除了投资者的注册资本外，存款是商业银行最主要的资金来源，吸收存款的

数量制约着村镇银行的资产经营能力。存款大体可分为个人存款和机构存款，当前从村镇银行的运行情况来看，个人存款和机构存款都存在吸储难的问题。主要原因如下：村镇银行作为新一代农村金融机构，成立时间较短，还缺乏足够的公信力和社会认同；村镇银行作为独立法人，经营网点数量非常有限，不仅无法提供较为便捷的服务，而且同农信社和邮政储蓄银行相比，不存在明显的优势；村镇银行设立的目的是解决经济欠发达地区的"零金融"现象，主要是向农户或农村小微企业提供金融服务，而这些地区经济发展水平本身就较低，一般村民或企业缺乏足够多的闲置资金。

3. 贷款业务限制

村镇银行目前还无法进入全国同业拆借市场，只能局限于本地金融市场寻求资金，这增加了村镇银行的资金成本。当前村镇银行还未普遍获得支农再贷款等方面的优惠政策支持，不能发行和买卖金融债券，导致其无法通过主动负债而获得资金。这也在一定程度上增加了村镇银行的流动性风险。

（二）村镇银行流动性风险管理的应对策略

1. 增加自有资金投入

村镇银行日常运营的资金主要为自有资金和吸收的存款，在早期阶段以自由资金为主，通常存款相对不足。作为运营资金的重要组成部分，自有资金需要进一步增加，才能有效缓解资金来源不足的问题，增加流动性管理的主动性。目前，尽管我国对村镇银行的准入门槛不高，但发起人制度和相关持股比例的规定较为严格，这实际上在无形中对民营资本或外资进入设了一道"高墙"。因此，在不改变村镇银行经营性质和目标的前提下，监管部门可以考虑适当放宽发起人制度，降低民营资本或外资准入标准，增加自然人或非银行企业法人在村镇银行中的持股比例，进而扩充资本来源和提高流动性。

2. 改善村镇银行内部条件，增强吸收存款能力

同其他农村金融机构相比，一方面，村镇银行在公信力和社会认同方面存在劣势；另一方面，村镇银行支付结算的便利性欠缺，导致其吸收存款的能力不足。尽管农村信用社和农村合作银行在农村金融市场中长期居于主导地位，但村镇银行也有自己的优势。例如，其发起人一般都是实力雄厚的商业银行，这在一定程度上能够为村镇银行提供信用担保，而且村镇银行还可以通过一些特有的增值服务来开拓市场，在留住老客户的同时，获得新客户的信赖，如使用更加积极的措施来争取客户资源，发展更加精准的细分市场等。此外，村镇银行应该加快

融入银行支付结算系统中,这既可以为客户提供更加快速和便捷的支付结算服务,又可以拓宽中间业务收入渠道。因此,村镇银行可以通过拓宽思路和积极创新,在不断提高其在农村区域的形象和地位的同时,改善资金结算的便利性,借此树立良好的品牌形象,进而提高吸收存款的能力。

3. 合理设定贷款结构和规模,控制存贷比例

根据资产负债管理理论,资产和负债规模及期限结构需要保持协调与匹配,存贷比例过高、"短存长贷"等在长期来看都很有可能给银行带来流动性问题。村镇银行也不例外,并且村镇银行本身就受到资金量的限制,流动性问题更为突出。因此,随着市场业务的不断拓展,村镇银行在拓展资金来源的同时,需要逐步加强资产负债之间的比例管理。

三、政策性风险

(一)村镇银行政策性风险的诱因

目前,我国处于转型的关键时期,无论是中央还是地方,为了能够顺利实现经济和体制的转型,会出台大量的政策,而这些会对银行业的经营产生重要的影响。有国外学者利用《南华早报》中关于政策不确定性新闻报道的数量,构建了中国月度政策不确定性指数。[①] 为了便于理解,本部分按年份求出每年的政策不确定均值和方差,其中均值表示每年整体的经济政策不确定指数,而方差则表示当年政策不确定性变动的幅度。

图4-4中实线表示经济政策不确定性的均值,可以看出不同年份之间差异非常大。2000~2016年不是直线上升,而是波浪式上升,并且2007年之后年与年之间的波动幅度在扩大。虚线表示一年当中政策不确定性的变动程度,可看出每年不同月份之间的政策不确定性也有很大差异。

此外,在农村地区政策处于更易变的状态,农业的产业发展方向极易发生变化,这会给村镇银行的日常经营带来很大的政策性风险。村镇银行通常是在地方政府的鼓励措施下成立的,导致村镇银行日常经营活动容易被地方政府干预。地方政府运用行政手段,经常对村镇银行的贷款行为进行干预,甚至有时为了提高就业和税收或是出于地方保护主义的目的,对那些原本应被市场淘汰的项目或是产业予以支持。村镇银行被动地将资金贷给未经过充分考核或者不具备贷款资质

---

① http://www.policyuncertainty.com/china_monthly.html.

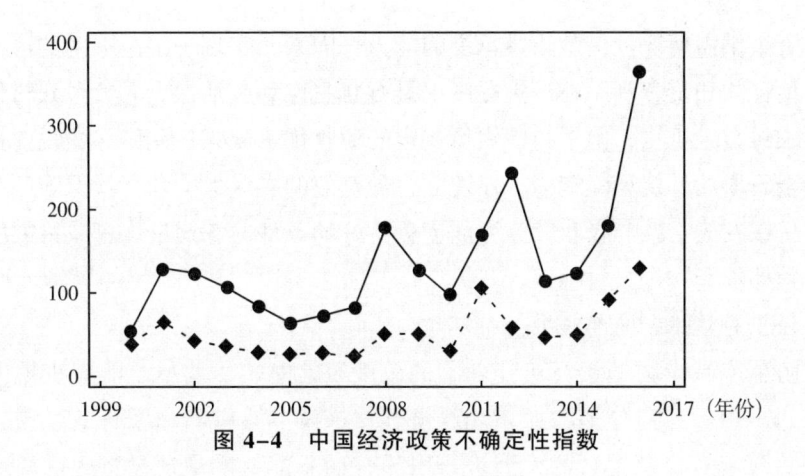

图 4-4 中国经济政策不确定性指数

的个人或小微企业,从而扩大了村镇银行的风险。

有些地方政府则对新设立的村镇银行没有给予适当的财政支持和政策引导。例如,同其他服务"三农"的农村金融机构相比,村镇银行在贷款利率、财政补贴和税收方面没有享受相对应的优惠政策。而且,目前保障村镇银行进一步发展的政策性保险、存款保险和农业保险等也没有开展和实施。

(二)政策性风险的防范策略

1. 在宏观上调控村镇银行设立的数量

国家相关部门应在村镇银行设立的数量上给予调控。由于区域经济发展不平衡,地区间村镇的富裕程度和资金需求程度也存在差异。各个地区要依据自身的实际需要来发展村镇银行,监管部门也应对各地农村地区的资金需求度和金融机构饱和度进行科学的测算,以此评估村镇银行设立的数量,避免造成实际供给数和实际需求数不匹配,导致资源浪费或是没有很好地满足农村地区发展的需要。除了数量外,村镇银行选址也很重要,要将村镇银行设立在农村居民或农村中小企业来往较为方便的地方。

2. 完善相关法律法规

村镇银行作为银行的一部分,具有银行的一般特征,但是其又有特殊性。在遵守市场规律的前提下,政府应建立满足村镇银行健康运营的法律法规,并且实施适当的优惠政策鼓励村镇银行的发展。①村镇银行作为普惠金融的一部分,主要目的是支持"三农"建设,而农业生产往往具有很强的不确定性和低收益特征,因此政府应适当给予村镇银行一些低息或无息支农再贷款,以扩充村镇银行的资金实力。②放松对村镇银行的利率管制,允许村镇银行根据本地区经济发展水平、资金供需情况及借款人可承受的能力等因素，实现一定范围内的灵活贷款利率，使存款和贷款利率在一定程度上具有自主性和灵活性。③参考农村信用社等其他农村金融机构，给予村镇银行一定的税收优惠政策，允许在缴税前提取坏账准备金，增加其抗风险能力。④建立合理有效的农业保险和存款保险制度，为村镇银行在发放贷款和吸收存款方面创造良好的条件。⑤通过优惠政策鼓励民营资本或是外资资本进入村镇银行。

3. 给予村镇银行市场化的外部环境

在防范或减少村镇银行可能面临的政策风险时，需要尽可能减少地方政府的不恰当干预。政府应该按照市场经济规律鼓励和支持村镇银行的发展，通过出台相关政策对村镇银行的发展进行引导，而不能武断地通过行政手段对其进行干预。

第四节 监管风暴下的村镇银行

一、2017 年银行业监管"风暴"

近期银行业市场乱象丛生，突出的是同业、理财和表外三大业务。这些领域过去几年增长过快导致"野蛮生长"，经营不规范问题较为严重。三大业务中，银行业资金很多都是在同业之间空转，并没有完全流到实体经济。随着经济持续下行，中国上市银行的不良贷款额和不良贷款率继续"双升"。普华永道公布的《银行业快讯：2016 年中国银行业回顾与展望》报告显示，截至 2016 年底，27 家上市银行的不良贷款率为 1.67%，同比增加 0.06%；同期，不良贷款余额达到 11541.11 亿元，同比上升 16.8%。其中，截至 2016 年底，5 家农村商业银行的不良贷款率为 1.25%，在 27 家上市银行中最低，而 7 家股份制商业银行的不良贷款率则达到 1.75%。

2017 年是中国银行业"强监管年、强问责年"。严监管、治乱象、防风险成为金融市场监管的主线。2017 年以来，为督导金融机构严守市场秩序、依法合规经营，中国银行业掀起监管"风暴"。银监会相继发布《关于银行业风险防控工作的指导意见》《关于开展银行业"监管套利、空转套利、关联套利"专项治理工作的通知》等七份文件，随后开始部署多项监管措施，实施治乱象、防风险综合治理方案，针对监管套利、空转套利、关联套利和不当展业、不当交易、不当激励、不当收费的"三套利"和"四不当"行为组织开展了专项治理。

地方银监部门进一步推动监管"风暴"持续升级。例如，四川银监局下发了《四川银行业市场乱象整治工作实施方案》，强调在整治工作中，要密切结合自身实际，聚焦股权和对外投资、机构及高管、规章制度、业务、产品、人员行为、行业廉洁风险、监管履职、内外勾结违法、涉及非法金融活动10个方面的银行业市场乱象。为此专门成立由局长任组长，各分管监管工作的局领导任副组长，各机构监管处负责人为小组成员的银行业市场乱象整治工作领导小组。

监管重拳之下，通过银行自查和现场检查等环节，专项治理工作已取得阶段性成效。仅在2017年第一季度，中国银监会系统便已做出行政处罚485件，罚没金额合计1.9亿元；处罚责任人员197名，其中取消19人高管任职资格，禁止11人从事银行业工作。

据银监会统计，2017年上半年中国银行业同业资产、同业负债规模自2010年来首次同时收缩。其中，第二季度末商业银行同业资产余额和同业负债余额比年初均减少了1.8万亿元。截至8月中旬，银行业同业资产和同业负债增速分别为-5.6%和-2.3%。

银监会明确指出，要切实处置一批重点风险，消除一批风险隐患，严守不发生系统性风险的底线。接下来，将进一步重点强化监管制度、市场准入、非现场监管、现场检查、信息披露、监管处罚和责任追究等监管工作流程中的薄弱环节，针对治理中发现的问题，弥补监管"短板"，完善法规制度，从而全面提升监管有效性。

二、银监会系统罚单暴露村镇银行风险

1. 银监会系统罚单

据《证券日报》统计，2017年前三季度，银监会系统披露的罚单合计已经超过2000张：25张罚单来自银监会，其余近2000张罚单来自36个派出机构。其中，江西、湖南监管系统披露的罚单最多，分别达到177张和168张。截至2017年8月末，银监会系统做出行政处罚决定2095件。

2. 村镇银行风险暴露

2017年上半年，银监会系统披露的罚单达到了1334张，其中涉及村镇银行的罚单占了总数的近10%。数据显示，村镇银行违规发放贷款和贷后管理是被罚的主要原因。事实上，在村镇银行走过的十年历程中，村镇银行担任的角色一直比较尴尬，吸储能力有限、业务成本高、盈利渠道狭窄等一直困扰着承担普惠金融责任的村镇银行。

笔者手工整理了银监会系统对村镇银行开出的131张罚单，共涉及76家村镇银行。进一步地，我们根据处罚事由对村镇银行进行归类，主要包括违反审慎经营、个贷不合规等14种情况（见表4-3）。

表4-3 中国村镇银行处罚情况

事由	处罚银行
个贷不合规	天津滨海德商村镇银行、上海金山惠民村镇银行（伪造支付凭证）、阳曲县汇民村镇银行（借名贷款）、清徐县晋商村镇银行（借名贷款）、新绛县新田村镇银行（借名贷款）、江苏溧水民丰村镇银行（存贷挂钩不规范经营）、曲靖富源富滇村镇银行（违反授信程序）、伊犁国民村镇银行（未审核首付款来源）
票据业务不合规	南昌昌东九银村镇银行（无真实贸易背景）、大连甘井子浦发村镇银行、新绛县新田村镇银行、柳河蒙银村镇银行、昆山鹿城村镇银行（无真实贸易背景）、浮梁农商村镇银行、北票盛都村镇银行、含山惠民村镇银行
违规办理同业	前郭阳光村镇银行、乾安惠民村镇银行、宁江惠民村镇银行、库车国民村镇银行、伊犁国民村镇银行、安徽黟县新淮河村镇银行（同业融出超比例）、固镇新淮河村镇银行（经营偏离主业、同业融出超比例）
违规发放异地贷款	济宁儒商村镇银行、湖南浏阳江淮村镇银行
贷款三查未核实	安徽霍山联合村镇银行、尚志惠鑫村镇银行、五大连池惠丰村镇银行、江苏如东融兴村镇银行、平果国民村镇银行、昭通昭阳富滇村镇银行、安徽霍邱联合村镇银行
岗位职责未分离	上海金山惠民村镇银行、安徽濉溪湖商村镇银行、织金惠民村镇银行
重大关联交易	乳山天骄村镇银行、湖南浏阳江淮村镇银行
员工监管不力	浙江临海湖商村镇银行
贷款集中度	四平辽河蛟银村镇银行、吉林丰满惠民村镇银行、万年黄河村镇银行
损害客户利益	玉山三清山村镇银行
报表违期	重庆市酉阳融兴村镇银行
违规保管客户物品	浙江富阳恒通村镇银行、浙江云和联合村镇银行
未经批准变更	浙江舟山普陀稠州村镇银行（变更股东）、朝阳柳城村镇银行（高管未依规审批）、太和中银富登村镇银行（变更股东）

续表

事由	处罚银行
违反审慎经营	北京昌平包昌村镇银行、大同市南郊新都村镇银行、江苏如东融兴村镇银行、江苏通州华商村镇银行（未遵守同一借款人贷款比例规定）、常州金坛兴福村镇银行（贷款资金转存银行承兑汇票保证金）、江苏灌云民丰村镇银行（虚增存贷款）、鹰潭月湖恒通村镇银行（违规发放房地产开发贷款）、吉州珠江村镇银行（违规以贷转存）、万安洪都村镇银行（贷后管理不到位）、临泉中银富登村镇银行（违反受托支付规定）、泰安沪农商村镇银行（违反同一借款人贷款比例要求）、东平沪农商村镇银行（贷款违规进入房地产企业）、山东邹城建信村镇银行（贷款调查不尽职，贷后管理不到位）、惠州博罗长江村镇银行（内控管理严重违反审慎经营规则）、广东普宁汇成村镇银行（贷款业务严重违反审慎经营规则）、塔城昆仑村镇银行、浙江诸暨联合村镇银行、丹东福汇村镇银行（受托支付未做）、辽宁海城金海村镇银行（违规发放贷款）、利辛湖商村镇银行（信贷资金回流）

资料来源：根据各地银监机构处罚意见书整理。

第五章　村镇银行发展积极拥抱金融科技

科技创新开拓了银行服务创新的可能方向，而银行服务的创新更为高科技的运用注入了活力。一直以来，商业银行都是新技术的拥抱者，通过利用新技术降低服务成本，提高业务效率，优化业务流程，加强风险管控，创新业务模式。只有实现金融科技与银行业务的融合发展，村镇银行才能在科技大潮中占有一席之地。

第一节　银行业科技模块与村镇银行科技

银行业科技建设模块涉及数据治理、系统架构、风险管控、基础设施建设、系统开发、运行维护等领域。近年来，提升银行综合技术实力和科技创新能力，发挥数据价值，优化客户体验，增加客户黏性，成为银行信息科技工作面临的重要课题。大数据、云计算、人工智能等新金融科技，促使银行进行产品创新、服务创新、模式创新。

一、金融科技：定义及技术

金融科技（Financial Technology，FinTech）是金融和信息技术的有机融合。一般认为，它是科技类企业或金融行业新晋者利用信息科技手段对传统金融业所提供的产品、服务进行由外至内的升级革新，以及传统金融业通过引入开发新技术对自身进行由内至外的改造，以提升金融服务效率。金融科技发展示意图如图 5-1 所示。

第五章　村镇银行发展积极拥抱金融科技

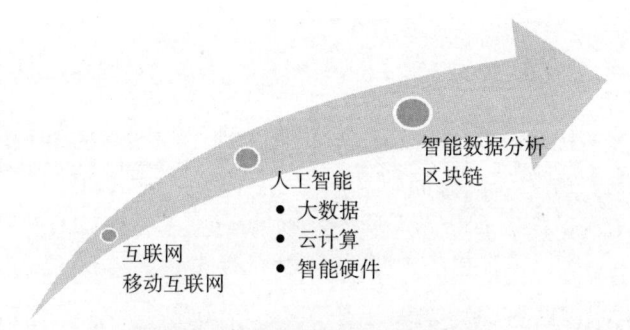

图 5-1　金融科技发展示意图

资料来源：中信建投证券中心建设证券研究发展部。

2016 年 3 月，全球金融治理核心机构金融稳定理事会首次发布了关于金融科技的专题报告，并对"金融科技"进行了初步定义，即金融科技是技术带来的金融创新，它能创造新的业务模式、应用、流程或产品，从而对金融市场、金融机构或金融服务的提供方式产生重大影响。

与互联网金融相比，金融科技包含的范围更加广阔，它不再是简单地在"互联网上做金融"，其技术应用已经扩展到了大数据、智能数据分析（人工智能的产物，以大数据、云计算、智能硬件等为基础）、区块链等前沿技术（见图 5-2），并强调它们对提升金融效率和优化金融服务的重要作用。

二、银行金融科技建设组织架构

银行的组织架构是为了满足业务架构的要求而制定的组织保障架构，组织架构最好能与业务架构、业务流程相适应。银行组织架构包括业务部门的组织架构和科技部门的组织架构。

1. 战略架构

银行科技的战略架构是银行战略架构的一部分，科技战略为银行战略服务。科技战略不仅体现了银行科技的战略目标、定位和实现目标的路线图，还包括为实现科技战略的资源，如资金资源、人力资源的配备与配置，及科技管理体系等。银行科技战略架构的制定，为银行科技所有的下层架构规范了方向。

（1）科技战略目标。科技的战略目标是银行战略目标的一部分，是围绕银行战略目标、为银行战略目标的实现提供支持的科技愿景。许多银行会因此提出"科技兴行""科技是第一生产力""科技引领"等战略口号，来表达自己对科技的重视。要实现科技的愿景，除了有明确的战略目标外，更重要的是体现战略目

互联网及移动互联网	• 金融科技的初级阶段 • 使金融服务可以低成本、便利地抵达用户，为更多创新性服务提供基础
大数据	• 基于全部数据大量、高速、多样、低价值密度、真实性特点的一种问题解决理念 • 主要步骤包括数据架构和信息整合、通过人工建模进行初步分析和决策、多维度多层次的大数据分析 • 处理分析大量终端用户数据，提供良好的数据基础，进而促进了个人征信、授信、风控以及保险定价等金融领域的发展
云计算	• 提供便捷、按需获取和可配置计算资源的共享网络服务模式，为大数据提供超强的运算和存储能力 • 金融云计算、安全防护、数据灾备
人工智能	• 研究、开发用于模拟、延伸和扩展人的智能的理论、方法、技术及应用系统的一门新的技术科学 • 由"基础层+技术层+应用层"构成 • 智能数据分析与决策，涵盖投资、借贷、保险和证信行业，同时支持各类金融产品的创新，包括新型的保险及投资产品
区块链	• 分布式共享数据库，利用块链式数据结构来验证与存储数据、利用分布式节点共识算法来生成和更新数据、利用密码学的方式保证数据传输和访问的安全、利用智能合约来编程和操作数据 • 解决了中间成本问题，可替代原本由中介或中心机构处理的交易流程；可编程、"智能合约"模式有效规范市场秩序，用于各类合约

图 5-2　金融科技的主要技术

资料来源：中信建投证券中心建设证券研究发展部。

标的措施，包括科技定位、科技资源配备、科技资源配置和科技管理。

（2）科技定位。科技定位指的是在银行诸多业务与机构中科技的战略位置，包括科技机构的数量，级别与等级，科技人员的级别、等级、职称、薪酬、福利与各种待遇，职业生涯发展空间，自我实现的工作环境等。例如，一些银行实行了全行统一的机构等级与行员等级的人力资源制度，对于各级机构都按照其重要性、贡献度等来为它们定义一个等级，不同等级对应不同的分配。那么，某个银行的某个科技机构定位为一等或三等，银行认同的重要性与贡献度肯定会不一样。另外，机构数量和内部各种编制不同也有着不同的意义。例如，某银行总行的科技部门有一部三中心，即一个科技部、两个数据中心、一个开发中心，四个机构均为总行的一级部，并定位为总行一线部门，等级为一级。而另外一家银行的总行只有一个科技部，在科技部内部再分运营和开发两个子部门，分别负责运营和开发，且该科技部门被定位为保障部门。通过比较可以看出，两个银行对科技的重视程度是不一样的。而在已经实行行员制的银行，从最基层的行员到最高层的行领导，不同职务、不同岗位都会对应某个明确的行员等级。在同一等级内，还可能会根据岗位资历和历年考核分为不同的级别。例如，职务可以分为行员、经理、高级经理、总经理等；岗位可以分为管理岗、专业岗、销售岗、运营岗等。其中，专业岗可以细分为财会、人力资源、信贷、风险、科技等。对应科技岗位，还可以再细分为管理、研发、测试、运维等岗位。相同的职务、业务部门和科技部门对应的等级与级别一样高，或业务稍高，或科技稍高，体现出银行认同的社会价值与重视程度的不同。

（3）科技资源配备。科技资源的配备主要包括物质资源与人力资源。物质资源关键是资金资源。有了充分的科技资金投入，就可以解决科技的场地、软硬件及服务的采购、科技运转费用、科技人力费用等问题。另一项关键资源是科技人员的配备，包括人员的数量与质量。高素质科技人员越多，越能发挥科技对银行业务发展的保障与促进作用。科技资源配备越高的银行，用在科技上的资金越多，科技人员的数量占比越大，说明该行对科技越重视，当然，对科技的期望也会越高。反之，如果一个银行在科技资源配备上低于行业平均水平，无论如何也难以体现该银行对科技的重视。

首先是科技资金。根据银监会相关数据，2016年底，中国银行业总资产约为232.3万亿元，税后利润约为2.1万亿元。在科技方面，银行业协会秘书长在公开讲话中提到，2016年我国主要银行业金融机构年度科技投入达到1135亿元。平均而言，中国银行业的科技投入占其税后利润的5.4%。应说明的是，科技的资金投入除了用于科技采购外，还有大量的科技运营费用和科技人力资源费用。上述占比只是一个平均值，实际上，一家银行合理的科技投入占比与银行的规模有关。由于规模效应，尽管大型银行科技投入的绝对值高，但其投入占比反而会略低；而较小的银行，虽然其科技投入的绝对值低，但其投入占比反而略高。在2004年，中国银行业的成本收入比为63.9%，到2013年，这一数字降到了36.6%。而同期发达国家银行业的成本收入比均呈波动上升趋势，2013年都在60%以上。并且近几年，中国银行业的成本收入比还在下降。据银监会统计，2016年商业银行成本收入比约为28%，一些大型商业银行的成本收入比更是下降到25%左右，对比2004年，降幅超过50%。也就是说，国外银行每收入100元，成本在60元以上；而中国的商业银行每收入100元，只需要花30元。

其次是科技人力资源。中国银行业监督管理委员会在《中国银行业信息科技

"十三五"发展规划监管指导意见》中提到,"要加大信息科技人力资源投入"——大中型银行信息科技人员占比应不低于4%,城市商业银行、具有独立系统的农村商业银行信息科技人员占比应不低于3.5%,省级农村信用联社信息科技人员占服务机构总人数的比例不低于3%。根据银行业协会秘书长在公开讲话中的信息,2016年中国主要银行业金融机构信息科技人员约7.8万人,科技人员占比2.28%,仍远低于银监会的要求。上述数字只是一个平均数,一个银行科技人员的占比与科技采购的投入占比一样,与银行规模有关。由于规模效应,大银行的IT人员绝对数高,但占比反而会略低;而较小的银行尽管其IT人员绝对数低,但其人员占比反而略高。

(4)科技资源配置。除了科技资源的充分配备外,还要考虑资源如何配置。科技资源的配置有几个维度:一是总行、分行、支行与网点的区域分布维度;二是科技管理、科技研发、测试、系统运维等科技职能维度;三是硬件、软件、服务的投入方向维度等。现实情况是,不管哪个银行配备了多少科技研发人员,对该银行各个业务部门来说,总觉得科技研发仍然赶不上业务发展的需要,每个部门都希望能够抢到更多的研发资源为其服务。但据了解,没有哪个银行配备了仲裁机构,去解决研发资源如何在不同的业务条线上配置问题。科技资源是一种有限的战略资源,只有根据各银行的战略目标,结合实际情况,通盘考虑、合理分配,才能达到资源效益的最大化。

(5)科技管理。科技管理指的是银行对科技的管理体系。银行科技部门的行级主管领导,在一些银行是由副行长主管,另一些银行是由CIO主管,还有部分银行由CIO与副行长双重领导。除此之外,银行还会通过一些行级的跨部门委员会,如科技治理委员会、科技管理委员会、新产品创新委员会等对科技进行宏观管理。同时,银行对科技的管理还涉及银行相关职能部门,如人力资源、财务、内审、风险、采购、法律等管理部门。

2. 业务架构

科技的业务架构与银行业务架构相关,但又有其特点,其中最主要的内容是定位科技的客户、科技产品、产品研发方式、测试方式、信息系统运维模式等。

(1)客户与产品。科技的客户和产品与银行的客户和产品有密切的关系,但概念不一样。科技除了为银行客户服务外,还为一些与银行业务有关的第三方机构、监管机构服务,也为银行的内部管理、银行内部的各机构、员工提供相关科技信息服务,并为科技本身如信息系统的开发和运维人员提供服务。简言之,科技的客户有三类：银行客户与相关机构、银行内部机构与员工、科技本身。因此，对应不同用户的科技产品也可以大致分为三类：银行客户产品、内部管理与办公产品、科技运营支撑产品。

（2）信息系统的运维模式。在中国银行电子化的进程中，银行信息系统的发展经历了从分散到集中的过程，系统运维模式自然也从分散逐步变为集中。随着银行形态的多样化和信息技术的发展，银行目前的运维模式会面临新的选择。规模比较小的银行需要考虑，是否还需要建立自己独立的系统和独立的数据中心；中等规模的银行也许会建立自己独立的系统和独立的数据中心，但在考虑灾备方案时，也要斟酌是否需要建立自己独立的灾备中心。另外，银行也可以考虑把某些产品上云或被托管。当前，一些公有云、公有平台可以为银行提供一些金融业务托管，或金融产品货架。

（3）信息系统研发模式。信息系统的研发模式关系到银行科技产品的生产方式。银行科技核心竞争力最重要的一个体现是银行的信息系统。选择合适的研发方式，关系到是否能以最理想的方式来建立银行的核心竞争力。不同的银行，由于规模不一样、可用于信息系统建设的资金与人力投入不一样、研发团队的能力不一样，所以选择信息系统的建设模式就会不一样。一般来说，大型商业银行的资产在10万亿元以上、利润在千亿元以上，应该采用完全自主规划与研发的方式；大型的股份制银行的资产在万亿元以上、利润在百亿元以上，应该采用自主规划、自主研发与主导研发相结合的方式；其他资产在数千亿元、利润在数十亿元的中等规模银行，可以采取部分自主规划、部分主导研发的方式。

3. 测试模式

作为一个完整的产品研发项目，宏观上有三大阶段：一是项目定义与概要设计；二是详细设计与编码；三是各阶段的测试。但在当前，许多中小银行将项目的集成测试、系统测试、用户验收测试都交由业务部门或第三方测试公司实施。项目测试的重要性不言而喻，没有高质量的测试，就不可能有高质量的产品，从而不可能有安全可靠的运行。但是，由于业务部门没有专业与固定的测试人员，由业务部门牵头、组织并实施测试，会存在测试人员的质量不能保证、测试人员的数量不能保证、测试知识经验案例的积累不能保证、测试的综合管理与协调困难。其结果往往是测试的效果不能保证，从而项目的质量不能保证。所以，项目测试往往是中小银行在研发过程中的一个痛点、软肋，如何选择合适的测试方式关系到整个信息系统的质量与运行质量。

三、村镇银行的金融科技开发

1. 防范科技应用的风险方面

目前，村镇银行科技应用系统开发主要有两种方式，即发起行自行开发和委托第三方公司开发。村镇银行要做好金融科技应用系统项目的风险管理，主要从四个方面入手：一是充分估计科技应用对村镇银行现有业务发展和风险状况的影响，分析村镇银行对系统开发工作的控制能力及监管要求的满足能力。二是与发起行或第三方外包服务商签订委托开发合同，明确双方的权责利，包括但不限于委托开发的范围、内容、工作时限及安排、责任分配、交付物要求、服务连续性、村镇银行监控与检查等条款，切实做到对系统开发的关键要素、服务时效和可用性、数据的完整性和保密性、变更控制、安全标准、职业道德遵守等方面有独立、完整的发言权。三是制订切实可行的业务连续性计划，并组织员工不定期演练，防范黑客、病毒、员工误操作等风险的发生。四是建立健全金融科技应用的审计机制，每两年至少要开展一次全面审计，发生委托开发风险事件时，应及时开展专项审计。

2. 增强科技应用的动力方面

可以成立专门机构，负责指导和管理村镇银行的信息科技治理、信息安全、信息系统开发、测试和维护、信息科技运行、业务连续性管理、外包等范围内所有的流程、步骤和活动，协调制定有关信息科技风险管理的策略，提供合规性的信息及建议等各项工作。

3. 探索村镇银行金融科技服务集中提供模式

对于主发起行没有足够科技支撑能力，又难以找到合适的第三方外包服务机构的村镇银行，由村镇银行共同发起、抱团取暖，构建村镇银行金融科技服务的集中提供模式，弥补单个村镇银行的劣势。组建专业化系统建设与运维团队，费用公摊，成果共享。

4. 培育科技应用的人才

村镇银行应保持合理的信息科技人才结构，从招聘对象、培训内容、薪酬激励、职业规划等方面入手，提升现有科技人才的综合能力，同时也要有计划、有策略地引进科技人才，建立健全科技人才的选拔、任用机制，提高员工信息科技应用的能力和风险防范的意识，从而从源头上实现科技应用的价值最大化。

5. 创新科技手段

建设智慧型银行就是要运用金融科技的手段，实现服务全覆盖替代网点全覆盖，节约服务成本，扩大服务半径，增加服务内容，增强客户黏度，确保商业可持续发展。如果说物业服务网点和电子银行等路径是银行打通金融服务"最后一公里"的"标配"，那么以电子银行为平台打造的智慧型银行，则是村镇银行实现差异化竞争的金融利器。

第二节　金融科技与商业银行融合发展趋势

一、科技重塑银行业服务体系

目前，金融科技对资源要素的整合能力和生态体系的构建功能，日益呈现出跨界化、去中介、去中心、自伺服等显著特征，对银行业的影响正从表层肌理渗透到深度内核。大数据、云计算、人工智能、生物识别、区块链等技术正在与金融实现更深层次的融合，颠覆性业务模式或将出现。与此同时，科技企业发起的跨界竞争也日趋激烈，尤其是那些已经构建了较为完整金融生态圈的互联网巨头，其对于商业银行的冲击已经从单一产品功能层次，上升到了服务生态层次。处于转型攻坚期的商业银行对于金融科技的渴求前所未有的迫切，试图借助科技创新的力量，打破"瓶颈"，进一步提高服务效率、压缩经营成本、寻求新的发展动能、重塑核心竞争力，为未来十年的发展奠定领先优势。科技进步为银行业利用物联网、区块链、云计算、大数据和人工智能等新技术构建新的银行服务体系带来了发展机遇。

（1）作为科技界最热门的领域，使得人工智能在无限放大，尤其在金融科技（Fintech）席卷全球之际，银行业务发展不再局限于某一业务条线、某一渠道，而是从客户体验一致性的高度、以全集团的思维去设计产品。尽管国内金融科技发展较晚，但发展迅猛，比如蚂蚁金服在金融科技领域领跑全球，把人工智能引入金融服务，成为"全球独角兽之王"，让许多必须依靠人工完成的环节通过 AI 完成。阿尔法狗元棋力的增长与积分比较如图 5-3 所示。

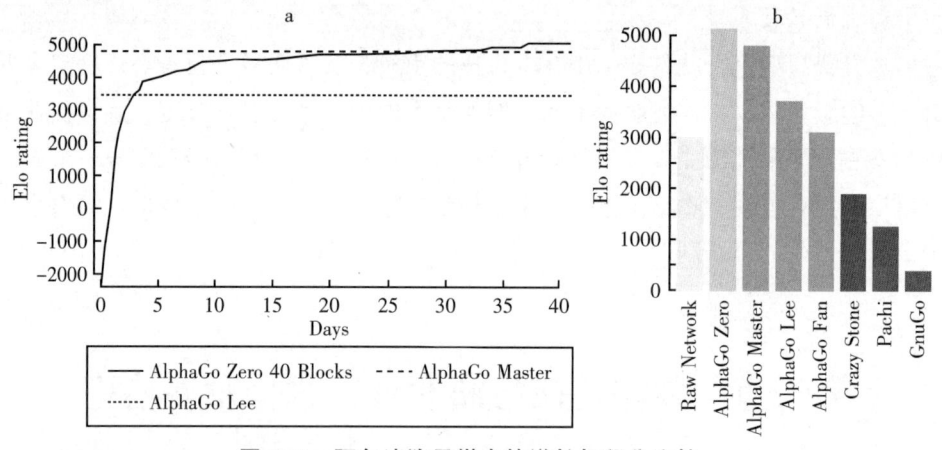

图 5-3　阿尔法狗元棋力的增长与积分比较

（2）支付宝和微信等移动支付已深入中国每个角落，作为传统银行业也在积极拥抱金融科技，很多银行在面向金融科技银行转型，每个时代都率先尝试新技术，包括互联网发展早期的网络银行，到大数据、人工智能等技术的应用，商业银行在金融与科技中的快速融合是成长因素之一。

（3）在顺应人工智能大潮下，有些商业银行已经推出了智能投顾服务，以"人+机器"模式定义理财服务，比如目前招行的摩羯智投规模已超过 50 亿元人民币。很多上市银行不断加大创新力度，陆续推出了融合 NFC、二维码、人脸识别等新支付技术，打造覆盖线上线下全场景的整体支付品牌，如工银 e 支付、龙支付、中信 e 付、民生付等。此外，部分上市银行还在积极探索智能穿戴、区块链、物联网、超声波、AR/VR 等新技术支付。支付创新呈现出移动化、科技化、场景化等特征。

（4）打通部门数据墙壁垒，构建企业级数据库，为大数据、云计算奠定基础。在贷款服务中，大数据、云计算等科技技术也提供了有力支撑，批贷效率大幅提高，比如招行现在的大数据贷款已经实现 10 分钟审批，最快 60 秒到账，额度最高 30 万元，通过运用人工智能技术，用户就可以实现"几秒钟"得到服务和贷款。

技术架构由集中走向"分布式+集中式"融合架构，兼顾核心系统的稳定性和业务拓展对于效率、易拓展性的需求，既适用于瀑布式大规模开发，又适用于迭代式的敏捷开发。在手机银行、网上银行的推动下，金融业人员结构也在发生变化，比如银行柜台人员在下降，而 IT 等技术人员的比例则在上涨，以及应用人工智能等前沿技术，在产品、渠道和场景三个层面采用自动化的流程更加高效地服务用户。围绕提升线上获客、线上经营能力创新信用卡服务，增加用卡场景、提升客户活跃度等目标展开，与餐饮、娱乐、超市、百货等特惠收单商户合作，共同打造闭环的消费金融生态圈；借助Apple Pay、银联云闪付（HCE）、三星Pay、华为Pay等新技术手段，提升信用卡移动支付能力；持续深入打造诸如中国银行"缤纷生活"、招商银行"掌上生活"等手机客户端，加强消费场景经营，深耕流量和黏度经营；拓展"互联网+"场景获客模式，丰富在线申请、在线审批、在线客服等功能，为客户提供便捷、安全的应用体验。此外，上市银行还通过与新金融伙伴合作，挖掘不断涌现的新用卡场景。比如中信银行围绕腾讯、百度、阿里巴巴、京东、大众点评五大合作伙伴，打造"5+N"信用卡网络产品体系等。

（5）以物联网和人工智能为主的技术，将会引爆下一次技术大爆炸，这一股科技趋势促使智慧银行的时代到来，金融科技驱动着银行服务变革，智慧银行升级成为传统银行业必经之路，用户希望能得到可以不受时间、地点限制享受着各种便捷的金融服务，包括消费、支付、信贷甚至理财等金融服务产品。为有效拓展潜力巨大的消费金融市场及小微业务，上市银行利用大数据技术进行客户甄选与风险管控，推出一系列全流程在线、迅速放款的网络贷款产品，比如工商银行的工银e贷、建设银行的快贷、农业银行的网捷贷、中国银行的中银E贷等。与互金平台的网络信贷相比，银行网贷具有客户基础与资金成本方面的显著优势，相对劣势是场景有待进一步丰富。至于客户体验，两者之间已经几乎没有差距，均为全流程在线融资服务，比较方便快捷。

二、银行核心竞争优势依赖服务的科技创新

（1）2016年全球金融科技行业融资金额为174亿美元，相比2015年增长了10.9%，其中中国占比达到44%；从业务创新角度来看，主要集中在支付、汇款、融资、财富管理等领域；从监管角度来看，各国将金融科技纳入监管视线，英国、新加坡、中国香港等推出"监管沙箱"，培育金融科技产业及生态，保护消费者权益并维护金融稳定。这背后的逻辑主要是客户行为和新兴技术发生了深刻变化。

客户行为变迁。随着"千禧一代"逐步成长，客户更倾向于从互联网获得金融服务，尤其是从移动渠道端，对简单有趣、高性价比、快速响应、用户体验等

有着更高的期望值。如主打社交的 Fidor 银行将 Facebook 点赞数与存贷款利率挂钩，每多 2000 个赞，存贷利率分别上下浮动 0.1%。商业银行必须适应客户行为变迁，推动服务尽快向移动渠道迁移，前移嵌入至客户需求场景，提供无缝对接、量身定制、便捷友好的"一站式"服务。

新兴技术赋能。云计算、大数据、量子通信、人工智能、区块链、物联网等新技术，可能带来创新潜力爆发，更加深远地影响商业发展。新技术撬动金融创新，推动生产力提升。商业银行应深度理解新技术，研究推动业务转型与赋能应用，如大数据与智能风控、深度学习与精准营销、区块链与跨境支付、云计算与弹性运营等。

（2）依靠科技手段实现银行服务方式与功能转变。目前，国内银行的竞争愈演愈烈，突出表现为金融服务方式由过去的以产品为中心，转化为以客户为中心，金融服务功能由过去的单一型转变为全面型。特别是银行的经营与服务，具有同质性和易模仿性，导致了产品、服务及价格的差异性很小，因此要保持银行的核心竞争优势，必须依靠服务的科技创新。

金融服务创新体系具有服务商品化、批量化、个性化、定量化等特征，要对服务进行更多灵活性、多样化的组合，以此来满足客户要求，尤其是满足高档客户更加具体细微的要求。当前，在银行中，数据库、客户关系管理、人工智能网络、芯片卡等一系列高科技产品正在逐步得到运用。金融高科技对改善银行的业务运作模式将产生深远的影响。为了在竞争中提高自身的竞争能力，满足客户对先进金融设备的需求，享受到电子信息技术带来的安全和便捷，银行必须指挥调度灵活的计算机高效运用系统，实现 24 小时不间断、全方位的服务。

因此，搞好信息科技建设将对银行的业务运作模式产生深远的影响，各个银行对信息科技的普及将进一步延伸银行的服务时间与质量。银行传统的管理和业务运作模式，相应地也要不断进行调整和优化。近年来，银行大力发展以网上银行、电子商务为代表的虚拟银行服务手段，通过信息网络技术的广泛应用，促进了网上银行的快速发展。网上银行作为金融产品高科技的创新工具，其带给银行和客户的影响将是深远的。因此，金融高科技在提高我国银行业核心竞争能力、提高业务创新能力及调整优化业务经营模式等方面，将起着至关重要的作用。普华永道对银行业高管的问卷调查如图 5-4 所示。

六大问题：准备充分性和重要性之间存在的重大差距

类别	0	10	20	30	40	50	60	70 (%)

以客户为中心的商业模式

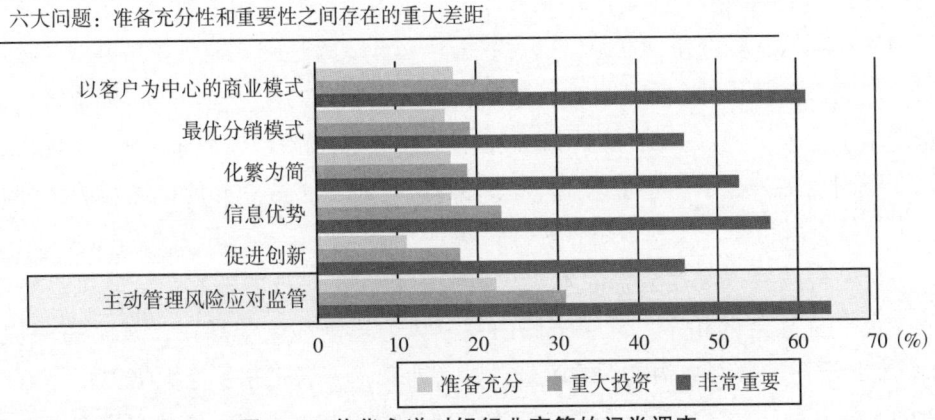

最优分销模式

化繁为简

信息优势

促进创新

主动管理风险应对监管

■ 准备充分　■ 重大投资　■ 非常重要

图 5-4　普华永道对银行业高管的问卷调查

资料来源：普华永道。

综观全球，金融科技与商业银行的关系由竞争趋向融合。国内来看，余额宝货币基金大部分投向银行同业存款，微粒贷部分贷款资金由合作银行提供，二维码支付背后是银行账户基础设施，金融科技并未脱离银行业的支持。从国外实践来看，合作大行其道，如大通银行引进 OnDeck 大数据挖掘和信用评价技术，缩短银行 400 万中小企业客户贷款业务流程；富国银行为 Prosper 提供资金托管服务；花旗、摩根大通、高盛、美国银行等都在大量金融科技公司之中寻找"明日之星"，通过投资并购等获得新活力，为未来的经营周期做好储备。商业银行应放眼长远，在开放合作中寻求更广阔的发展格局。

第三节　科技创新给银行业务开展带来新挑战

一、金融科技并未改变金融本质

2013 年互联网金融开启了一场金融业务模式的变革。第三方支付、P2P 网络信贷、众筹融资等新兴网络金融机构迅速崛起，业务范围包括支付结算、投资融资、财务管理等。公开透明、大众参与使得互联网金融有着与生俱来的普惠性，互联网金融为我国普惠金融的发展提供了新的机遇与平台。互联网金融并不是仅把金融产品移到互联网平台上，改变销售渠道，而是用先进的网络技术来降低信息不对称和金融服务成本，改进服务效率，扩大金融服务的覆盖面，拓展金融服务边界。其把互联网作为资源，以大数据、云计算为基础。金融业是典型的数据驱动行业，在互联网金融环境中，数据成为金融服务的核心资产，对传统客户关系产生了重大影响。虽然互联网金融目前仍处于发展阶段，尚未形成成熟模式，但互联网金融为金融体系带来了"鲶鱼效应"，以其平等、开放、透明的精神改变了传统金融行业，实现了跨界融合。

金融科技并未改变金融的本质，披上创新和高科技的外衣，金融风险更隐蔽，更易扰乱金融秩序。近年来国内部分风险逐渐积聚与暴露，校园高利贷、e租宝、泛亚等打着金融创新的旗号，给产业和消费者带来了巨大损失；当前热火朝天的各种区块链应用，包括雨后春笋般涌现的ICO市场和各种交易市场也有误导投资和产业基金的嫌疑；部分行业领域呈高度集中化趋势，处于垄断地位的机构强势影响行业政策与业务定价等。金融科技本质依然是金融，金融科技旨在利用新技术提高生产力，推动金融服务效率提升。

当然，在互联网金融创新不断发展的同时，其蕴藏的风险也逐步暴露，P2P挤兑倒闭事件就是一个很好的例证。作为一个新生事物，互联网金融的风险不容小觑，其内控制度不健全，第三方存款制度缺失，还面临着技术风险、法律风险、安全风险等特殊风险。一个能满足用户需求的模式一定是有生命力的，互联网时代下商业模式与金融模式的变革已不可扭转，这需要有一个清醒的认识。必须处理好创新发展与风险控制之间的关系，在鼓励互联网发展的同时健全我国互联网金融监管体系。但是综观国内外，互联网金融没有一个成熟的监管模式可以借鉴，对其监管只能在发展中不断进行完善。

二、新技术应用对银行提出新挑战

1. 对金融产品构建能力的挑战

伴随着金融市场不断成熟，面向大规模客户的产品定制能力将成为未来银行的核心竞争力之一。理顺产品结构、参数体系、服务流程等，将产品"解构"为标准化"零部件"，通过建模拼装或平台自组织模式，结合客户分层、生命周期、渠道分销、定价机制等快速组装形成新的产品服务，从而使原来复杂冗长的创新过程，变得灵活、快捷、高效。形成快速响应市场的产品创新能力金融机构势在必行，而目前绝大部分银行还难以实现这样的金融产品构建能力。

2. 对场景融合能力的挑战

Bret King 在 Bank3.0 中提到"未来银行不再是一个地方，而是一种行为"，当前场景生态趋势已明朗，如支付产品与电商场景无缝衔接，网络贷款产品与在线消费场景等逐渐融合。很多银行还缺乏场景融合能力，比如通过丰富开放平台标准化应用接口（API），建立服务总线、明确业务规则与机制，将专业的金融服务封装为标准化产品，无缝嵌入到客户生态场景中，强化触点延伸和场景融合，打造泛在化金融服务新模式。

3. 对数据洞察能力的挑战

数据是银行的核心资产，由于数据标准不统一、数据应用无章可循等原因，金融大数据应用并不活跃，导致海量的结构化数据躺在数据集市和数据库中。从数据标准起步，逐层递进做好数据治理、数据管理、大数据应用，打通数据的内外边界，最大限度释放数据的流动性和效用性；通过大数据分析构建客户画像、洞察客户需求，发现、获得、培养客户，提高客户忠诚度，同时加强大数据在精准营销、风险管理、征信分析等方面的深入应用，充分挖掘大数据在风险识别、监测、定价方面的核心价值。高标准的数据洞察能力对现有银行提出了挑战。

4. 对智能服务能力的挑战

随着自然语言处理、语义分析、深度学习等技术逐步成熟，银行应突破传统业务模式，积极利用人工智能等新技术，与金融市场、财富管理等业务充分融合，布局量化交易、智能投顾、智能客服、精准营销、风险防控、客户身份认证等业务领域，与现有业务模式"双线并行"，利用新技术和数据训练模型，并利用反馈数据进行深度学习迭代，待模式成熟后全面推广，厚积薄发，形成面向未来的智能服务能力。

5. 对云服务能力的挑战

中国人民银行、中国银监会等均提出"十三五"期间拓展云服务应用，鼓励面向互联网场景的主要信息系统迁移至云平台。随着互联网用户量和数据量增速攀升，银行要处理高并发交易、实现弹性扩容、降低运营成本、提升服务效率，这对银行构建云服务能力提出了挑战。初期可搭建部署云服务基础设施，提供IAAS 服务，实现按需资源调度；再逐步扩展 PAAS 服务，对银行内外开放开发测试平台环境，融合众包智慧；重点加强基于 SAAS 的企业应用服务建设，丰富银行云服务能力，全方位提供金融与非金融服务（见图 5-5）。

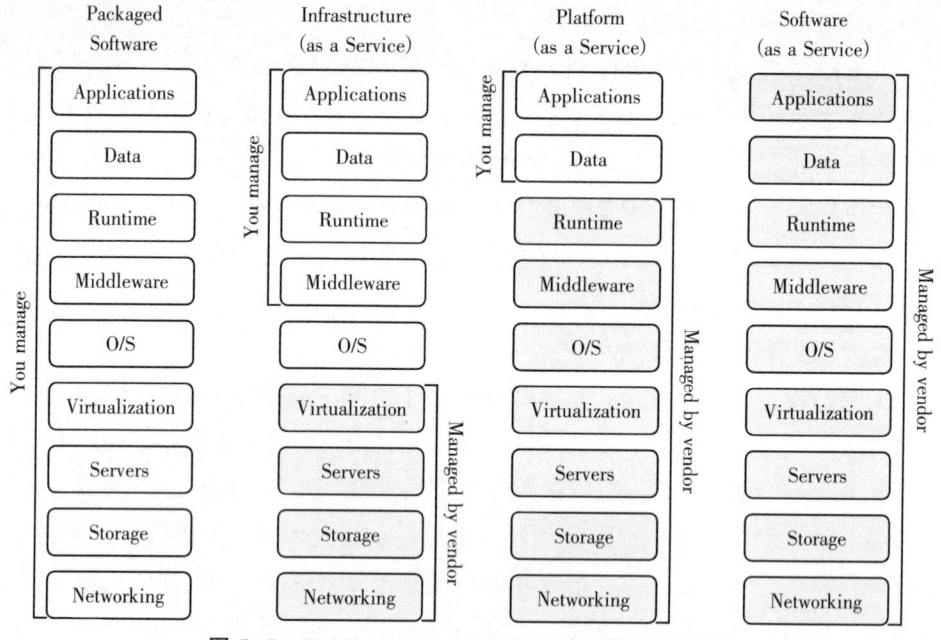

图 5-5　IAAS、PAAS、SAAS 三种云服务的区别

6. 对风险防控能力的挑战

因互联网传播面广、虚拟性强、复杂性高等特点，金融科技风险可能引发连锁反应，进而影响金融体系安全。银行现有业务风控手段侧重于事前防控，一定程度上影响了客户体验。面对新形势下跨境、跨业、跨界所带来的欺诈、信用、操作、合规等风险，银行应借助新技术，加强数据整合与分析、风险监测与预警、风险响应与处置、智能认证、风险地图以及运营支撑等能力建设，形成覆盖事前、事中、事后的全流程风险管控体系。

三、银行创新转型面临的矛盾

随着科技加速发展，越来越多闯入者加入竞争，市场格局悄然生变。商业银行在当前竞合格局下加速创新步伐，但依然是以产品为中心的渐进式改良，推动以客户为中心的转型仍然存在诸多内部掣肘因素。向内审视，在体制机制、思维模式的约束下，银行创新转型面临五大矛盾。

1. 风控与体验的矛盾

当前金融风险防范及网络安全面临更加严峻的形势，银行内部风险管控措施层层叠加，极大地增加了业务复杂度，影响了客户体验（见图 5-6）。以在线支付为例，金融科技公司体验快速便捷，银行电子渠道交易需多重因素认证。

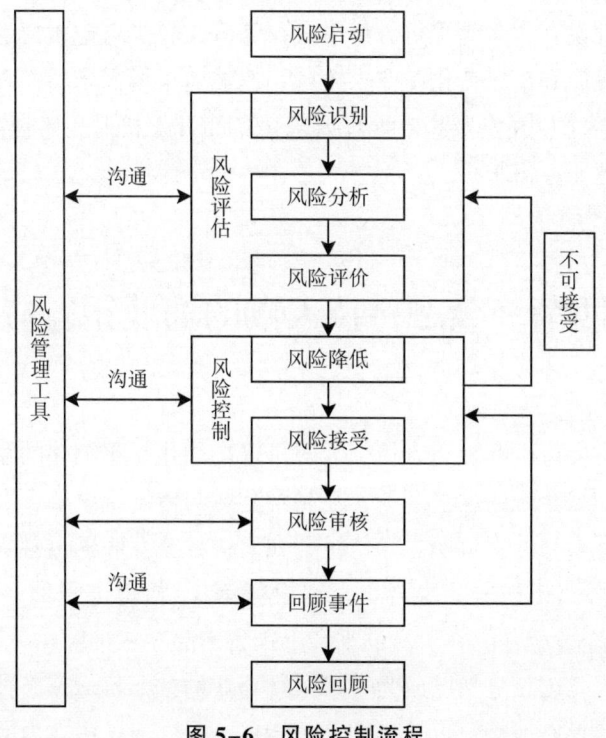

图 5-6 风险控制流程

2. 标准与个性的矛盾

互联网时代消费者主权上升，客户不再满足于传统银行提供的标准化产品和服务，个性化服务需求不断提高。受当前业务架构及客户分层等因素制约，银行难以提供灵活弹性、因客定价、个性化的服务。

3. 封闭与开放的矛盾

未来客户金融需求更广泛地存在于其生活场景中，银行服务渠道经历了从柜台到自助、从网银到手机银行的迁移路径，目前产品及渠道体系相对封闭，较难很快向外开放、输出至互联网生活场景，从而为客户提供泛在化的金融服务。

4. 分散与协同的矛盾

传统银行有比较浓厚的"部门银行"色彩，产品权限分散在各部门，跨部门协同效率低，造成客户服务流程割裂，难以实现服务协同整合，不能以客户为中心提供"一点接入、全程响应"的穿透式服务。

5. 稳健与敏捷的矛盾

以往金融市场变化不快，银行 IT 支撑系统主要考虑交易安全性、业务连续性等因素，基础设施大多为主机、集中式存储等，较少考虑敏捷迭代、资源效用等问题。科技发展和市场变化，要求银行快速响应市场需求，而现有架构难以满足互联网模式的海量并发及高效处理要求，产品开发机制也难以满足快速迭代、快速交付的敏捷业务需求。

第四节　金融科技大潮的商业银行应对

金融领域的变革不断加深，传统金融机构高端化、精英化的路线已无法适应市场变化。在网络金融的大浪潮下，互联网金融与传统金融融合发展，实现线上线下相结合才是未来的大势所趋。传统金融机构参与互联网金融主要有将金融产品移到网上销售（比如电子银行、直销银行等）、搭建电子商务平台（亦商亦融）、与互联网企业合作（在对方的平台上销售产品）三种模式。

围绕客户服务创新显然已成为全球银行企业的首要目标，新技术的应用是传统银行未来发展核心战略。近几年来，包括工、农、建、中在内的多家银行已经通过各种措施进行网点智能化改造升级，打造注重客户体验的创新型服务。智慧银行作为一个庞大的金融生态体系，不仅是银行业转型升级的必然方向，也承载着银行的所有业务，紧密地围绕着客户的需求，整合数据、流程以及相关系统，金融与科技的快速融合给金融业带来前所未有的机遇。银行经历了由"网点规模"到"电子智能银行致胜"的转变，到如今面向智慧银行转变升级，伴随智慧银行时代的到来，成为银行业发展方向。

商业银行在科技方面有着多年积累，一直是推动金融科技发展的主体力量。根据普华永道《2017 年全球金融科技调查中国概要》，中国金融机构对于金融科技发展前景的信心显著高于全球平均水平。通过对上市银行年报及经营动态的跟踪分析，近年来上市银行在科技助力下，新产品、新机构、新渠道、新玩法不断涌现，整体的客户体验与服务水平不断提升。

很多上市银行在发展金融科技方面，均提出了较明确的战略目标，各有侧重，各具特色。其中，有着力打造全功能金融生态平台的，如工商银行正在打造集支付、融资、金融交易、商务、信息五大功能为一体的 E-ICBC；有重点突出移动、智慧特色的，如建设银行坚持"移动优先"策略，加强以手机银行为核心的智慧银行生态建设；有强调金融科技为零售银行赋能的，如招商银行提出，打造"领先数字化创新银行+卓越财富管理银行"，推动零售金融竞争力再上新台阶；交通银行、中信银行、光大银行等则提出要在线上再造一个崭新银行。

一、在行业层面加强银行在动力、质量、公平三大要素方面的引导

随着金融科技蓬勃发展，消费者决策过程不断优化，时代对银行提出了更高的要求。在长期创新与摸索过程中，银行应正视当前面临的挑战和矛盾，积极利用金融科技创新体制机制，突破传统银行痛点，以数据洞察客户需求、场景融合共建生态，不断改善客户关系与产品体验，全面建设以客户为中心的金融科技能力，积极构筑未来银行，从行业层面来看要对动力、质量、公平三大要素进行引导。

1. 在动力方面，回归本源，服务社会经济发展

银行作为国民经济的重要支柱，是资金融通的重要中介机构，其核心价值在于风险管控，其转型创新要对全社会经济金融结构调整和劳动生产力提升有正向贡献。在推动金融科技发展时，思考如何推动金融供给侧利用新技术减少信息不对称、驱动风险定价、降低成本、改进流程、提升效率；思考如何共建共享金融科技生态，推动产业良性发展；思考如何还利于生态中的产业链、小微企业、消费者等，以产业链金融为切入点支持传统产业转型与新兴行业发展、创新支持中小微与"三农"客群、金融关怀消费者，从而真正实现普惠金融，这些是新常态下金融科技行稳致远的重要实践方向。

2. 在质量方面，着眼长远，以技术原创解决业务痛点

银行积极参与技术原创，推动中长期内化为业务核心竞争力；拒绝伪创新，非为新技术之名而刻意为之，以业务适用性为原则，推动技术与业务融合，解决传统领域的痛点，体现其实际价值与效用；不因短期利益而盲目扩张业态规模，忽视风险及配套建设，坚持质量并重。以大数据、人工智能、区块链等新技术为例，大数据建设不是比拼基础平台搭建、简单整合结构化数据和非结构化数据，智能服务也非网点行走的机器人或在线机器人客服，区块链也非简单的数字货币，在商业银行转型发展的长期视角中，大数据将推动风险管理能力质变，人工智能技术将重塑客户服务模式，区块链技术推动金融行业架构变革。新技术从单

点应用走向神经网络式的连接，帮助商业银行从优化业务走向重构商业模式。

3. 在公平方面，统一标准，促进行业健康发展

金融科技行业各参与方均有自身比较优势，由于当前所受监管不对等，造成了一定的行业不公平现象，部分业务领域出现了垄断，形成行业壁垒。建立统一的功能监管和行为监管标准，规范市场主体的金融行为，营造权责分明、法理明确的金融科技市场，促进公平竞争与健康发展；重视事前监管，加强行业准入管理，保障消费者的合法权益与市场秩序；合理区分改良型创新和破坏性创新，以监管沙箱机制推动创新孵化，较好评估风险并保护消费者权益；推进政府信息公开、海关、税务、司法、公共事业服务等信息资源的整合与开放，促进信息基础设施建设；强化金融科技行业的信息披露、数据安全、隐私保护等机制，推进网络信息安全防控工作。

二、银行业务发展深度融合人工智能、区块链、大数据等技术

在最为重要的信用风险管控领域，上市银行加强风险预警模型研发，开创利用模型进行风险早期预警的新模式对业务促进起到了显著正向作用。招商银行年报称，其客户预警模型可成功预警60%以上的对公逾期及不良资产，预警时间比逾期时间平均提前8个月；兴业银行的"黄金眼"系统则通过机器学习算法，对未来3个月可能降为"关注"类以下评级的企业预测准确率达到55%。此外，商业银行还可以利用科技优势，尝试构建行业风险信息共享云平台，如工商银行的反欺诈系统"工银融安e信"，为金融同业、非金融企业、社会大众提供包括基础风险筛查、深度风险挖掘、专属定制服务、租赁式反欺诈在内的风险管理服务。许多银行的固有矛盾可以通过引入新技术解决底层问题。以预付费卡行业为例，国内主要有单一用途预付费卡和多用途预付费卡两类，其中发行多用途预付费卡需要有支付业务许可，单一用途预付费卡要求向各级商务主管部门备案，而实际落实情况并不到位，卷款跑路、套现、商业欺诈、不正当竞争等乱象频发，行业面临着监管机构监督难、经营者迫于经营压力和诚信缺失、消费者自我保护意识淡薄等一系列问题。区块链技术具有开放性、不可篡改、可追踪、多方共享等特点，结合区块链技术可探索为用户建立可记录和存储预付费卡余额的数字货币体系。从监管角度看，可将游离在监管视线之外的单一用途预付费纳入监管范畴，提高宏观货币监管精确度，降低非法集资可能性；从社会角度看，有效利用金融科技创新解决了行业痛点，探索了数字货币在实际业务场景的应用，并可为

社会征信体系建立提供了数据来源和参考；从商户角度看，利用区块链平台的可追踪、不可篡改等特点为商户增信，也可以提高卡内资金的通兑效率、扩展使用场景，在一定程度上扩大了商圈、增加了客源；从消费者角度看，可以帮助消费者有效鉴别商户、保护资金安全，降低客户损失风险。挖掘人工智能、区块链等大数据技术在风险控制中的应用潜能是银行拥抱金融科技发展最关键的环节。

商业银行为适应发展，必须建立大数据应用思维，通过行内外海量数据的采集、加工、存储、挖掘，到基于细分场景的应用，通过实施客户画像、用户行为分析、精准营销、运营优化、资产配置和业务改造等应用蓝图规划和项目落地实施，积极接纳智能金融的理念，拥抱新的技术促进金融变革。梳理总结大数据对银行数据管理形成的挑战，对处于业务发展的新阶段商业银行，更需要一个低成本可线性扩展的统一数据处理平台，解决企业多个数据应用形成"数据孤岛"，数据资源难以共享、数据标准不一、存在大量冗余数据的问题。但现有的主流数据库技术因为陈旧的系统架构已经不能满足需要，开源大数据技术商业银行企业级应用场景下还有诸多不完善的地方。有些商业银行已经在开源软件、国产大数据平台的基础上，自主设计开发建设企业级大数据应用平台，利用全新的大数据平台技术全面重构企业数据仓库应用，满足海量结构化与非结构化数据的低成本加工存储、快速统计分析、业务模型探索、实时分析与决策等需求。结合大数据技术服务能力，升级改造原有的渠道、授信管理、审计、客户管理等系统，在客户服务、风险管理、内部管控、流程优化、营销管理等多个业务领域提升商业银行的运营效率和市场竞争力。大数据建构如图5-7所示。

1. 商业银行应构建数据分层布局合理、数据详细分布策略合理、数据层次间的数据流转定义清晰的数据平台架构

商业银行新数据仓库总体架构应设计建立完备的数据生命周期，从数据产生、流转、整合、应用到归档处理的全生命周期；建立历史数据查询系统、风险管理系统、信贷工厂、精准营销等应用体系。商业银行构建大数据平台是一项复杂的工程。①在平台选型上，应考虑非结构化数据处理与传统金融的结构化数据的整合，智能化的实时决策的高时效性要求，以及业务多样化带来数据体量大、产生速度快，用成本更低的数据平台进行存储等问题，需要选择与传统数据仓库不同设计范式的新一代数据处理技术。②在应用架构上，由于传统数据仓库基于IOE平台，在数据处理性能、多维数据交换等方面存在"瓶颈"，需要重构传统数据仓库体系结构，设计业务应用迁移的总体方案和实施规划。③基于银行

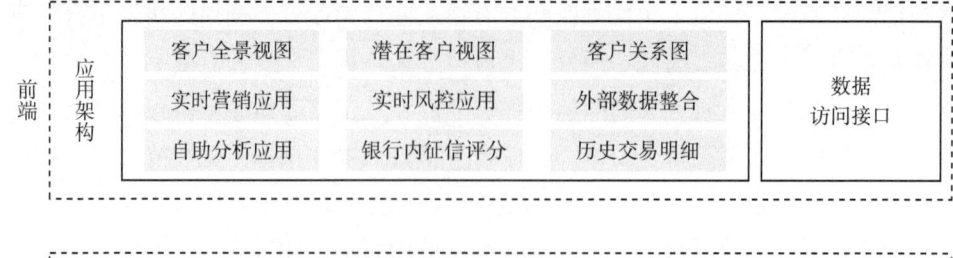

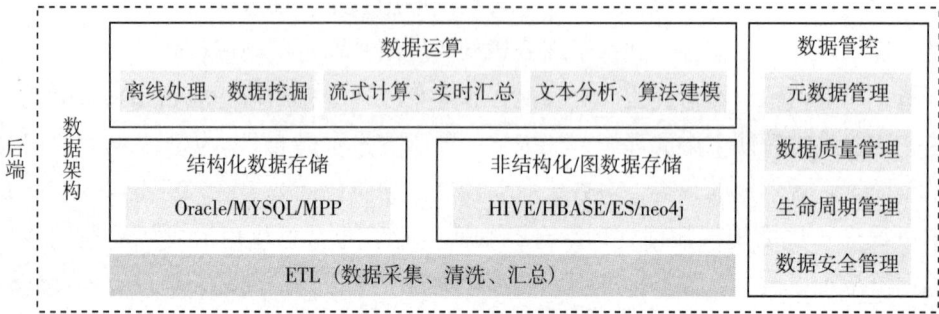

前端 应用架构	客户全景视图	潜在客户视图	客户关系图	数据访问接口
	实时营销应用	实时风控应用	外部数据整合	
	自助分析应用	银行内征信评分	历史交易明细	

后端 数据架构	数据运算			数据管控
	离线处理、数据挖掘	流式计算、实时汇总	文本分析、算法建模	元数据管理
	结构化数据存储 Oracle/MYSQL/MPP		非结构化/图数据存储 HIVE/HBASE/ES/neo4j	数据质量管理
				生命周期管理
	ETL（数据采集、清洗、汇总）			数据安全管理

图 5-7　大数据建构

数据"立体化多角度"的治理和管控要求，大数据平台应具备数据治理与管理的功能，通过数据质量管理、数据标准管理、元数据管理等建立统一的数据口径和数据规范。

2. 在大数据业务应用系统规划上，通过价值链分析的方法，将商业银行的业务分为一系列价值活动

通过这些价值活动的进一步抽象，将业务场景抽象出"要素"和"行为"两类业务主体。其中，"要素"指金融业务中所涵盖的类别和对象，"行为"指满足金融业务运营所必要的操作或管理活动。结合数据流在这两类业务主体中的维度，可将要素划分为：客户、资产、产品、渠道；将行为划分为：交易、风控、营销、运营。探查大数据的业务应用场景，就是通过"要素"和"行为"的数据流和信息流分析，评估大数据在这些业务主题下的应用机会，以实现产品科学设计、服务改进、效率优化、风险管控等方面的企业战略目标。在客户、营销、风控、运营、交易、绩效等领域规划建设专业数据集市与业务应用，覆盖商业银行前、中、后台各业务条线，形成了客户关系管理系统、风险预警系统、资讯与业务规划平台、运营风控系统、数据轨迹分析系统、用户画像与数据挖掘、绩效考核平台的应用群，例如：①客户关系管理系统（CRM）。在大数据应用平台基础上，打造支持因客户经理的日常业务和办公的移动平台。②全面风险预警系统。

面向全行的、基于大数据平台建设的集成风险信号发现、展现与风险排查认定、风险行动的综合应用，通过行内、行外海量数据的加工、分析，提高风险监控的准确性与时效性，为风险管控、决策提供支持。③大数据资讯平台、业务规划平台。通过收集、整理、分析和展示官方（国家统计局）的宏观经济和行业信息、行内的业务信息、行外接入数据，快速地帮助投资顾问、信贷管理人员掌握市场，指导投资和控制风险。④运营风险监测系统。对银行的各交易系统的交易信息及基础数据进行风险分析。运营风险数据集市对元系统数据进行整理、汇总成基础宽表，监测系统及其他运营管理系统可从宽表进行数据分析。⑤数据轨迹分析。展现用户在商业银行的轨迹，采用大数据平台的范式对客户的金融交易进行全面透视，探查用户金融交易习惯及个性化的称号。⑥用户画像标签体系与数据挖掘建模应用。规划客户基础标签、客户等级标签、客户偏好标签、客户特征标签、客户需求标签五大类标签体系，通过数据指标体系的建设，精细化客户发现和探查；对客户细分模型、智能推荐、贷后风控系统和流失预警提供精准化的数据支持。⑦统一绩效考核平台。基于大数据的绩效平台，确保实现总行管控、服务分行、数据统一、数据准确、安全高效，引入平衡计分卡模型，通过图形化方式进行海量数据分析。

3. 在数据仓库的应用架构设计上，利用大数据技术平台的大规模集群、实时性计算、多源多维数据处理、容错、数据挖掘与分析等，开展线上化、移动化、实时化、精准化、智能化业务

通过大数据不断提升业务：①基于大数据的应用集市和分析集市，减少数据的重复加工和数据应用的开发成本，构建包容实时数据应用和数据分析型应用的统一软硬件技术架构，满足联机数据查询和海量数据分析需求，减少应用总体开发和部署成本。减少数据治理和数据标准化实施成本，提升业务数据向分支机构和业务部门的开放效率和使用效能，增加非结构化数据、实时流处理、数据可视化、机器学习能力，扩展传统数据仓库的应用边界。②成本管理与业务管控的双效提升，让数据处理与存储成本更低廉，淡化了架构理论中用时间和空间置换成本的概念，降低基础软件费用，提升营销、风控、运营等业务流程的响应能力。③帮助商业银行培养既熟悉业务又能驾驭开源技术的复合型人才，为实现业务战略和IT战略了奠定人才储备基础。

4.商业银行可以在架构扩展性、数据模型能力、应用开发及迁移、数据分析与处理、数据工具支持、数据应用解决方案等方面加强考察与对比测试,创建新一代数据仓库

①线性扩展的低成本服务器存储——减少数据计算和存储的硬件成本,满足业务处理与访问的时效性,提升数据管控的灵活度。②流式处理技术——满足对时效性、要求较高的实时分析、计算,通过数据流处理引擎进行清洗、转换、加载和分析处理,确保数据价值密度的提升。③内存处理技术——基于内存的Spark技术既可以支持负载的计算,也可以支持大规模数据复杂关联应用,减少I/O操作,提升数据处理效率。④列式数据库技术——以HBase为代表的列式技术的使用,增加压缩比,提高了I/O效率和数据分析效率。⑤非结构化数据应用——银行业务系统中会产生各种JSON、XML或者webpage等半结构化的数据文件,大数据平台对各种半结构化数据具有高效的解析以及处理能力。⑥数据挖掘及数据分析技术——通过R语言支撑的机器学习、人工智能算法模型加强对整个企业数据形态走向的决策判断力并提高商业智能化水平,通过业务创新快速响应市场变化。⑦数据治理——针对数据质量管理、数据标准管理、元数据管理建立了一整套完善的数据生命周期管理体系。通过数据标准管理系统建立统一的数据口径和数据规范。通过数据质量管理系统对数据质量问题进行数据稽核管理。通过元数据管理和血缘分析系统实现从全局角度了解行内数据资产全貌,包含全行数据的数据流向和数据之间的血缘关系。

第五节　村镇银行积极拥抱金融科技

一、厘清村镇银行金融科技发展的主要制约因素

1. 村镇银行诸多问题影响科技建设

(1) 资金供给不足导致其发展受限。我国村镇银行对农村产业贷款的供给增加有限,难以满足农村中小企业发展过程中巨大的融资需求。目前,我国还缺乏一个足以支撑村镇银行发展的整体性金融市场,只在某些地区形成局部规模效应,呈现块状分布。网点选址上多集中在高新技术企业聚集、资源禀赋较高、政

府机制相对灵活的地区，在辐射范围上有一定的局限性。银行的科技投入需要大量的资金供给，尤其是前期，科技的投入甚至会影响小规模村镇银行的利润，资金供给不足显然会对村镇银行追赶科技金融发展造成不利影响。

（2）收益风险不对称导致激励不足。村镇银行的服务对象天然存在轻资产特性，信用级别低，抵押担保不足，在技术、市场和商业上具有不确定性，高风险覆盖了服务企业的全生命周期。设立村镇银行的初衷在于破解农村中小企业融资需求与银行稳健经营要求之间的矛盾，发挥其市场补缺功能。但是，目前村镇银行的盈利模式难以补偿银行承担的高风险和高成本，自然很难从根本上激励其增加对村镇中小企业的金融资源供给。由于村镇中小企业行业背景多样化及信息不对称严重，村镇银行对其进行贷前调查和贷后监控需要付出更多的时间和资源。同时，村镇中小企业单笔贷款规模小，贷款单位成本高，信贷资产综合管理成本要大于对大型企业的贷款成本。村镇银行在很大程度上是响应政府在解决"三农"问题及促进农村产业结构调整的政策引导意图而创立的，但从可持续发展的角度来看，应当坚持商业性市场化运作。尽管各地政府相继出台扶持政策，以风险补偿或担保等形式介入农村中小企业贷款业务，但仍无法充分补偿村镇银行承担的高风险。再加上提升村镇银行不良贷款容忍度的实质性措施不充分，激励机制不足，村镇银行应有的风险偏好缺失，难以突破原有的风险控制目标，在一定程度上导致村镇银行甚至从规避经营风险异化为杜绝风险。

（3）专业定位不清晰导致风控不易。风险控制作为金融机构的核心竞争力，对村镇银行的重要性不言而喻。不像大型商业银行服务领域主要集中在其熟悉的软件和互联网、硬件和基础设施、生命科学和医疗保健、清洁技术、高端葡萄酒、有限合伙、风险投资、私募股权投资和社区发展金融等，不涉足自己不熟悉的行业，通过多平台提供基金管理、证券经纪交易以及资产管理等多元化金融服务，并运用其全球范围的知识及网络，为客户提供增值服务。村镇银行是向村镇市场主体提供专属金融服务的银行，大部分村镇银行不能直接获取股权投资，资金来源局限于信贷市场中短期资金的供给者，往往没有形成明显的专业领域，再加上缺乏谙熟农村产业的专业授信管理团队，无法有效解决村镇银行业务开展中的信息不对称问题，难以形成有效的风险控制机制。

（4）配套机制不完善导致效率不高。目前我国村镇银行所属的区域发展相对滞后，资本市场、创业投资市场、金融监管环境、银行分业经营体制等的欠发达影响了村镇银行的发展，尚未形成多方主体参与、规范系统且标准化的业务模式、知识产权价值评估、债权双方权利义务以及发生风险时的质押物处置等制度不健全，专业、权威的知识产权评估机构、担保机构和律师事务所等中介机构参与度不够，存在较高估值风险、处置风险、法律风险和道德风险。

2. 村镇银行科技建设和应用"瓶颈"

（1）区域发展不平衡导致科技推广慢。从2007年3月中国第一家村镇银行开业，到2007年10月在全国范围内正式铺开，村镇银行在几个阶段的发展过程中，出现了明显的区域发展不平衡。在2013年末全国组建的1071家村镇银行中，中西部省份达665家，占62.1%。现在绝大多数村镇银行科技应用并不广泛。

（2）局限于"盆景金融"效果导致科技应用场景小。村镇银行普遍存在规模小、品牌效应差和服务对象偏离农户等问题。截至2012年底，银行业金融机构涉农贷款余额17.6万亿元（其中农村信用社涉农贷款余额5.3万亿元），村镇银行的贷款余额为2330亿元，仅占银行业金融机构涉农贷款余额的1.32%，仅起到点缀作用，远未达到当年设想的服务"三农"目标。村镇银行的规模与一般商业银行相比，规模偏小导致了科技应用的场景受到局限。

（3）经营与管理水平低下导致科技架构搭建缺乏支撑。村镇银行在经营过程中存在着运营方式单一、结算渠道不完善、市场定位不合理、存贷比偏高、吸收存款难、业务创新能力不足和经营管理水平低等问题，经营管理水平相对低下导致金融科技架构搭建缓慢，这些问题长期积累还可能引发区域金融风险。

（4）"同质化"与"信用社化"严重。由于规模小和管理人才短缺，村镇银行大多仍然按照传统银行的理念与业务实践来经营，在产品设计、业务流程和管理方法方面甚至努力向信用社看齐，背离了制度设计当初的"新机制"和"差异化"原则。

二、加强渠道变革与升级，积极拥抱金融科技

1. 物理渠道扩张融入科技元素，加快推进村镇银行智能化转型

近年来，银行网点受到线上金融的猛烈冲击，部分网点已出现较为明显的客户到店率下降情况，推进网点智能化、轻型化建设，控制成本的同时探索无人智能等差异化经营模式，促进网点智能转变，提升产能。

2. 拓展功能更为全面、平台更为开放的村镇银行运营模式

大型商业银行线上渠道的客户量、交易量快速增长，电子渠道对网点业务的

替代率达到90%以上，很多银行普遍以手机银行作为打造金融服务平台的核心。农村上网的手机移动端比例比城市更高，村镇银行应积极拓展丰富手机银行业务，突破"先登录、后浏览"的服务模式，将金融服务呈现给行内外客户，打造开放式平台增加电子账户开户、网络信贷、理财产品质押贷款等新功能，升级扩充农村生活缴费功能，积极推进基于电子账户的各类创新。

3. 扩大村镇银行直销银行模式，促进服务主体多样化演变

我国直销银行出现较晚，但发展很快。据不完全统计，目前已有70多家直销银行上线运营。直销银行使商业银行有可能以互联网的方式运作，培育线上获客、产品销售、服务提供的能力。目前直销银行表现较为突出的是民生银行、江苏银行和工商银行等。截至2016年末，民生直销银行客户已达500万户，金融资产超过500亿元。中信银行与百度筹建百信银行，成为国内首家以独立法人形式开展业务的直销银行。村镇银行可以借鉴该模式，推出服务主体多样化、移动化特色鲜明等趋势的直销银行，增强村镇银行在农村的服务力度。

4. 促进村镇银行的跨界合作，复杂竞合中实现升级进化

村镇银行与金融科技公司进行合作。金融科技公司在以技术为基础提供金融服务的同时，以各种方式向传统金融机构输出金融科技能力，而商业银行与金融科技公司合作的主观意愿也在不断增强。近一段时间，百度、阿里巴巴、腾讯、京东与四大行纷纷牵手，招商银行、民生银行、华夏银行等也陆续开展了类似的战略合作，而且，这种合作不是排他性的，可以是多对多的。截至2017年底，阿里巴巴已经与11家银行开展战略合作，腾讯和百度也各自和7家银行开展了战略合作。村镇银行应该利用良好的契机，切合平台与农村产业相关的突破口，寻求跨界合作。由于传统金融机构与互联网企业在信息系统、体制机制、产品服务、文化思维等方面存在较大差异，双方从达成战略合作协议到合作事宜落地还有较长的路要走。不过竞合的金融生态正在逐步形成，部分心态开放、举措积极的村镇银行将在此过程中实现升级进化。农村是很大的市场，阿里巴巴等将农村战略作为其三大战略之一，推动村镇银行与科技公司的合作，有利于提升村镇银行的科技水平，搭上互联网发展的快车。

三、发挥政府农村金融维系者作用，优化村镇银行科技建设制度环境

（1）健全和完善配套法律法规，适度放开对农村金融专营机构的监管，提高

对村镇银行的不良贷款容忍率，突破分业经营限制，推动多层次资本市场建设，提高金融资源配置效率，鼓励村镇银行金融科技发展。

（2）在村镇银行设立初期加大政府资本金注入，获得科技银行股权，政府创业投资引导基金还可以对获得村镇银行贷款的企业适时跟进投资，实现双方信息共享、优势互补。

（3）通过减少税基、降低利率乃至直接减免等方式，对村镇银行进行科技创新提供一定的税收优惠，降低村镇银行的科技应用成本，提高村镇银行的创新意愿。

（4）设立风险补偿基金，对村镇银行立项的科技项目应用中存在的风险进行适度补偿，弥补村镇银行在科技创新因投入造成的部分利润损失。

（5）建立和完善科技信用体系，整合农村中小企业的科技、税务、工商、质检、融资等信息，建立农村企业信用信息库和信用评价模型。

（6）加强知识产权评估、登记、托管、流转以及质物处置方面的制度建设，规范知识产权价值评估标准，简化知识产权质押登记流程，提升科技银行创新金融产品和服务的能力。

第三篇 实践动态

理论是冰冷的，鲜活的实践令人激情澎湃。面对新技术、新经济时代背景，置身金融业改革开放创新的行业变局之中，中国村镇银行如何辟蹊径、求生存、谋发展？本篇展示村镇银行的经营探索和发展动态，反映村镇银行业生动精彩而富有意义的努力与尝试。本篇共分三章，其中第六章分析中国最大的村镇银行集团——中银富登的规模化、集约化经营之路，它近期收购国开行旗下村镇银行的交易行为，意味着其从自建村镇银行向自建收购并举转变的发展策略。第七章分析最先登陆证券市场的几家村镇银行的业绩表现和业务亮点，新三板已是我国多层次资本市场不可或缺的组成部分，登陆新三板或成为包括村镇银行在内的中小银行突破"瓶颈"制约，完善公司治理结构，实现跨越式发展的一条重要路径。第八章是分析中国的金融高地和银行业最为密集的一个地区——上海与村镇银行之间的紧密联系。国际大都市如何办村镇银行，或者说村镇银行如何在上海银行业"丛林"拼搏，这是一个富有吸引力和启发性的话题。

第六章　中银富登：走村镇银行规模化与集约化之路

第一节　从自建到自建与并购并举：中国银行收购国开行旗下村镇银行

一、过往：批量化、规模化自建村镇银行之路

2011年3月4日，中国第一家中外合资村镇银行——中银富登村镇银行在湖北省黄冈市蕲春县成立。在成立之前，筹备工作早已有序展开。2010年11月3日，银监会批复中国银行（以下简称中行）作为主发起人在湖北省、山东省、浙江省的14个县（市、区）设立首批村镇银行的挂钩设点规划。2011年1月14日，中行获得湖北省银监局关于在蕲春、京山筹建村镇银行的批复。

蕲春中银富登村镇银行是由中国银行与富登金融控股（私人）有限公司（以下简称富登金控[①]）合资建立的独立法人，注册资本3000万元人民币，中国银行与富登金控出资比例为9∶1。

蕲春中银富登村镇银行得益于中国银行多方面的本土优势和富登金控成功的国际经验。之所以这么说，主要是因为，与国内其他已经设立的村镇银行不同的是，这是国内首家由大型商业银行联手境外战略投资者组建的合资村镇银行。外资方富登金控是新加坡淡马锡控股公司下属的全资子公司，成立于2003年1月，总部设在新加坡，主要从事金融行业投资业务。截至2013年末，富登金控的资

[①] 新闻媒体的报道中有时也简称为"富登金融"，与本书中的"富登金控"系指同一家公司。

产总额达到 409.7 亿新元，其在全球投资了 12 家不同的金融机构，分布在中国、印度、印度尼西亚、巴基斯坦、马来西亚、阿拉伯和越南等国家和地区。富登金控专注于商业银行和消费金融，专注于为金融服务不足的地区和客户提供多样化、优质的金融服务。在商业银行方面，以服务于中小企业和个体工商户的金融创新著称。在消费金融方面，聚焦于为小康和工薪阶层提供金融服务。其资深的团队、专业的运作和广泛的特长，形成卓有成效的"淡马锡模式"，使风险和利润保持平衡，为客户和股东创造长期价值。

其实，中国银行和富登金控的战略伙伴关系在更早些时候就开始了。早在 2005 年，富登金控占中国银行 4.1% 的股份。在 2007 年，富登金控建立中小企业业务模式咨询团队，以协助中国银行推行该模式。为拓展县域经济的金融机会，中国银行与富登金控在 2009 年组成了筹备组，制定了村镇银行的策略和商业模式。

国有大行有资本、品牌、网点等优势，但在小规模贷款的风险评估、运营模式等方面缺少足够的经验，引进国外成熟的模式是一种简单、快捷而有效的办法，所以，中银富登村镇银行就成为了中行和淡马锡融合的产物。中银富登借鉴了淡马锡在其他国家开展"微型金融"服务方面的经验和模式，以及国际先进的高科技技术，主要服务于县域中小企业、微型企业、个体工商户，促进解决农村地区银行业金融机构网点覆盖率低以及小型、微型企业融资难等问题。

中银富登按照批量化、规模化的思路组建村镇银行集团。2011 年当年，共设立了 18 家村镇银行。经过六年的发展，截至 2016 年末，中行和富登金控在全国 12 个省（直辖市）设立 82 家村镇银行和 77 家支行，分布在山东、河南、陕西、湖北、四川、重庆、浙江、安徽、江西、江苏、贵州和甘肃。中银富登的地区分布以中西部金融服务空白或薄弱县域为主，78% 在中西部，33% 是国家级贫困县，成为国内机构数量最多、地域覆盖范围最广的村镇银行集团。截至 2017 年 6 月底，较 2016 年末又增加 9 家支行，支行数量达到 86 家（见图 6-1）。

二、当前：走上通过并购扩容之路

2017 年 3 月 20 日，北京金融资产交易所（以下简称北金所）发布了国家开发银行（以下简称国开行）持有的 15 家村镇银行股权转让的信息。

2017 年 4 月 27 日，中国银行发布公告称，该行已于当日与国开行签订《股权转让协议》，收购国开行持有的 15 家村镇银行股权。

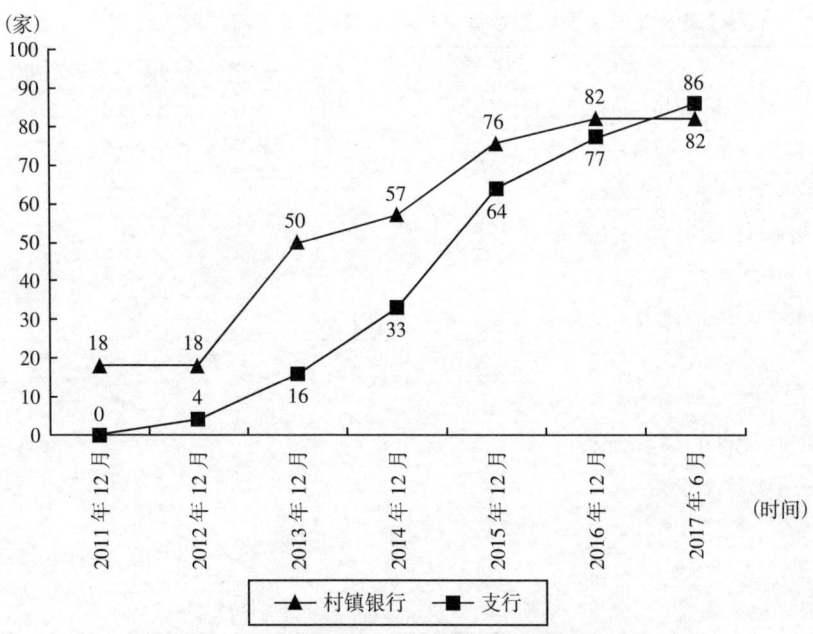

第六章 中银富登：走村镇银行规模化与集约化之路

图 6-1 中银富登村镇银行网点数量变化

资料来源：中国银行历年年报和半年报。

2007~2011 年，国开行共发起设立 15 家村镇银行。据统计，截至 2016 年末，15 家村镇银行总资产合计 164.64 亿元，累计发放涉农贷款 280.29 亿元，受益农户 26.22 万户，有效支持了"三农"、小微企业等薄弱领域发展，促进了当地经济社会发展。

据了解，此次收购交易金额达 10.87 亿元，中行与富登金控为联合收购方，其中中行出资约为人民币 9.78 亿元，富登金控出资约为 1.09 亿元，双方的出资比例约为 9∶1，维持了过往双方出资设立村镇银行的股权结构。

根据中国银行发布的公告，本次收购国开行在 15 家村镇银行的股权比例如表 6-1 所示。从中可以看到，收购的村镇银行持股比例大部分都在 40%以上，仅 3 家村镇银行的股权比例低于 40%。收购的北京通州国开村镇银行股份有限公司的股权比重已经达到 67.5%。

据中国银行发布的公告称，这次收购是中国银行深入贯彻国家"三农"政策、提升县域金融服务的具体实践，有助于中行进一步扩大村镇银行的业务规模，巩固中银富登在村镇银行领域的行业领先地位，更好地服务于中西部地区和县域实体经济。

表 6-1 本次收购中国开行在 15 家村镇银行的股权比例

目标银行	本次收购国开行所持股权比例（%）
四川北川羌族自治县富民村镇银行有限责任公司	18.0
天津西青国开村镇银行股份有限公司	27.0
宁波北仑国开村镇银行股份有限公司	45.9
深圳龙岗国安村镇银行有限责任公司	31.5
汨罗国开村镇银行股份有限公司	45.9
北京通州国开村镇银行股份有限公司	67.5
大通国开村镇银行有限责任公司	45.9
龙口国开南山村镇银行股份有限公司	45.9
巴中国开村镇银行有限责任公司	45.9
大冶国开村镇银行股份有限公司	45.9
宜城国开村镇银行有限责任公司	47.05
达拉特国开村镇银行股份有限公司	40.5
镇赉国开村镇银行股份有限公司	45.9
甘肃泾川国开村镇银行股份有限公司	50.0
郫县国开村镇银行有限责任公司	45.9

资料来源：中国银行公告。

中银富登村镇银行集团公司（筹）董事长王晓明表示，"本次收购不是'突发奇想'，这是中行的战略，准备做大村镇银行，可以自己投资也可以并购一批"。王晓明还表示，下一步中行对村镇银行继续加大投资，通过并购和自建相结合的"两条腿"模式来扩容。

三、未来：引入民营资本，完善公司治理，实现"本土化"

诚然，中银富登走的是批量化、规模化设立村镇银行之路，但此次中行收购国开行所持 15 家村镇银行的股权，并不只是扩充村镇银行集团的规模、提高村镇银行的覆盖面这么简单。中银富登选择 15 家村镇银行进行试点，引入所在县域民营企业的股权，能够更好地"与当地融为一体"，更好地实现本土化。与此同时，股权的多元化，也会进一步推动公司治理的现代化。

在以往的发展中，中银富登的股权多元化并没有推开，大多数是和富登金控合作。对于村镇银行成立之初为什么不引入民营资本，中银富登村镇银行集团公司（筹）董事长王晓明认为，起步阶段民营资本过多进入，会导致想法不一样。

早期中银富登的注册资本金有一个巧妙的制度设计：大部分在4000万元左右，而行业平均在8000万元左右。如此设定，是因为银行单一客户的规模不能超过10%，集团客户不能超过15%，这样有利于用资本杠杆的硬约束，避免贷款过于集中，贷款的分布就更"散"。现如今，在养成信贷习惯之后，用股权多元化的方式可以用来补充资本。也就是说，引入民营资本，是在中银富登标准化的运营模式已经有了基础和积淀的情况下进行的。

收购国开行所持有的15家村镇银行的股权，对中银富登来讲既是一个探索，也是一种挑战。在实践中要探索的是，在自建之外，中银富登的商业模式是不是可以改造别的村镇银行。挑战在于，如何能够很好地将中银富登的商业模式融入到这些村镇银行当中。披露数据显示，上述国开行转让股权的15家村镇银行中，8家在2016年上半年处于亏损状态，占比超过一半，亏损总额接近3亿元。其中，亏损最多的是湖北宜城国开村镇银行，2016年上半年净利润为亏损7061万元，达拉特国开村镇银行同期亏损5009万元。除此之外，吉林镇赉、四川巴中、青海大通三家村镇银行同期分别亏损4402万元、4666万元、4321万元，其余三家国开村镇银行则共计亏损近4200万元。最早成立的甘肃泾川国开村镇银行，2016年上半年亏损额为1912万元，而同期其净资产仅1840万元。[①]

第二节　中银富登村镇银行的发展战略与经营策略

一、村镇银行作为中行的战略构成

作为国有大行，中行坚决贯彻国家监管要求，坚定地落实银监会对小微贷款的"两个不低于"和"三个不低于"监管要求。尤其是2016年，中行实现了由原来的按季度和年度完成"三个不低于"向按月完成转变。截至2016年末，该行小微贷款12849亿元，较年初新增1392亿元，贷款增速为12.14%；小微贷款

---

① 杨佼：《不良"高企、利润亏损15家村镇银行十年后遭国开行"清仓》，《第一财经日报》2017年3月27日。

客户 51.42 万户，较年初新增 29922 户，申贷获得率为 96.01%，较年初提高了 0.08 个百分点。

在中行普惠金融战略中，中小企业和村镇银行是两大平台，农村普惠金融的战略自然落到了村镇银行的身上。村镇银行是中行服务"三农"、服务社会的重要品牌，也是实施精准扶贫、金融扶贫的重要平台。而且，发起行中行与村镇银行可以分层次服务客户，对中行的业务是一个有效补充。再者，通过村镇银行，能够更有效地"支农支小"，承担国有大行的社会责任。所以，村镇银行战略可谓是一石三鸟、一举多得。

根据中银集团总体战略，中行将运用国际化视野，把中银富登村镇银行打造成为广袤农村市场上的独特品牌，通过并购和自建等方式逐步扩大村镇银行机构的覆盖面，充分发挥规模效应，巩固在村镇银行领域的行业领先地位，更好地服务县域实体经济，特别是助力中西部金融服务薄弱地区的经济发展。中银富登村镇银行的初衷和愿景，是在全国范围内广开多家村镇银行与支行，将中银富登村镇银行国际化的产品设计、客户服务与风险管理经验与中银富登村镇银行对本地社区的深入了解相结合，为更多社区带去繁荣和美好。

二、中国银行对中银富登的多样化支持

中银富登携手中国银行打通全国 ATM 服务渠道。当前，中银富登银联卡可以在全国任意一台中国银行 ATM 机上进行查询、取款、存款及修改密码操作，且无须任何手续费。这可以大大提高中银富登银联卡的使用范围，服务的便捷性大大提高。

中行在人才培训、信息科技、结算体系、运营服务及流动性保障等方面对村镇银行项目给予了大力支持。

在中行的支持下，中银富登构建了丰富的电子支付渠道。在支付结算方面，适应互联网金融发展趋势，在 ATM、网上银行、手机银行等基础电子渠道基本覆盖的情况下，进一步建设手机银行贴膜卡、快捷支付、移动 POS 等新的电子渠道。中银富登依托中行的结算服务体系，以低成本方式建立了较为完备的金融基础设施，构建了丰富的清算网络，在清算方面，连通了央行大小额支付、银联、同城清算等支付清算系统。中行承诺给村镇银行项目 30 亿元的流动性支持，为村镇银行发展提供保障。

三、通过规模化运营，摊薄运营成本

中银富登的模式创新之一，即利用国际一流的技术服务体系作支撑，来实现农村现代金融。

面对村镇银行平均运营成本高，规模效应发挥不足等"短板"和劣势，中银富登从建立独立、统一的IT系统平台等方面来克服"散"的不足。这么做的好处是多方面的：

其一，服务的标准化。通过独立完备的IT系统平台，能向各村镇银行提供高效、稳定、先进的信息科技系统支持，进而向各村镇银行提供高质量的系统服务，让县域居民享受便捷的金融服务，提高了村镇银行的信息化、标准化和规范化水平，还有助于树立良好的品牌形象。

其二，一套系统供村镇银行集团内多家银行和支行使用，可以将系统研发、运营维护的成本摊薄，有效解决了村镇银行普遍存在的规模效应不足的问题。

具体而言，中国银行为中银富登村镇银行统一建立了以客户关系管理系统（CRM）、核心银行系统（CBS）、信贷管理系统（CMS）为核心，包括几十个外围系统的一整套完全独立的信息科技体系。其中，信贷管理系统是一个依赖于强大IT客户平台的信息系统，所有客户的信贷行为——数据收集、文档留存、客户评级、偿还能力分析、授信额度计算、审批授权等，都处于全过程可控状态。

四、集约化管理提供标准化服务，同时保持项目的独立性

目前，中银富登村镇银行采用村镇银行项目指导委员会和总部筹备组相结合的管理模式。指导委员会由中国银行与新加坡富登金控双方的高管组成，负责集团重大战略问题决策。总部筹备组在指导委员会的领导下，主要负责项目的日常管理和中后台服务。从实际的运行情况来看，这种管理方式相当有效，既确保双方股东对项目方向性问题的把控，又保障了村镇银行日常经营决策的独立和高效。

中银富登村镇银行坚持统一政策框架、产品研发、操作流程、系统平台，关键控制点集中操作，形成规模效应，节约了政策制定、产品研发、系统研发、操作管理、设备设施采购等成本，降低了村镇银行的运营风险。富登金控作为合资方，也派驻专家在小额信贷技术方面给予支持，帮助村镇银行开发了丰富的产品线。

在加强集约管理的同时，坚持创新，保障项目独立。中银富登村镇银行与中国银行实行业务隔离、系统隔离和人员隔离，建立了独立于中国银行，符合村镇银行实际的业务操作与管理系统、风险管理体系、财务管理体系与人事薪酬体系。

五、集约化管理提供标准化服务，同时循序渐进地"放权"

梳理中银富登的发展路径，可以看到：每一家村镇银行成立之初，经营管理权限较小，总部要分条线对其进行深度帮扶，类似于事业部管理，称为"1.0 模式"。这在村镇银行成立初期防控风险上起到了关键作用。

成立半年以后，总部要对其业务发展和经营管理水平进行评估，如果符合条件则进入"2.0 模式"，村镇银行在业务发展、风险管理、信贷审批以及财务、人事等方面将获得较大的自主权，甚至给予了信贷人员更大的空间。值得关注的是，中银富登正在探索"3.0 模式"，在条件成熟的村镇银行吸收更多民营资本进来，进一步完善公司治理，村镇银行将享有充分的经营自主权。

正是发挥了集约化管理模式，能够保证提供标准化服务，与此同时，又能够循序渐进地对各村镇银行进行差异化授权，让每一家村镇银行在经营中积累经验，实现稳健发展。

第三节 中银富登的经营业绩与业务创新

一、中银富登的经营业绩

自 2011 年第一家中银富登村镇银行设立至今，六年来，中银富登以"担当社会责任，做最好的村镇银行"为目标，始终坚持"扎根县域、支农支小"的战略定位，秉承"立足县域发展，坚持支农支小，与社区共成长"的发展理念，致力于为农村客户、小微企业、个体商户和工薪阶层提供现代化金融服务，助推新农村建设。按照"批量化、规模化、标准化、集约化"的方式发起设立村镇银行，探索出了一条具有中国特色的大型银行办理微型金融的发展之路，实现了持续稳健发展，在解决县域、农村金融服务匮乏、融资难和助力精准扶贫等方面也积极探索，做出了应有的贡献。

六年来，中银富登开拓创新，在业务发展、风险内控、公司治理等方面扎实推进各项工作，实现了持续稳健发展。例如，作为中行旗下第一家村镇银行，蕲春中银富登村镇银行抓住政策机遇，形成了管理水平、风险控制、经营成果不断提高和增长的良好局面。自2015年起该行连续两年纳税总额在蕲春县全县排名前十，很好地发挥了新型农村金融机构在支持县域经济发展中的重要作用，树立了良好的现代企业品牌形象。

自成立至今，中银富登在村镇银行、在管理与经营领域积累了丰富经验，取得了良好业绩。从存贷款规模绝对量看，2011年12月末时，存款余额是8.8亿元，贷款余额是4.6亿元。截至2016年底，全辖存款余额为202.18亿元，较年初增长51.38亿元，同比增幅34.07%，大约是2011年底存款余额的22.98倍；截至2016年底，全辖贷款余额为185.11亿元，较年初增长32.67亿元，同比增幅21.43%，是2011年底贷款余额的40.24倍。2017年，中银富登继续稳健发展，到2017年6月末，存款余额达到215.69亿元，贷款余额达到203.84亿元。中银富登村镇银行历年存贷款余额如表6-2所示。

表6-2 中银富登村镇银行历年存贷款余额情况

截止时间	年末存款余额（亿元）	年末贷款余额（亿元）
2011年12月末	8.8	4.6
2012年12月末	22.8	19.8
2013年12月末	59.54	48.53
2014年12月末	100.98	101.10
2015年12月末	150.80	152.44
2016年12月末	202.18	185.11
2017年6月末	215.69	203.84

资料来源：中国银行历年年报和半年报。

图6-2更为直观地展示了2011年至2017年6月期间中银富登的存贷款增长情况。纵轴反映的是各年底存款和贷款规模相比2011年底的倍数，可见，截至2017年6月末，存款余额大约是2011年底的24.5倍；贷款余额是2011年底贷款余额的44.3倍。同时，贷款余额增长更为强劲，增速超过存款余额。

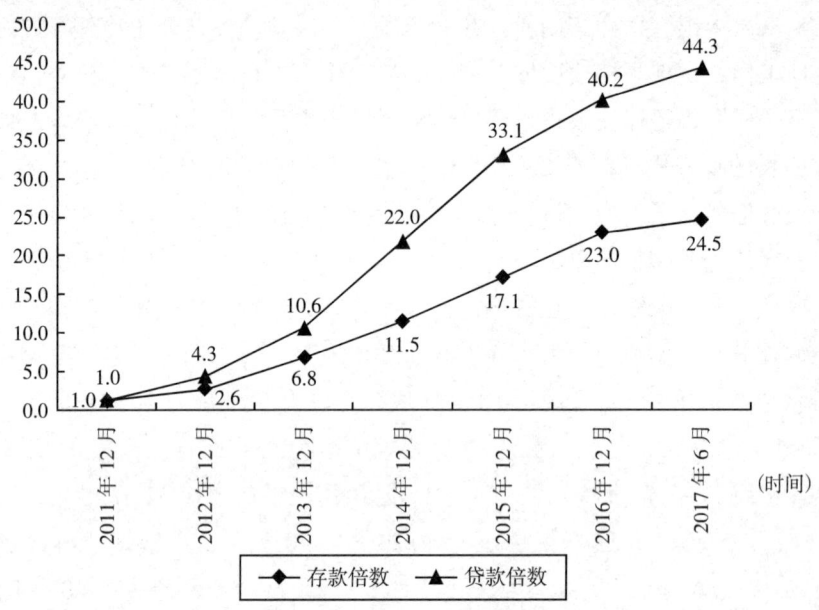

图 6-2　中银富登存款和贷款增长情况

资料来源：中国银行历年年报和半年报。

中银富登始终坚持"支农支小"的定位，在这方面的表现要优于全国村镇银行的平均水平。

从数据上看，截至2015年底，中银富登涉农及小微贷款占全部贷款的91%，其中农户贷款余额占全部贷款的43.4%。户均贷款也从2014年的37万元进一步下降到28.2万元，远低于全国村镇银行50多万元的户均贷款余额。

截至2016年底，中银富登村镇银行涉农及小微贷款171.2亿元，占全部贷款余额的92.52%，其中支农、扶贫再贷款资金投入合计8.49亿元，农户贷款余额占全部贷款的45.79%。

截至2017年6月底，涉农及小微贷款占全部贷款的92.54%。中银富登制定了适合小微企业和农户的金融服务和信贷流程，目前服务客户100万户，为超过9万个客户提供贷款服务，户均贷款平均余额为25万元，在实践中坚持了"小而散"的定位。

中银富登积极承担社会责任，主张"造血式"扶贫。据了解，我国现有680个集中连片特殊困难县（市），其中，中银富登所在县域列入统计的有21个；152个片区外国家扶贫开发工作重点县，其中，中银富登列入统计的有4个，列入全国"832个贫困县"统计的共计25家。①

从社会认可角度看,仅是近几年,中银富登村镇银行先后荣获"年度最佳'三农'服务村镇银行""农村互联网金融产品创新奖""2015卓越竞争力村镇银行""年度卓越村镇银行""2016中国社会责任杰出企业奖"等荣誉称号。

在快速发展的同时,中银富登银行的不良率在上升。截至2016年底,全辖不良率为1.70%。不过,资产质量整体较好,资产质量稳定,各项财务指标良好。与此同时,随着不良贷款率的提高,中银富登维持了合理的不良贷款拨备覆盖率,比如到2016年底,拨贷比3.55%,拨备覆盖率208.53%,符合监管要求,位于我国村镇银行的平均水平,风险整体可控。

近年来,中银富登不良贷款率和不良贷款拨备覆盖率如表6-3所示。

表6-3 中银富登近年来不良贷款率和不良贷款拨备覆盖率一览

截止时间	不良贷款率(%)	不良贷款拨备覆盖率(%)
2011年12月末	0.00	未披露
2012年12月末	0.03	未披露
2013年12月末	0.59	未披露
2014年12月末	0.87	331.3
2015年12月末	1.42	239.33
2016年12月末	1.70	208.53
2017年6月末	1.91	210.97

资料来源:中国银行历年年报和半年报。

二、持续产品创新,丰富产品类别

中银富登围绕"三农"和小微客户的需求,推动机构下沉乡镇,加大存贷款产品研发力度,制定适合农户和小微企业的金融服务和信贷流程。

截至2017年底,中银富登共开发了五个系列的贷款服务,针对的客户群体包括了中小企业、微型企业、工薪阶层、三农客户等。在每个系列下,又根据客户的需求精细化设计不同的产品(见表6-4)。

---

① 张漫游、王晓明:《金融扶贫应该坚持"造血式"脱贫》,《中国经营报》2016年12月26日,第B02版。

表 6-4 中银富登贷款服务类别与产品

贷款服务类别	具体产品
中小企业	轻松贷、无忧贷、固定资产成长贷、流动资金成长贷
微型企业	快活贷、多享贷、随需贷、好乐贷、旺铺贷、定存贷
工薪阶层	安居贷、兴家贷、乐家贷、信用贷、随薪贷、定存贷、宜居贷
三农客户	欣农贷—蛋鸡、欣农贷—水稻、欣农贷—棚菜、欣农贷—生猪、欣农贷—水产、欣农贷—种植
享福系列	享福兴家贷（抵押贷款）、享福信用贷（无抵押贷款）

资料来源：中银富登村镇银行官方网站。

比如，针对中小企业贷款产品有轻松贷、无忧贷、固定资产成长贷、流动资金成长贷。中银富登为中小型企业提供最高贷款期限为2年的轻松贷，超低的每月应付还款本金额，缓解了企业资金压力。为中小企业提供无忧贷，企业的生产经营流水额或将成为银行考察中小型企业贷款额度及等级的重要依据。为中小企业提供最长期限高达5年的固定资产成长贷，解决企业经营发展中的设备改造以及扩大生产所需的新机器购置而需要的中长期固定资产贷款。同时中银富登也为中小企业提供3年期流动资金成长贷，既免除企业后2年办理抵押登记的手续，又满足企业经营发展中面临的中期流动资金贷款需求。

三、扩大抵押品范围，适度放大贷款杠杆率

正是瞄准了县域客户融资的"痛点"，中银富登面对"三农"客户时，并没有将有无可以登记抵押的房产、有无过硬的担保人作为"一票否决"的标准，而是综合考察客户的经营业绩、发展规划、盈利模式等情况，从而破解农户的融资"瓶颈"。中银富登村镇银行总部创新设立了一套独特的信贷模式，以风险偏好为基础制定政策，既坚持统一的风险管理基本原则，同时又充分考虑县域经济的区域化特点，并通过监控信贷资产组合进行全流程管理。

没有有效抵押物是众多小微企业以及"三农"客户贷款难的共同原因。中银富登首创"准抵押"信贷模式，即接受借款人以自有的不能进行正式抵押登记或不易变现的资产作为担保，包括集体土地自建房、蔬菜大棚等，有效解决长期以来在县域内大量小微企业主因没有可抵押房产而难以获得贷款的问题。

比如，合川中银富登村镇银行相关负责人介绍，该行扩大贷款可接受抵押物范围，包括单证房产、单证地产、无法进行抵押登记的小产权房、无证房产等；

与村委会合作签订三方合作协议,接受企业、农户等集体土地上的房屋、猪圈、牛舍等作为抵押物;根据客户评级等给予较大额度的风险敞口即信用贷款,解决客户在贷款中抵押物不足的问题,尽最大努力满足客户的贷款需求。

在扩大抵押品范围方面,湖北襄阳市南漳县被纳入全国农村承包土地经营权抵押贷款第一批试点县。南漳中银富登村镇银行在政府及金融办的牵头下,快速高效地完成了调查、对接、评估、落地等全部流程。根据借款人李某的经营项目和经济情况,为其核定办理首笔"欣农贷—家庭农场"抵押贷款50万元。此笔农村土地承包经营权抵押贷款,促成了新型农业经营主体并带动20多家贫困户就业增收,谱写了农地抵押贷款、产业扶持与金融扶贫的新篇章。[1]

2014年,武胜县鑫洪农业科技有限公司持续亏损,前期投入的1500多万元很可能付诸东流。恰在此时,武胜中银富登村镇银行及时上门调查,看到公司的圈舍修得好,发展有潜力,便以养殖圈舍作为抵押,在短短一周的时间内向鑫洪农业科技有限公司贷款100万元。正是这笔贷款,帮助该公司度过了危险期,并不断发展壮大,到2017年时成为武胜县农业龙头企业之一。为了更好地支持武胜工业企业的发展,武胜中银富登村镇银行与武胜县政府沟通联系,与武胜县有关部门签订了《武胜县工业企业风险补偿基金贷款业务合作协议》,政府与银行按照6∶4比例承担风险损失向武胜县名单内工业企业发放信用贷款。

另外一个很好的佐证案例是,2015年6月,龙卷风夹带着冰雹袭击了河南滑县,大面积农田、温室大棚被急毁。滑县中银富登村镇银行及时行动,第一时间启动支持大棚重建的贷款工作,更主要的是,根据实际情况和需求,设计了灵活而大胆的贷款方案。之所以说"大胆",主要体现在三个方面:一是提高信贷额度,单笔贷款上限由15万元调至30万元,以更好地支持农户重建高标准大棚。二是延长贷款期限,由一年延长至两年,并且,制定了"11+13"的组合还款方式,即前面11个月只还利息,后面13个月等额本息。这么设计主要是考虑到种植瓜果的收获周期,最大限度减轻农户的还款压力。三是创新担保方式。"农户提供宅基地自建住房抵押+自然人担保"即可。[2]

所有这些,是基于具体情况的服务创新,本质上都是围绕客户需求的量身定

---

[1] 何本辉、叶青青:《担当社会责任,做最好的村镇银行》,《湖北日报·专刊》,2017年3月23日,第11版。
[2] 叶松:《"银企情"胜似"鱼水义"——滑县中银富登村镇银行倾力支持受灾农户恢复生产》,《金融时报》2015年10月27日,第009版。

制，与中银富登强调的"没有 VIP 的客户，只有 VIP 的服务"是一致的，也是最直接的体现。

四、围绕专业化服务，建设特色支行

集约化管理，能够提供标准化、高品质服务，同时，还必须结合客户的情况，进行"量身定制"，这也是专业化、高品质服务的另一种体现。中银富登在发展中，为了使信贷服务更贴近用户需求，更加专业有特色，建设特色支行成为一条重要的路径。特色支行之所以能够更加有效地支持县域经济发展，关键在于能够根据现行授信政策，并结合行业特点，在市场开发、客户营销、业务流程、额度管理、贷后跟踪、风险管理等方面实行差异化、特色化管理。

临颍县位于河南省中部，行政上隶属于漯河市，"红色亿元村"——南街村就诞生在这里。临颍中银富登村镇银行"支农支小"的最大亮点，就是结合当地经济社会发展实际，做"专"特色服务体系。

在临颍的经济重镇杜曲，木材加工是当地的支柱产业，仅杜南木业园区就拥有木材加工企业 1000 多家，年销售收入 80 亿元，成为全国最大的木业加工基地之一，产品远销美国、日本及东南亚地区，2016 年初被河南省政府批准为省级专业园区。2014 年 10 月，临颍中银富登村镇银行专门开立了以木材加工为特色服务产业的杜曲支行，推出了适合木业发展的"成长贷""合作贷"。在短短不到两年时间，该行便累计发放各类贷款 350 笔共 7846 万元，其中，为木材加工企业发放贷款 5200 多万元。

紧接着，2015 年 6 月，在以小辣椒产销为特色服务产业的王岗镇，该行又成立了第二家特色支行——王岗支行，推出了适合小辣椒产销的"无忧贷""轻松贷"。刚刚成立满一年的王岗支行已累计发放各类贷款 162 笔共 3453 万元，其中，为辣椒产业发放贷款 2400 万元。除了有针对性地开发贷款产品，还推行具有中银富登特色的保证保险模式，不仅把农村金融服务送到"最后一公里"，而且做到了提质增效。

2016 年 8 月 19 日，漯河银监分局同意临颍中银富登村镇银行有限公司瓦店支行开业的批复，这家支行是一家以农机制造为特色服务产业的专业支行。

五、持续创新、优化金融服务模式

中银富登坚持服务立行，总部要求做到四个坚持，努力为客户提供优质的金融服务体验。其一，坚持全员服务。村镇银行的员工，不管是提供结算服务，还是做市场销售，不管是在社区、街道，还是在工厂，都坚持服务当先。其二，坚持全程服务。保证客户在银行的整个过程中都有良好的服务相伴。其三，坚持廉洁服务，强调诚信和关怀。中银富登承诺不拿民间一针一线、不作伪造假、不放弃任何一个提高自己和帮助别人的机会。其四，坚持同质服务。秉承"没有VIP客户，只有VIP服务"的服务理念，中银富登坚持为所有客户提供同样品质优良的服务。

针对广大农村地区普遍存在的金融服务网点少、支付服务供给不足问题，中银富登积极推进助农服务站建设，通过严格筛选信誉高、能力强的村民作为业务代理人，为其安装银行卡受理终端（助农POS机），可以提供移动开卡、取款、存款等金融服务，并配套完整的业务培训及监督检查机制，让服务站合规便利地为农村居民提供低成本、高效率的金融服务。作为对比，在助农服务站开业前，一些地方的村民们需要奔波几公里、十几公里甚至几十公里，到乡里或镇上才能办理一些基础的银行业务。

第四节　中银富登村镇银行发展的几点启示

一、以取长补短之策，实现强强联合

淡马锡微贷模式有一些成熟的经验，有"行为导向信用甄别""利润完全覆盖风险""凡事以客户为中心"和"信息数字化管理"等特点，微贷技术已经很成熟了。淡马锡在印度、巴基斯坦、印度尼西亚等地都有投资小贷市场：2004年，富登金控成为印度尼西亚Danamon银行的控股股东，主要服务印度尼西亚的中小企业；2006年，富登金控投资成立印度富登信贷有限公司，主要服务印度的中小企业。淡马锡在微贷领域的经验也走入我国，并逐步探索"本土化"经验。早在富登金控与中行成立第一家村镇银行之前的2008年9月，富登金控在成都成立富登信实商务服务有限公司，[①]作为富登金控的全资子公司，成为成都

[①] 后于2010年8月更名为富登小额贷款（四川）有限公司。

市首家政府批准的外资小贷公司，专注于服务年营业额在人民币5000万元以下的个体工商户及小微企业。随后，富登金控相继在湖北、重庆、云南等成立小贷公司。

富登小贷的定位是"小而分散"。以富登小额贷款（四川）有限公司为例，从2009年第一家分支机构开业到2011年底，平均贷款金额约为16.8万元。放款额度介于1万元和600万元。贷款余额单笔20万元以下的放款客户占到余额笔数的近80%。之所以采取这种经营策略，除了公司战略定位的原因，还有资金和技术条件的支撑。资金方面，作为外资小贷公司，注册资本金比较大，又有母公司的支持，融资有保障。如果注册资本金比较少，只有单笔贷款额度大时才能摊薄运营成本，进而保证一定的盈利水平，这会激励小贷公司背离"小贷"的初衷追求单一客户贷款规模。技术方面，"小而分散"对IT系统、风控技术要求更高，在这方面，总部有很好的支持。

富登小贷专门业已在小贷领域探索和积累了一些本土化经验，已经有了一套比较成熟的小额贷款运作模式，这些都可供中银富登村镇银行借鉴。比如在信用的评估方面，富登小贷发放无抵押贷款时，一般会通过信贷经理手中的PAD将风控资料传送到风控部门，涉及了现场勘查、上下游核查、左邻右舍拜访等方式，目的就是能了解到客户最真实的经营情况。根据这些资料，再连同富登小贷的还款状况、所处行业、从业年限等维度，最终产生对客户的信用评级，而贷款利率与信用评级相挂钩。

作为中银富登村镇银行合作的另一方，中国银行有资金优势，业务种类多元化，网点覆盖面广，品牌号召力强，对中国现实情况有深入了解。因此，中行与富登金控的合作可谓是各有优势，取长补短，强强联合。另外，与体制外的机构合作，也避免了过于依赖于体制内银行，避免村镇银行变成发起行的分支机构，有助于探索适合村镇银行定位的商业模式、产品结构、风控技术和风控手段；等等。

二、把中后台支持集约化与前端服务本土化有机结合

中银富登采取的是村镇银行集团式发展的模式，通过批量化发起的方式，设置了一批村镇银行。由于有一定的规模作为基础，就为后续的集约化管理奠定了基础。在后台，IT系统的支持，支付渠道、结算体系的建设和完善，对村镇银行工作人员的培训提供支持，以及流动性的支持，对各村镇银行的"放权"步骤、

程度等，都是集约化管理模式，由中银富登村镇银行的总部统一管理。

集约化管理具有多重优势，比如能够有效降低单个村镇银行的运营成本。对于财务、人事、风险授权、运营控制等进行中后台集中管理，坚持统一政策框架、统一产品研发、统一操作流程、统一系统平台、关键控制点集中操作，形成规模效应，节约政策制定、产品与系统研发、操作管理、设备设施采购等各方面成本，最大限度地降低单个村镇银行的运营成本。

另外，通过这种集约化的管理，能够提供统一的、高品质、标准化的金融服务，也有助于树立良好的品牌形象。

当然，这种中后台的总部统一管理也有前提，中行在各村镇银行的股权比较高，决策权重大，而且股权关系简单，决策效率高。

但在前端，当涉及贷款产品的设计开发等问题，以及更具体的，包括抵押和担保问题、贷款期限、贷款利率、还款方式等，面对的情况异常复杂，就需要有一套灵活的机制，以保证能够提供专业化、个性化、定制化的服务，实现服务的本土化、特色化、差异化。中银富登采取总部制定框架性产品，各地村镇银行研发子类产品的模式。目前，在总部陆续推出的家禽、家畜、水产、种植四个框架性产品下，各村镇银行根据当地农业特色产业，进一步自主研究和设计细类产品。

在重庆，亚热带季风性湿润气候孕育了万州丰富的森林资源和珍稀动植物品种，形成了完善的猕猴桃产业链，乡村旅游业也逐步兴起。然而农户融资难的问题也十分突出。为解决这一长期困扰当地经济发展的"老大难"问题，万州中银富登村镇银行创新研发了"欣农贷—猕猴桃"贷款产品。该行还通过与猕猴桃酿酒企业密切合作，主动为它们提供贷款等金融支持，有力地助推了当地猕猴桃产业链的快速发展。

由中银富登村镇银行总部提供的数据显示，结合地方经济特色实行差异化经营，各地机构纷纷为"三农"及小微客户量身定制贷款产品，开发了53种相关子产品，产品覆盖家禽养殖、家畜养殖、水产养殖、水稻种植、棚菜种植等行业。

中银富登在集约化管理的同时，又在前端保证充分的灵活性。这是一门恰当处理集权与放权的科学，是一门把握二者平衡的艺术。

当前，有一些主发起行发起成立的村镇银行也有多家，充分利用主发起行进行集约化管理，同时又确保各村镇银行灵活地提供本土化的服务，中银富登村镇银行集团的模式值得借鉴。有的发起行还只是成立一家村镇银行，但在运营中，发起行的后台支持同样需要与村镇银行的灵活运作有机结合。

第七章　登陆新三板：村镇银行跨越式发展的一条新路径

我国已经形成了多层次的资本市场，新三板是其中不可或缺的组成部分。截至目前，包括城商行、农商行和村镇银行等不同性质的中小银行加快了登陆新三板的步伐，2015 年有 2 家，2016 年有 1 家，2017 年有 3 家。因此，本章从登陆新三板这一视角切入，首先介绍各类银行尤其是村镇银行登陆新三板的基本情况，接着对登陆新三板的三家村镇银行逐一追溯发展历程，探究其业绩表现和业务亮点，最后提出对村镇银行发展的启示，即登陆新三板是可能成为村镇银行跨越式发展的一条务实路径。

第一节　多家银行纷纷涉足新三板

村镇银行设立时间短，知名度不高，许多储户对村镇银行的信任度相对不足，导致村镇银行的吸储能力有限，吸储成本高。村镇银行的业务品种相对单一，盈利渠道狭窄，存贷款利差是最主要的收入和利润来源，吸储能力和吸储成本直接影响村镇银行的收入、利润和风险。另外，在业务方面，有的村镇银行虽有富余资金，但受限于政策限制，不能开展保本型理财产品等金融业务。

资本充足率是一个银行的资本总额对其风险加权资产的比率，是保证银行等金融机构正常运营和发展所必需的资本比率。按照中国银监会颁布的《商业银行资本管理办法（试行）》要求，系统重要性银行，于 2018 年底核心一级资本充足率不得低于 8.50%，一级资本充足率不得低于 9.50%，资本充足率不得低于 11.50%。非系统重要性银行，2018 年底的核心一级资本充足率、一级资本充足率和资本充足率最低要求分别为 7.5%、8.5% 和 10.5%。新资本充足率管理办法实施后，中小银行达标压力较大。从目前来看，这些银行要以最快的速度融入资本市场，而新三板就是最好也是更现实的选择。

三板市场起源于2001年"股权代办转让系统"，最早承接两网公司和退市公司，称为"旧三板"。2006年，中关村科技园区非上市股份公司进入代办转让系统进行股份报价转让，称为"新三板"。2012年，经国务院批准，决定扩大非上市股份公司股份转让试点，首批扩大试点新增上海张江高新技术产业开发区、武汉东湖新技术产业开发区和天津滨海高新区。2013年12月31日起股转系统面向全国接收企业挂牌申请。新三板挂牌的好处是多方面的，比如，新三板（上市公司）挂牌后可实施定向增发股份，提高公司信用等级，帮助企业更快融资；新三板挂牌企业及股东的股票可以在资本市场中以较高的价格进行流通，实现资产增值；股东股份可以合法转让，提高股权流动性；有利于完善公司的资本结构，促进公司规范发展；具有宣传效应，新三板公司的品牌能提高企业知名度；等等。

2016年新三板新增挂牌企业为5034家，月均新增挂牌企业419.5家。到2017年6月底，新三板挂牌企业总数为11314家。相比于A股、H股上市，登陆"新三板"对于中小银行来说时间短、门槛低，更容易些。截至目前，包括城商行、农商行和村镇银行等不同类型的银行都涉足新三板。目前，新三板挂牌的6家银行中，包含1家城商行、2家农商行和3家村镇银行。

1家城商行是齐鲁银行股份有限公司（以下简称齐鲁银行），于2015年6月29日在新三板挂牌，证券代码是832666。齐鲁银行成立于1996年6月，是山东省首家、全国第4家与外资银行——澳洲联邦银行实现战略合作的城商行。齐鲁银行一路走来，成长的过程中三易其名，最早是济南城市合作银行，后易名为济南市商业银行，再后来又变更为今天的齐鲁银行。齐鲁银行的年报显示，2015年、2016年营业收入分别为51.43亿元、42.32亿元，利润总额分别为14.52亿元、19.76亿元，净利润分别为11.96亿元、16.54亿元。

首家登陆新三板的农商行是新疆喀什农村商业银行（以下简称喀什银行）。2017年5月24日，新疆喀什农村商业银行登陆新三板。喀什银行成立于1997年11月。公告显示，喀什银行2015年度、2016年度营业收入分别为4.77亿元、4.46亿元；净利润分别为2.33亿元、1.82亿元。

2017年8月5日，证监会核准江苏如皋农村商业银行（以下简称如皋银行）在新三板公开转让。2017年9月6日，全国股转系统显示，如皋银行正式在新三板挂牌，证券代码是871728。如皋银行成为2017年第3家、新三板第6家挂牌的银行，也是新三板的第2家农商行。如皋银行成立于2010年12月。公告显示，如皋银行2015年度、2016年度营业收入分别为8.9亿元、9.65亿元；净利润分别为3.02亿元、2.97亿元。

挂牌的三家村镇银行，按挂牌时间早晚，依次是昆山鹿城村镇银行、梅县客家村镇银行和象山国民村镇银行。

昆山鹿城村镇银行于2009年12月2日设立，是苏州市首家村镇银行。2015年7月21日，鹿城银行在新三板挂牌，成为全国首家在"新三板"挂牌的村镇银行，开创了村镇银行进入资本市场的先河。在挂牌前一年和挂牌当年，公告显示，鹿城银行2014年度、2015年度营业收入分别为1.692亿元、1.686亿元，分别实现净利润5451万元、6530万元。

客家银行于2016年12月23日挂牌。客家银行成立于2010年11月3日，是广东省山区市首家村镇银行。公告显示，客家银行2015年度、2016年度营业收入分别为7052.28万元、9223.26万元，净利润分别为913.63万元、1331.86万元。

2017年3月6日，象山国民村镇银行股份有限公司（以下简称国民银行）顺利实现挂牌。国民银行是由鄞州银行（全国首家农村合作银行）于2008年8月发起设立的宁波市首家村镇银行。公告显示，国民银行2015年度、2016年度营业收入分别为1.12亿元、1.13万元；净利润分别为3810.93万元、3723.28万元。

各类银行挂牌新三板时间和顺序如表7-1所示。

表7-1 各类银行挂牌新三板时间和顺序

银行名称	银行性质	挂牌时间	挂牌顺序
齐鲁银行	城商行	2015年6月29日	城商行第1家 新三板第1家
新疆喀什农村商业银行	农商行	2017年5月24日	农商行第1家 新三板第5家
江苏如皋农村商业银行	农商行	2017年9月6日	农商行第2家 新三板第6家
昆山鹿城村镇银行	村镇银行	2015年7月21日	村镇银行第1家 新三板第2家

续表

银行名称	银行性质	挂牌时间	挂牌顺序
梅县客家村镇银行	村镇银行	2016年12月23日	村镇银行第2家 新三板第3家
象山国民村镇银行	村镇银行	2017年3月6日	村镇银行第3家 新三板第4家

第二节　鹿城银行：生长与业绩

一、发展演变

昆山鹿城村镇银行股份有限公司（以下简称昆山鹿城村镇银行或鹿城银行）的前身是昆山鹿城村镇银行有限责任公司（以下简称有限公司）。有限公司由2009年12月2日设立，设立时注册资本为16000万元。鹿城银行是苏州市首家村镇银行，也是江苏省投资规模最大的村镇银行之一。

《农村中小金融机构行政许可事项实施办法》（银监令〔2014〕第4号）规定，村镇银行的主发起行持股比例不得低于村镇银行股本总额的15%，单个自然人、非金融机构和非银行金融机构及其关联方投资入股比例不得超过村镇银行股本总额的10%，职工自然人合计投资入股比例不得超过村镇银行股本总额的20%。根据上述规定，鹿城银行由城市商业银行南京银行股份有限公司（以下简称南京银行）发起设立，法人股东还包括江苏彩华包装集团公司、昆山伊丰投资管理有限公司、昆山市能源建设开发有限公司，还包括自然人股东袁龙生等。

2014年5月4日，有限公司整体变更为股份有限公司。

2015年6月26日，全国中小企业股份转让系统有限责任公司发函，即同意昆山鹿城村镇银行在全国中小企业股份转让系统挂牌的函（股转系统函〔2015〕3037号）。2015年7月21日，鹿城银行在全国中小企业股份转让系统挂牌，成为全国首家在"新三板"挂牌的村镇银行，开创了村镇银行进入资本市场的先河。2015年8月12日，昆山鹿城村镇银行股份有限公司在全国中小企业股份转让系统举行挂牌仪式。

2016年5月27日，新三板市场分层制度宣布推出。全国中小企业股份转让系统挂牌公司晚间公布了《全国中小企业股份转让系统挂牌公司分层管理办法（试行）》。自2016年6月27日起，全国股转公司正式对挂牌公司实施分层管理，设立创新层和基础层。新三板分层，简单地说，就是将不同质量的企业，放在不同的层次进行交易，类似美国纳斯达克的分层。从制度安排上来讲，基础层是基本的孵化土壤，创新层是企业上升的通道。新三板从盈利能力、成长性、市场认可三个维度划设创新层。2016年6月24日，全国中小企业股份转让系统有限责任公司发布《关于正式发布创新层挂牌公司名单的公告》，鹿城银行成功入选"新三板"创新层，在昆山当地的社会品牌度进一步提升。

2016年10月，公司首期同业存单在全国银行市场发行，成为全国首家自主发行同业存单的村镇银行。

二、发展环境有利有弊

昆山小微企业众多，资金需求量大，同时，传统农业已经转变为现代农业，分散居住的村民已经转变为集中居住的社区居民，日益发达的农村经济对资金的需求也非常旺盛，这是鹿城银行发展的有利条件。

不过，在昆山这样的经济发达地区，农业占比低，不仅有四大行和农村商业银行，一些区域性股份制商业银行也纷纷入驻昆山地区，下沉金融网点，金融服务竞争性和饱和度都很高。在这样的发展环境下，鹿城银行的发展更需要增强定力，不忘"支农支小"的服务初心，与其他大型银行开展差异化竞争，才能更好地实现自身的健康可持续发展。

三、发展中获得一系列荣誉

2015年7月，在全国地方金融论坛办公室联合金融时报社、中国地方金融研究院、《地方金融》杂志、金融界网站等研究机构和媒体开展的评选活动中，公司荣膺"中国地方金融2014十佳成长性银行"。

2016年8月，公司荣膺由中国县镇经济交流促进会、中国村镇银行发展论坛组委会发起主办的"2015年度全国百强村镇银行"。其他获得的荣誉还包括"2015年度江苏省十佳村镇银行"，等等。

2016年11月，公司荣获由广东省创业投资协会、零壹沃土新三板研究院、新华网发起主办的"新三板蓝筹榜百强"称号。2016年公司还荣获"2016年最受投资者欢迎新三板金融机构"等荣誉称号。

四、业绩在村镇银行中表现突出

1. 收入情况

2014年，公司实现营业收入1.692亿元。2015年，实现营业收入1.686亿元，较2014年微降0.40%。2016年，公司实现营业收入1.71亿元，较上年增加217.46万元，增幅1.29%。

净利息收入是公司收入最主要的来源。2014年，净利息收入1.47亿元。2015年，净利息收入达1.68亿元。2016年，净利息收入1.69亿元，较上年增加199.39万元，增长1.19%。

2014年，公司实现净利润5451万元。2015年实现净利润6530万元，比上年增长1079万元，增幅达19.79%。2016年，实现净利润6723万元，较上年增加193.15万元，增长2.96%。

2. 资产情况

公司资产规模连续多年位居全国村镇银行前列。截至2014年底，公司资产规模达到43.60亿元。截至2015年末，资产规模突破50亿元，达51.65亿元，较上年末增加8.05亿元，增长18.46%。截至2016年底，公司资产规模达到56.45亿元，较年初进一步增长，增长的绝对量是4.79亿元，较年初增长9.27%。

3. 贷款规模

公司贷款规模同样多年居于全国村镇银行前列。2014年底，公司发放贷款和垫款总额是35.52亿元。2015年底，公司发放贷款和垫款总额达到37.48亿元，较上年增加1.96亿元，增长5.52%。2016年末，公司发放贷款和垫款规模是40.28亿元，较年初增长2.79亿元，增幅达7.45%。

4. 支农支小

鹿城银行以"服务'三农'、服务小微、服务社区"为立行之本，走差异化、特色化、精细化发展之路。

近几年来，在公司发放的贷款中，小微企业和农户贷款余额占比不断提高，高于国家70%的监管要求，同时，发放贷款的户数也在不断增长。

2014年底，公司小微企业和农户贷款余额占比是84.43%，当年累计发放贷款的户数是1508户。

2015年末，公司小微企业和农户贷款余额占比为88.62%，当年累计发放的户数是 1555 户，较 2014 年的 1508 户提高了 3.1%。

2016 年，公司调整信贷结构，进一步加大对"三农"、小微企业等小微客户群体的支持力度，逐渐提高金融产品、服务与客户需求的匹配度，"农户亲情贷"产品荣膺由苏州广播电视总台、苏州银行业协会、名城苏州网站主办的 2016 年第四届金融创新网络博览会"苏州金融创新风云榜上榜品牌"。2016 年末，农户和小微企业贷款合计占比达 91.95%，2016 年较 2015 年增长 3.33%，完成"三个不低于"指标。2016 年，当年累计发放农户和小微企业客户数达 2629 户，较 2015 年的 1555 户增长 69.07%。

换一个角度看，截至 2016 年 12 月末，公司累计投放贷款 248.52 亿元，其中小微企业和三农贷款累计投放 211.98 亿元，占比 85%。

同时，为更好地服务小微企业、服务"三农"，公司已在乡镇设置 6 家营业网点。

五、主营业务突出

根据国家对村镇银行的监管规定，鹿城银行的业务涵盖：吸收公众存款，发放短期、中期和长期贷款，办理国内结算，办理票据承兑与贴现，从事同业拆借，从事借记卡业务，代理发行、代理兑付、承销政府债券，代理收付款项及代理保险业务，经银行业监督管理机构批准的其他业务。其中，主营业务是吸收公众存款，发放短期、中期和长期贷款。反映在数据上，利息净收入是公司营业收入最主要的来源。其实这也是全国村镇银行当前营收结构的共同特征。这一方面反映村镇银行的主营业务明确、突出，另一方面反映收入渠道较为单一，其他收入的贡献还非常低。

公司 2013 年、2014 年审计报告显示，利息净收入为公司的主要利润来源，2013 年度和 2014 年度分别为 14658.73 万元、16822.86 万元，占当年营业收入的比重分别为 99.48%和 99.41%。根据公司年报，2015 年和 2016 年，净利息收入分别为 16714.77 万元、16914.16 万元，占当年营业收入的比重分别为 99.16%和 99.06%，较 2003 年和 2004 年的情况略有下降。从这些数据可以看出，主营业务突出，但也反映出盈利模式较为单一。

六、风险处于可控范围

截至 2014 年底、2015 年底、2016 年 9 月 30 日，公司五级分类制度下的不良贷款（包括次级类、可疑类和损失类贷款）余额分别为 3053.13 万元、4083.20 万元和 5428.99 万元，不良贷款率分别为 0.86%、1.09% 和 1.34%。2016 年底，不良贷款金额为 4369.23 万元，比年初增长 286.03 万元，增幅 7.01%；不良贷款率是 1.08%，比年初下降 0.01 百分点。受近几年宏观经济下行影响，公司不良贷款率略有上升，但整体上资产质量较好，风险处于可控范围。同时，鹿城银行也加强风险防范，截至 2016 年末，公司拨备覆盖率为 464.75%，拨贷比为 5.04%，资本充足率为 12.43%，核心一级资本充足率为 11.30%，抗风险能力整体较强。

第三节　鹿城银行：亮点与特色

公司是中国农村金融改革的重大创举，是绿色金融、服务"三农"的典范，在发展的过程中，"支农支小"市场定位不断强化。

一、更加注重小微信贷结构的优化

通过进一步下沉服务重心，精耕细作小微业务市场，夯实小微业务客户基础；深入研究农村金融市场变化，创新适合新型小微业务主体的产品与服务，提高小微业务的综合化服务能力，逐渐健全多元互补的小微企业融资体系，创新推出小微企业的系列产品——农户贷、随心贷、助业贷、兴业贷、宏业贷、村贷通、蟹贷通、鹿诚贷等产品类型，推广无还本续贷、循环贷等小微企业流动资金贷款产品和服务。在行政村、镇设立"蟹贷通产品经办点""社区金融产品宣传点"，积极践行村镇银行"普惠金融"的社会责任理念。

为突破涉农服务领域困境，支持当地农民种植或养殖、从事工商业经营、拉动消费等，该行创新推出了"农户亲情贷"贷款产品。该产品采用信用方式追加户籍内直系亲属不可撤销保证的担保方式，"一次授信，三年有效，随借随还，余额控制"，最高额度可达 30 万元，且利率相对优惠。部分农户因为缺少担保抵押物而被其他银行"拒之门外"，昆山鹿城村镇银行通过创新采取准信用方式，为农户提供了解决资金困境的可能。"农户亲情贷"发扬了银行自身的产品优势，坚持村镇银行定位不变，支农惠农实现了银行与农户的共同成长与"双赢"。

鹿城银行持续推进社区银行建设，打造标准化、流程化社区银行服务模式。

2015年，按照"打造全国一流社区银行"的目标愿景，专营社区营销，举办了"养生大讲堂""粽叶飘香迎端午""幸福邻距离""绘聚未来少儿手绘T恤大赛"、象棋大赛、欢乐圣诞季等特色社区活动。2016年，鹿城银行以"社区银行建设"为主线，以"流程标准、服务定制、重心下沉、手段多样"为抓手，举办了"养生大讲堂"、助力社区舞蹈队等特色社区活动，提高了与周边社区客户的黏性，探索并逐渐形成村镇银标准化的社区银行经营方式。

为提升公司"三农"与小微企业及扶贫金融服务能力和水平，健全面向"三农"、小微企业和精准扶贫的公司治理和运行机制，根据《中华人民共和国公司法》《商业银行公司治理指引》《昆山鹿城村镇银行股份有限公司章程》及其他有关规定，2017年1月25日，银行设立董事会"三农"与小微企业及扶贫金融服务委员会，并制定了工作细则。

二、以股份专业合作社为载体，推行"农户专业合作社"模式

专业合作社组织是一种专业的生产组织，其成员之间具有同质的生产经营性质。由于成员之间相互比较了解，能够互帮互助共同解决生产经营中出现的市场销售难题、技术难题，并能够在诚实守信方面相互监督，因此可以使整个专业合作社的信用提高。另外，专业合作社的管理人员对其内部成员的家庭情况、生产规模及信用状况较为熟悉，具有信息上的优势，可对成员的信用等级做出客观判定，为村镇银行筛选可靠借款人、确定农业贷款的授信额度提供参考的依据。专业合作社所具有的这些特征决定了它能够成为村镇银行对农户提供信贷服务的金融联结中介，实质作用是为农户提供担保。村镇银行通过与其进行良好合作能够培育出大批优质客户，增加农村信贷的供给。这对于改善农村金融生态、促进金融机构自身发展也具有积极作用。

以昆山地区为例，农村经营体系集约化、专业化程度较高，绝大部分农户都已加入社区股份专业合作社、农地股份专业合作社、富民专业合作社等新型农村经济组织。昆山鹿城村镇银行在服务新农村方面实现了由服务传统农业向现代化"大三农"的转变，成为新型"农户专业合作社"模式的践行者。

昆山市巴城镇的六个果蔬专业合作社、富民专业合作社在扩大种植规模过程中，需要搭建葡萄大棚，购买灌、排设备以改善种植条件，但资金的缺乏阻碍了项目的推进。为此，村镇银行及时派出营销人员，第一时间开展信贷调查，协助客户做好信贷资料的收集、整理、开户工作，仅用了不到两周时间，便完成了贷

款的上报和审批，共向六个果蔬专业合作社和富民专业合作社发放贷款 2920 万元，确保了项目的顺利推进。另外，昆山鹿城村镇银行还运用"农户专业合作社"的农户贷款模式，服务于昆山市下辖的锦溪镇的现代化农业产业园建设、巴城镇的万亩葡萄园种植和鱼塘养殖、周庄镇的古镇乡村旅游等项目。

三、创新市场定位挖掘差异化服务对象

昆山鹿城村镇银行坚持把县域区域优势产业、目标客户群体以及鹿城银行的市场定位作为其拓展农户贷款业务的基本依据，主要为昆山当地农户从事生产经营和个人综合消费提供金融服务。目标客户群体一是从事农业生产、加工及仓储的种养大户、专业合作组织以及农业产业化企业；二是从事实体经营的农村个体工商户、私营业主以及专业合作组织；三是有房屋装修、改造或扩建，购置耐用消费品需求，以及在教育、旅游以及其他消费领域有资金需求的农户。这种交叉发展定位的运营模式，不仅避免了同业恶性竞争，而且还有助于深挖村镇银行的发展空间，提升服务的专业化水平。

昆山鹿城村镇银行坚持因地制宜，根据农业生产的季节性、周期性安排贷款供给。以"蟹贷通"为例，昆山巴城的阳澄湖大闸蟹养殖是昆山的一个重要产业，蟹经济非常发达。昆山鹿城村镇银行连续三年将贷款经办点开到阳澄湖边上，指派专门客户经理为蟹农提供一对一的现场服务，极大地提高了服务效率和客户满意度，受到当地蟹农的广泛欢迎。

四、创新信息收集方式拓宽征信渠道

在办理农户贷款业务时，需要审查的农户信用信息不仅包括户主个人的信用信息，还包括家庭成员信息、家庭生产经营信息、家庭主要资产信息、家庭负债信息以及分散在各个政府部门的大量非金融机构信息。在进行农户贷款人信用调查时，除了要进行一般的个人和家庭基本信息调查，鹿城村镇银行还发展了由当地村支部书记、村长等开具农户相关经营行为和个人信用证明的方式，切实调查农户的信用情况。这些信用信息在征集方法上的创新推动了农村信用体系的建设，在解决农户贷款难上也发挥了积极的作用。不过，也存在着建设成本较高、信息质量普遍较低的问题，这些问题都有待于通过不断地创新去解决。

第四节　客家银行的发展概况与"支农支小"

一、成长历程

梅县客家村镇银行注册成立于 2010 年 10 月 28 日，总部位于广东省梅州市，是广东省梅州市当地村镇银行。2010 年 11 月 3 日，梅县客家村镇银行正式开业运营，成为广东省第六家、山区市[①]第一家开业的村镇银行。设立时注册资本为人民币 4000 万元。公司发起行是库尔勒银行股份有限公司，出资比例是 34%，是第一大股东。

几经变迁，目前公司股份总数为 138016621 股，库尔勒银行是第一大股东，持股比例为 20%。

2016 年 11 月 11 日，全国中小企业股份转让系统有限责任公司发函，同意梅县客家村镇银行股份公司股票在全国中小企业股份转让系统挂牌（股转系统函〔2016〕8322 号），处于基础层。2016 年 12 月 23 日起在全国中小企业股份转让系统挂牌公开转让，证券简称为"客家银行"，证券代码是 839969。

截至 2016 年末，公司辖有 1 家营业部、6 家支行、26 家分理处、12 家普惠金融服务点。长沙分理处于 2017 年 1 月 20 日迁址、更名、升格为海吉星支行。截至 2017 年 6 月末，客家银行下辖 1 家营业部、7 家支行、25 家分理处和 14 家普惠金融服务点。

二、所处的发展环境

梅州市位于广东省东北部，毗邻经济较发达的潮汕地区，是叶剑英元帅的故乡、国家历史文化名城，又是优秀的旅游城市。近年来，随着广东省经济结构转型不断深化，梅州地区经济和社会发展水平不断加快，各类市场主体对资金的需求量也不断增长。

经过六年多的发展，客家银行已经在梅州地区形成了一定的影响力。公司的

[①] 指韶关、梅州、清远、河源和云浮五市。

竞争优势主要体现在以下几方面：

1. 经营地域集中化优势

公司立足梅州市，并集中在梅州部分地区开展业务，坚持做"梅州自己的银行"，专注于本土化经营，目标市场明确。公司集中人力、物力、资金等各方面资源集中经营。公司实现了梅州市梅县区和梅江区营业网点全覆盖，并设立了大黄、南福等十多个村级金融服务站，在部分乡镇的影响力已超过当地的邮政储蓄银行、农村信用合作社等。公司员工贴近客户，熟悉居民的财力状况、信用水平以及经营状况，有助于公司主动服务，并能有效防范贷款的违约风险。

2. 灵活高效的决策机制

首先，公司贴近客户市场，对当地客户知根知底，了解客户需求以及信用情况，能够迅速根据客户需求设计符合市场的产品。其次，公司实行扁平化的治理模式，审批流程短，能对市场变化迅速反应，贷款机制灵活，能够满足农户、农村经济组织及小微企业"短、平、快、急"的贷款需求。公司高效灵活的决策机制，有利于在风险可控的前提下，以高效率、便捷的方式提供服务，降低了农户及企业的时间成本，有利于公司将自身优势转化为客户的最佳商机，与客户一起成长。

但发展中也有劣势。国内较多商业银行在梅州设立了营业网点，以大中型商业银行为主体的商业银行业务经营体系在梅州地区已基本形成，公司与各商业银行在客户、资金、人才、产品服务等方面的竞争日益激烈。由于公司贷款业务只能集中于梅州地区，导致业务风险在地域上不能得到有效分散。公司在品牌知名度和产品服务上与商业银行相比处于劣势。

三、经营业绩表现

1. 营业收入

近几年，公司业务发展强劲，营业收入快速增长。2014年、2015年，公司营业收入分别为5169.41万元、7052.28万元，2015年较2014年增长了1882.87万元，增长36.42%。客家银行2016年报显示，营业收入为9223.26万元，继续保持快速增长，增长达到30.78%。2017年8月18日，客家村镇银行披露半年报，2017年上半年实现营业收入5482万元，同比增长29.4%。

2. 利息净收入

像全国其他乡镇银行一样，利息净收入成为最主要的收入来源。2014年，公司实现利息净收入 4284.21 万元，占营业收入的 82.88%。2015 年，公司实现利息净收入 6257.85 万元，增长 46.07%，占营业收入的 88.74%。公司 2016 年实现利息净收入 9146.17 万元，同比增长 46.16%，占当年营业收入的 99.16%。

3. 净利润

2015 年度净利润为 913.63 万元。客家银行 2016 年报显示，2016 年实现净利润 1331.86 万元，较 2015 年增长 418.23 万元，增长 45.78%，具有持续经营能力。2017 年上半年实现净利润 2108 万元，同比增长 400.51%。

四、获得了一系列荣誉

经过近几年的发展，客家银行已在梅州地区形成了一定的品牌影响力，建立健全了较为完善的营销体系、贷款审批体系等，公司先后获得"广东省金融创新奖（二等奖）"、广东省金融业支持经济社会发展"十大亮点工程""梅州市金融创新一等奖""广东省中小企业融资服务示范机构"等荣誉。

五、在服务"三农"上持续发力

为打好精准扶贫精准脱贫攻坚战，客家银行创新开发了精准扶贫贷款、妇女创业贴息贷款、农户联保贷款、"助微贷""助保贷""创业创新贷款"等产品。

为了更好地坚持"支农支小"的定位，加强制度建设，客家银行在董事会下设立"三农和小微企业金融服务委员会"。客家银行董事会 2017 年 4 月 13 日通过公司章程，董事会下设立战略发展与风险管理委员会、审计与关联交易控制委员会、提名与薪酬考核委员会、"三农"和小微企业金融服务委员会等专门委员会。规定：专门委员会的负责人由董事担任，且成员不得少于三人。

公司章程规定，三农和小微企业金融服务委员会的主要职责是：①审议本行"三农"和小微企业的业务发展战略规划；②审议"三农"和小微企业金融服务的政策和基本管理制度；③研究"三农"和小微企业金融服务风险战略规划和其他有关"三农"和小微企业业务发展的重大事项；④监督本行"三农"和小微企业的业务发展战略规划、政策和基本管理制度的落实，对"三农"和小微企业金融服务效果进行评估，并向董事会提出建议。

六、风险管控上采取有效措施

受经济下行影响，公司不良贷款率呈上升趋势。公司 2014 年末不良贷款率为 0，2015 年末及 2016 年末的不良贷款率分别为 0.81%、1.46%。

整体来看，客家银行整体资产质量风险可控。为加强风险管控，客家银行有针对性地采取措施，贯彻落实监管要求，强化风险研判，科学引导信贷投放，不良贷款和不良率有所下降，信贷资产质量总体良好。截至 2017 年 3 月底，拨备覆盖率 192.54%，拨贷比 2.59%，资本充足率 13.20%，核心一级资本充足率 13.11%，风险防范能力进一步增强。

第五节 国民银行的发展概况与产品创新

一、成长历程

象山国民村镇银行股份有限公司的前身是象山国民村镇银行有限责任公司，于 2008 年 8 月 28 日开业。成立时注册资本为 8000 万元，其中宁波鄞州农村合作银行出资 2880 万元，占比 36%，是第一大股东。

2016 年 7 月 6 日，宁波银监管局出具《宁波银监局关于同意象山国民村镇银行有限责任公司组织形式变更的批复》，同意公司组织形式变更，由象山国民村镇银行有限责任公司变更为象山国民村镇银行股份有限公司。2016 年 7 月 18 日，宁波市市场监督管理局核准股份公司成立，并核发股份公司营业执照。目前注册资本为 8502 万元人民币，控股股东是宁波鄞州农村商业银行股份有限公司。

国民银行在发展中，治理结构不断完善。有限公司成立伊始，公司依法建立了公司治理基本架构，设立了股东会、董事会及一名监事，2014 年 8 月 20 日，公司成立了监事会。股份公司成立后，公司建立健全股东大会、董事会和监事会等各项制度，形成以股东大会、董事会、监事会、高级管理层分权与制衡为特征的公司治理结构，建立了较为健全的银行法人治理结构与内部控制体系。

2017 年 3 月 6 日，在全国中小企业股份转让系统挂牌，位于基础层，证券简称"国民银行"，证券代码是 870874。

国民银行员工各类结构比较合理。截至 2016 年 6 月底，公司共有在册员工 158 人。其中，受教育程度在本科及以上的共 109 人，占员工总数的 68.99%。管理人员 36 人，占 22.78%，业务人员 115 人，占 72.78%，财务人员共 7 人，占 4.43%。

近年来，国民银行发展势头良好。截至 2016 年 12 月底，下设有 1 个营业部，7 个支行，4 个分理处。截至 2017 年 6 月 30 日，下设分支机构 14 家，包括总行营业部 1 家，分理处 6 家，支行 7 家。

二、发展环境

象山县是浙江宁波下辖县，居长三角地区南缘、浙江省中部沿海，位于象山港与三门湾之间，三面环海，两港相拥；为中国渔文化之乡、全国综合实力百强县，是科技先进县、省小康县之一，经济和社会发展水平在全国县级区域经济中始终处于领先地位。象山县扎实推进工业强县、大平台大项目建设、五水共治等战略举措，渔业和外贸业发达，为存贷款等业务的发展奠定了良好的基础。

不过，大部分商业银行均在此设立了营业网点，以国有商业银行、股份制商业银行、城市商业银行和农村商业银行为主体的商业银行业务经营体系在象山地区已基本形成，公司与各商业银行在客户、资金、科技、人才、产品服务等方面的竞争日益激烈。进入市场早的商业银行具有先发优势，经过一段时间经营后，这些银行已建立数量较多的分支机构，并在某些特定区域、特定行业等建立品牌和知名度，具备了一定的客户基础。

从数据上看，国民银行在象山县金融机构中占比还很低。截至 2016 年底，国民银行全行各项贷款余额 19.12 亿元，比年初增加 2.03 亿元，贷款余额占全县金融机构的 2.87%，比去年同比增加 0.19 个百分点。2017 年 6 月底，国民银行各项贷款占全县金融机构贷款总量的 2.91%。

国民银行专注于本土化经营，这有利于规避公司相较于国有银行等大型商业银行在资金、资源等方面的劣势。公司有本地人力资源优势，公司员工长期以来贴近本地居民，熟悉所服务客户的资信水平与经营状况，有助于防范和控制贷款的信用风险。

三、经营业绩和主要特点

1. 近年来稳健发展

2015 年、2016 年分别实现营业收入 11232.65 万元、11395.99 万元，2016 年较 2015 年增长 1.45%。2017 年上半年，实现营业收入 5796.97 万元，而上年同期是 5801.45 万元，基本持平。

2015年、2016年分别实现利润总额5044.39万元、4924.65万元，2016年较2015年下降2.37%。2017年上半年，实现利润总额2284.55万元。

2014年至2016年，分别实现净利润3158.62万元、3810.93万元和3723.28万元。2017年上半年，归属于挂牌公司股东的净利润是1713.64万元，较上年同期的2120.03万元下降了19.17%。

近几年来，从利润总额、净利润指标看，2016年较2015年略有下降，这与整体宏观经济下行、供给侧结构性改革"三去一降一补"持续推进的大环境有关，但整体上业绩稳健。

2. 主营业务突出

利息净收入是公司最主要的收入来源，公司2014年、2015年和2016年利息净收入分别为9147.59万元、11104.45万元和11348.48万元，2014年度、2015年度和2016年度，利息净收入分别占总营业收入的98.99%、98.86%和99.58%，主营业务突出（见表7-2）。

表7-2 国民银行2014~2016年收入结构情况

项目	2016年度 金额（万元）	2016年度 占比（%）	2015年度 金额（万元）	2015年度 占比（%）	2014年度 金额（万元）	2014年度 占比（%）
利息净收入	11348.48	99.58	11104.45	98.86	9147.59	98.99
手续费及佣金净收入	47.51	0.42	128.21	1.14	93.24	1.01
合计	11395.99		11232.65	100.00	9240.83	100.00

资料来源：国民银行公开年报。

3. 贷款主要投向制造业

从贷款的行业分布看，制造业是贷款最主要的投向行业。截至2016年12月31日、2015年12月31日和2014年12月31日，该行业的贷款余额占发放贷款及垫款总额的比例分别为60.84%、49.80%和62.99%。

4. 保证贷款占比高

国民银行按贷款性质，分为保证贷款、抵押贷款、信用贷款、质押贷款等。各类贷款占比如表7-3所示。从表中可见，最为突出的特点是，保证贷款的占比高，2014年底和2015年底分别达到了81.90%和82.72%，2016年底占比下降，但也达到了57.53%。

表 7-3　国民银行 2014~2016 年贷款性质结构

性质	2016 年 12 月 31 日 金额（万元）	比例（%）	2015 年 12 月 31 日 金额（万元）	比例（%）	2014 年 12 月 31 日 金额（万元）	比例（%）
保证贷款	109980.08	57.53	141432.10	82.72	111773.52	81.90
抵押贷款	23252.73	12.16	25732.06	15.04	23704.00	17.37
信用贷款	49997.62	26.16	3754.84	2.20	—	—
质押贷款	6441.00	3.37	60.00	0.04	900.00	0.66
银行承兑汇票贴现	—	—	—	—	100.00	0.07
商业承兑汇票贴现	1486.00	0.78	—	—	—	—
合计	191157.43	100.00	170979.00	100.00	136477.52	100.00

资料来源：国民银行公开年报。

公司保证贷款占比较高的原因主要有以下几方面：一是公司的重点和目标客户是小微客户，公司通过向其提供保证贷款以缓解小微客户抵押难、融资难的现状，履行村镇银行的社会职责；二是公司具备相应的小微客户风险管理能力，在审批中更加重视对客户第一还款来源的调查核实以及信用状况的关注；三是考虑到小微客户、农户可供抵押品较少的客观实际。

5. 在村镇银行中表现优异

截至 2014 年底，我国村镇银行共计有 1233 家，[①] 我国村镇银行贷款余额 4862 亿元，存款余额 5808 亿元，[②] 平均每家银行贷款余额 3.94 亿元，存款余额 4.71 亿元。横向比较，国民银行 2014 年底贷款 13.29 亿元，存款余额 15.63 亿元，远高于行业平均水平。

截至 2015 年底，我国村镇银行共计有 1311 家，贷款余额 5880 亿元，存款余额 7480 亿元，平均每家银行贷款余额 4.34 亿元，存款余额 5.52 亿元。国民银行 2015 年末贷款余额 16.62 亿元，存款余额 20.17 亿元，远高于行业平均水平。

截至 2016 年底，国民银行各项存款达到 25.28 亿元，比年初增加 5.11 亿元，创历史新高。其中储蓄存款 14.2 亿元，占比 56.17%，进一步稳固存款基础，存款稳定性为历年最好。目前，存款规模跃居象山全县银行业金融机构第 7 名，占

[①] 中国银监会官网的数据。后文 2015 年的村镇银行数量数据出处也相同。
[②] 中国银行业协会官网的数据，后文 2015 年的全国村镇银行存贷款余额数据出处也相同。

象山全县存款总额的4.88%,比去年同比增加0.48个百分点。

6. 获得一系列荣誉

2016年2月,象山国民村镇银行在第五届中国新型金融机构论坛上荣获全国十佳村镇银行。

2016年10月,象山国民村镇银行被全国地方金融论坛年会授予2015年度十佳成长性银行。

四、围绕支农支小开发系列产品

国民银行以服务"三农"、服务小微、服务社区为特色。公司自成立以来,坚持服务"三农"、服务小微的市场定位,一直尽力为当地居民、个体工商户、中小微企业等客户提供"灵活、高效、简便、快捷"的金融服务,结合象山地区市场实际,做其他银行不愿做、不能做的业务,当好金融服务的"配角",做小做散,积极探索出一条具有自身特色的支农扶农之路。

2016年,全行累计发放贷款户数8064户,其中2016年新增2468户,占全行贷款总户数的30.61%,银行贷款户均23.71万元,比上年减少6.84万元,减幅达22.39%。2017年上半年,在全行贷款中,涉农贷款余额193466.04万元,占比94.29%。

国民银行根据象山地区的特殊情况开发了一系列特色的信贷业务,开发创新了"顺渔宝"系列"国民易贷""金捷通""易农贷"等多种特色信贷产品,还包括农户联保贷款、渔船抵押贷款、渔民联保贷款等,满足客户多元化的融资需求。

(1)农户联保贷款:其贷款对象主要为象山县本地农户,贷款期限最长不超过2年,并通过农户联保的方式来担保。

(2)金捷通:其贷款对象为农户或公务员、教师、医生或者其他事业单位编制人员及金融、电信、个体工商户等相关人员。公司根据借款人的还款能力确定贷款额度,一般不超过20万元。贷款期限最长不超过2年。

(3)临时捕捞许可证贷款:2012年起首推,特别是在每年中国开渔节期间,推行渔民出海临时小额贷款,加快贷款发放速度,承诺一天放贷,深受广大渔民的喜爱。

(4)国民易贷:通过自然人保证方式提供担保。

(5)柴油专项贷款:主要帮助借款人出海捕鱼购买柴油。公司根据不同的具体情况确定贷款额度:柴油专项贷款的单户额度最低1万元(含),参照每艘渔船的马力指标、用油量等因素，单艘渔船贷款额度范围为 1 万~50 万元，拥有两艘及以上渔船的所有者，按每艘 30 万元折算贷款额度，单户贷款最高额度不得超过公司资本净额的 10%。贷款期限最长不超过 2 年。通过自然人保证方式担保。

（6）渔船抵押贷款：其贷款对象为从事捕鱼产业（包括远洋捕捞）或渔业延伸产业的渔民，主要应用于解决渔民船舶维修改造、渔具购置及出海所需柴油等。公司根据渔船的数量和保存状况确定贷款额度：每艘渔船抵押贷款额度最高不得超过 150 万元，且最高不得高于互保额度。贷款期限一般在保险期内或者适航期内一年。

（7）海域使用权抵押贷款：其贷款对象为依法取得的宁波市人民政府审批及本县人民政府审批的海域使用权的农（渔）民。公司参考海域使用价值的评估结果确定贷款额度。贷款期限最长不超过 2 年。

（8）渔民联保贷款：通过渔民联保的方式设置担保。

（9）水产品加工企业担保贷款：其贷款对象为经工商行政管理机关（或主管机关）核准登记注册、具有独立法人资格的水产类企业，主要满足小微型水产品加工企业在生产经营过程中临时性、季节性的资金需求。公司根据测算借款人营运资金需求、生产经营情况、信用状况、行业规模等综合因素确定贷款额度。贷款期限原则上不超过 1 年，并通过保证方式担保。

（10）金贝壳：其贷款对象为农业种植养殖大户、初创期小企业和城乡创业者（含个体工商）。贷款额度方面，农业种植养殖大户不超过 50 万元；初创期小企业不超过 300 万元；城乡创业者（含个体工商）不超过 100 万元。通过保险公司保证的方式提供担保。

2016 年，国民银行又开拓与象山县民个私协会全面对接合作，深入个体工商户与小微企业，做好金融服务。2017 年上半年，继续加大与象山县民个私协会全面合作，已在四个分会建立银企俱乐部，累计授信 2 亿元。

五、积极打造社区银行，提供便捷服务

同时，国民银行下沉服务重心，将经营网点扎根乡镇，贴近百姓，开展多种形式的送温暖服务，打造社区银行的特色。

截至 2016 年末，公司物理网点已涉及 9 个乡镇（街道）。一方面，公司坚持以乡镇为中心布局物理网点，延伸服务触角，通过深入农村，走街串户，为客户提供便捷化的金融服务；另一方面，加强整合传统与电子银行服务渠道，公司已

建立了手机银行、网上银行等,并通过拓展离行式 ATM 机建设,增加小微客户服务的覆盖面。公司的电子银行服务业务包括自助账户查询、转账汇款、投资理财、缴费业务、大额现金预约、集团资金划拨、代发工资等金融服务。

国民银行积极探索设立支农联络点,在黄避岙、珠溪、涂茨等地设立普惠金融联络点,为偏远乡村提供便捷服务,2016 年新建农户档案 1 万户。深入开展"普惠金融半岛行"活动,坚持每季度一次大型宣传活动,深入新桥、鹤浦、泗洲头、黄避岙等镇乡村落开展普惠金融宣传活动,每到一处都向广大农(渔)民、个体工商户、种养殖户等宣传国家金融惠农政策,推动惠农政策及早落地更接地气。同时,利用《今日象山》、象山电视台、象山港网站等地方性宣传媒体扩大宣传报道,特别对"国民银行建行八周年""支农支小"的成效进行持续报道,大力宣传特色发展思路和运营模式。

六、风险处于可控范围

经中国银监会评定,国民银行 2015 年监管评级为二级,属宁波市唯一一家获评二级的村镇银行。

从近期国民银行的不良贷款率看,2015 年底,不良贷款率为 1.11%。截至 2016 年末,从账面反映,不良率为 1.28%,较上年提高 0.17%,但低于宁波市、象山县平均水平。2017 年上半年,不良贷款率 1.66%,上年同期为 1.28%,提高 0.38%。这主要是受宏观经济影响,小微企业及个体工商户债务违约风险加剧。

为加强风险管理,国民银行充分发挥小银行灵活的特点,实施"专业化"(小而专)战略、"特色化"(小而精)战略,做到"人无我有、人少我多、人多我优、人弱我强";通过对各网点服务区域内的农户、城镇居民、个体工商户、农村专业社(户)、农业龙头企业、小(微)企业等客户群体进行目标客户筛选,建立目标客户信息台账,把客户服务工作做细、做精、做实、做优,培植本行的忠诚的客户群体;提升自身品牌价值和服务质量,提升抵御风险的能力。

第六节 登陆新三板:村镇银行的可选路径

对村镇银行来讲,作为独立法人,在经营范围方面受限,直接登陆主板的可能性极小，相形之下，登陆新三板的意义就更加凸显。

首先，最直接地，登陆新三板是村镇银行补充资本的新路径，是一条快速对接资本市场的有效渠道。进入资本市场之后，可以进行多元化融资，充实村镇银行的资本金，满足监管部门的资本充足率要求。如果不能满足资本充足率的要求，进一步发展业务的能力会受到限制，银监会可能会采取一些措施，包括限制贷款及投资活动、限制贷款及其他资产的增长、拒绝批准就提供新服务而做出的申请或限制支付股息的能力，这些措施会对村镇银行的声誉、财务状况、经营业绩及发展前景造成不利影响。

其次，作为法人治理的金融机构，当下的竞争十分激烈，未来的竞争也势必更加激烈，未来拼的不仅是盈利模式，还有资产规模。通过资本市场定向增发、并购重组可以实现规模的快速增长。

最后，通过登陆资本市场，使直接融资和间接融资可以得到更好的互通，可以缓解资本对村镇银行约束的问题。

但登陆新三板的意义并不止于此，更深远的意义是：

（1）有利于防范金融风险。在当前的宏观经济、金融形势下，防控金融风险是金融工作的重要任务之一。2017年7月14日至7月15日，全国金融工作会议在北京召开。会议提出，做好金融工作需要把握的四大原则，即回归本源、优化结构、强化监管和市场导向，以及三项任务，即服务实体经济、防控金融风险和深化金融改革。当前村镇银行的"乱象"恰恰相对更多。根据银监会网站公开的行政处罚信息统计发现，2017年1月至6月，在各级银监部门公开的1334张罚单中，有76家村镇银行被罚，涉及村镇银行的罚单有131张（占罚单总数的10%左右），罚没金额超过2500万元。村镇银行还是以"小个散"（小微、个体工商户）业务为主，涉及违规一般都是内控出问题。在近期频频浮出水面的票据大案中，村镇银行总是扮演了重要的角色。虽然挂牌新三板的公司并不是面向证券市场公开发行和转让的上市公司，但股权转让的市场定价机制和活跃度，决定了新三板挂牌企业具有"公众公司"的特点，因此在风险控制上，应当尽可能地预防和降低风险。挂牌新三板后，村镇银行更多地暴露在媒体和公众的监督之下，一方面，违法违规的成本相对提高，激励和约束村镇银行合法合规运营；另一方面，合法合规地经营，走持续健康发展之路，可以帮助提高村镇银行的"股价"，实现资产增值；再者，新三板本身也有一套自律监管体系，本身也能加强对村镇银行的约束，这都有利于防范村镇银行发展中带来的各种金融风险。

（2）有利于完善公司治理。新三板市场执行的自律监管体系以及配套的监管制度，督促挂牌企业不断走向透明化、规范化。新三板的监管日趋严格，2015年，新三板共对44家挂牌公司、35名挂牌公司董监高、1193个投资者账户（1238次）、31家主办券商（35次）、2家做市商、1家会计师事务所采取了自律监管措施，累计1351次；对1家挂牌公司、1名挂牌公司董监高实施了纪律处分；对未按期披露年报的1家公司实施摘牌。及时向证监会移交涉嫌内幕交易、市场操纵、大股东违规减持等涉嫌违法违规的案件27件。对于新三板市场的信息披露、内幕交易、操纵市场等违法行为，新三板采取与主板市场统一的执法标准。通过自律监管，挂牌公司需要自觉发行法定义务，提高信息披露质量，而且，登陆新三板可以为转板做准备，提早按照主板监管标准进行规范，加强内部控制，加强风险防范，完善规章制度。因此，登陆新三板可以促进村镇银行规范发展，推动银行法人治理结构和股权结构更趋完善，推动村镇银行做大做强。

通过上述分析，我们发现，登陆新三板的直接影响和深远意义，与我国监管部门对村镇银行关于股权方面的监管规定和监管导向暗相契合。村镇银行设立之初，为了防范风险，银监会要求主发起行持股比例不得低于20%。但随着机构的不断成熟和引导民间资本进入银行业的诉求，2012年5月，银监会印发《关于鼓励和引导民间资本进入银行业的实施意见》，将村镇银行主发起行最低持股比例由20%降低至15%。在2014年12月，银监会又印发了《关于进一步促进村镇银行健康发展的指导意见》，在文件中提出在坚持主发起行最低持股比例的前提下，可按照三个有利于原则调整主发起行和其他股东的持股比例——有利于拓展特色金融服务、有利于防范金融风险、有利于完善公司治理。同时在这个文件中也提出主发起行以外的部分，原则上都由民间资本出资认购。虽然不通过新三板，村镇银行也可以通过引入民间资本调整股东间的股权比例和结构，但通过新三板优势更加明显，在新三板挂牌后，受到更多的关注，"交易"更加活跃，更能吸引到战略投资者，更能让市场对股权转让定价，交易成本更低。所以从多个角度讲，登陆新三板，可能成为村镇银行跨越式发展的一条更务实的路径。

第八章　上海探索：大都市如何办村镇银行

银行业者，抢滩上海即立足全国，进军国际则自上海出发，正所谓得上海者得天下。村镇银行家们是如何着眼于中国全局而谋上海一域？本章聚焦研究上海市域的村镇银行实践及总部位于上海的银行业巨头的村镇银行布局。

第一节　上海银行业"丛林"生发村镇银行

上海作为全国金融业高地，金融基础服务实现地域全覆盖，逐步形成传统和新型、大型和小型、线上和线下金融组织机构共同发展的格局。上海银行业构成多元化的普惠金融组织体系，服务实体经济、支持小微经济、助力多点消费需求。与此同时，一个富有特色的村镇银行板块生发、成长和积极谋变。

一、上海银行业"丛林"

2016 年末，上海市共有中资银行法人 4 家，外资银行法人 20 家，村镇银行法人 13 家，从业人员 11.6 万人（见表 8-1）。另据上海银监局数据，截至 2016 年末，上海银行业金融机构营业网点数量 4120 个，平均每 900 人拥有一台 ATM 自助设备，每 20 人拥有一台 POS 机，自助设备的布放密度走在全国前列，金融服务覆盖至全辖 109 个乡镇及 1569 个行政村。截至 2016 年 12 月末，上海银行业资产总额为 14.42 万亿元，各项贷款余额为 5.95 万亿元，各项存款余额为 8.92 万亿元，不良贷款率为 0.68%。

表 8-1 2016 年上海市银行类金融机构情况

机构类别	营业网点 机构个数（个）	营业网点 从业人数（个）	营业网点 资产总额（亿元）	法人机构（个）
1. 大型商业银行	1702	48688	50522	1
2. 国开行和政策性银行	14	555	4192	0
3. 股份制商业银行	731	23088	34742	1
4. 城市商业银行	383	13639	20484	1
5. 小型农村金融机构	388	6216	6791	1
6. 财务公司	20	1410	4126	18
7. 信托公司	7	1751	622	7
8. 邮政储蓄	484	3124	1893	0
9. 外资银行	213	12805	13824	20
10. 新型农村金融机构	27	607	253	13
11. 其他	25	4112	6447	25
合计	3994	115995	143896	87

资料来源：中国人民银行上海总部。

其中，服务小微企业方面，截至 2016 年末，上海银行业小微企业贷款余额为 11463.65 亿元；小微企业贷款户数 23.58 万户，约占小微企业总数的 30%；法人银行小微企业申贷获得率为 92.66%，连续多年保持在较高水平。截至 2016 年末，辖内银行业机构共设有 3 家小微企业专营分行，121 家持牌专营支行，115 家转型专营支行，7 家汽车金融公司，1 家消费金融公司，其他机构包括 130 家小额贷款公司，253 家典当行，2100 多家融资租赁企业。[①] 专注于小微企业及社区金融服务的支行级银行机构 398 家，基本实现 2 公里范围的小微企业金融服务半径。

二、上海特色的村镇银行板块

值得关注的是，在茂密的上海银行业丛林里，从 2009 年开始生发了一类特殊的银行法人机构即村镇银行，形成了初具规模、富有特色的村镇银行板块。目前，上海市域村镇银行已达 13 家，设立支行 15 家，员工人数合计 600 人（见图

---

① 上海银监局：《2016 年上海银行业创新报告》、《2016 年上海市普惠金融发展报告》。

8-1)。截至 2016 年末，村镇银行各项贷款余额合计 118.32 亿元；各项存款余额合计 200.76 亿元。村镇银行实现不良"双降"，不良贷款余额合计 1.36 亿元，比年初减少了 0.45 亿元；不良贷款率 1.15%，比年初下降 0.78 个百分点。

图 8-1　上海市村镇银行分布示意图

上海市村镇银行"支农、支小、支实体"的金融服务成效显著。2013~2016 年共纳税 4.1 亿元，为地方税收及地方经济做出直接贡献。据上海银监局统计数据，截至 2016 年末，涉农贷款余额合计 79.53 亿元，较年初增加 11.82 亿元，占全部贷款余额 67.22%，其中，崇明沪农商、浦东建信、浦东江南村镇银行涉农贷款余额占比较高，均达到 90% 以上。村镇银行小微企业贷款余额合计 94.64 亿元，较年初增加 11.77 亿元，占全部贷款余额的 80%。村镇银行农户和小微企业贷款余额占全部贷款余额的 85.16%，信贷投放总体符合"支农支小"的定位。

三、上海村镇银行转型发展

当前及未来一段时期，上海市域村镇银行进一步遵循差异化经营发展方向，结合自身业务模式构建新型服务网络形式，打造具有村镇银行特色的产品服务体系。首先，科技引领和支撑精细化管理水平和业务创新发展，推进网点智能化升级，加快网银、手机银行等电子渠道建设，探索符合自身实际的支农支小服务体制，提供符合当地和社区特色需求的金融产品和服务。

其次，专业务、深终端、新服务相结合。提高业务专注度，合理控制资金投向非农化、理财化，专注于信贷本源业务；深入社区郊区，下沉普惠金融服务的终端，支持各行在满足风险管理的前提下，适当方式延伸金融服务；创新金融产品，细分核心客户群，大力推动微贷技术和续贷业务，寻求业务新空间。

同时，加强公司治理，指导辖内村镇银行择机吸收和引进本地优质股东、农业龙头企业、优质涉农企业和种养大户等符合条件的民间资本股东，进一步优化股权结构。

第二节　上海农商行从崇明村行开始布局全国

上海农商银行立足"支农支小"，秉持管理创新、服务创优之理念，不断探索健康发展的村镇银行经营与管理之道。从2009年发起创办上海市首家村镇银行即上海崇明沪农商村镇银行开始，逐步布局全国村镇银行，试图另辟蹊径跨区域经营以促进自身转型发展。时代在变，初心不变。全国35家沪农商系村镇银行仍在新的环境中不断创新与成长。

一、上海市首家村镇银行的发起与成长

1. 上海村镇银行首发

上海崇明沪农商村镇银行成立于2009年2月，注册资本10526万元，总资产305933万元，是经上海银监局批准设立的上海市首家村镇银行。

主发起行上海农商银行，成立于2005年8月25日，是由上海国资控股、总部设在上海的法人银行，是在有着逾50年历史的上海农村信用社基础上整体改制而成的股份制商业银行。目前全行注册资本为80亿元人民币，营业网点近400家，员工总数超6000人。在2017年全球1000家大银行中，上海农商银行排名第187位，连续四年跻身全球200强；在全国所有入围银行中排名第25位。

2. 沪农商系村镇银行业绩榜首

上海崇明沪农商村镇银行以"小、快、活"为经营特色，秉承"扎根区域，服务'三农'，服务小微"的经营宗旨，各项存、贷款余额及利润总额连续八年位居35家沪农商系村镇银行榜首。自成立以来，该行金融服务遍及崇明区18个乡镇，贷款累计投放706392万元，惠及小微、农户1399户。截至2016年末，该行涉农贷款余额17.80亿元，占全部贷款余额的96.63%。

2016年，该行实现了全行整体经营指标良好，资产负债规模持续稳定增长，盈利水平同比提升，不良贷款"双降"的目标，全面完成主发起行下达的各项目标任务，荣获系统内综合考核二等奖。其中：①发展指标：各项存款余额27.33亿元，较年初增长3.77亿元，完成全年增长计划的251%。各项贷款余额18.42亿元，较年初增长3.63亿元，增幅为24.52%。②效益指标：全年实现拨备前利润为6540.93万元，账面净利润为3767.37万元，完成全年计划的100%；平均净资产收益率15%，完成全年计划的100%；成本收入比25.52%，低于计划目标8.48个百分点。③资产质量：到12月末，该行四级分类后三类贷款余额3777万元，四级不良率2.05%，较上年末下降0.74个百分点；五级分类后三类余额2578万元，五级不良率1.4%，较上年末下降0.32个百分点。

上海崇明沪农商村镇银行曾多次获得上海市金融办、中国村镇银行发展论坛组委会、主发起行颁发的"小微企业信贷突出贡献奖""全国百强村镇银行""突出贡献奖"；获得上海银监局、人民银行上海分行、上海银行业机构授予的"监管评级3A级机构""货币政策导向效果综合评估A类机构""综合评价A等机构"等称号。

二、本土化经营之道

经过八年的磨砺，上海崇明沪农商村镇银行初步形成了健康发展的经营之道，曾多次受邀向全国介绍和推广经验。最近的一次是在2017年3月，受中国县镇金融机构发展促进委员会、中国村镇银行发展论坛组委会邀请进行经验交流和分享。上海崇明沪农商村镇银行在公司机构治理、对外合作、特色信贷业务、金融系统应用、团队文化建设、绩效考核机制等多方面积极探索，发挥了沪农商系村镇银行"领头雁"作用，也受到全国其他村镇银行的广泛关注。

1. 公司机构治理注重规范化、本土化

健全法人治理架构，为村行走上科学的公司化发展道路奠定基础。成立之初，即按照《商业银行法》和《公司法》的要求，建立健全以股东大会、董事会、监事会和高管层为主体的基本治理架构，实行董事会领导下的行长负责制，并明确了董事长管战略、行长管经营，行长向董事会、股东会负责的制度，实现了所有权与经营权分离、所有权约束经营权的有效制衡机制。行内各大重要事项均由股东大会、董事会做出决议。目前该行共有员工43人，形成岗位清晰、职责明确的组织架构。

本土化的股权结构战略，奠定经营优势和人脉优势。其中，主发起行上海农商行持股48.45%，另外崇明本地五家国资委企业共持股46.55%，其余5%来自本行员工和民间个人资本。作为发起行的上海农商银行在银行制度建设、风险控制、IT建设、人员培训方面给予了积极的支持，为村镇银行业务发展快速走上正轨，提供了巨大帮助；另外五家来自当地的国有资产管理、土地发展、建设投资、供销合作总社、银马实业的国资委企业，为该行的存款来源、贷款营销和社会认知度、公信度的提升起到促进作用。特别是，个人股的发放获取了行外三农、小微企业、存款大户等目标市场参与者的大力支持，充分有效地利用了崇明本土人脉优势（见图8-2）。

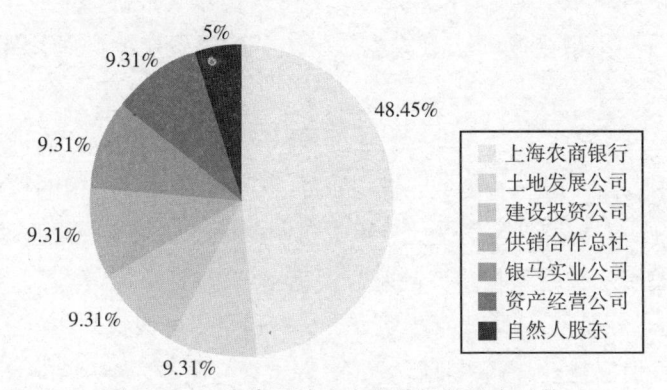

图8-2 上海崇明沪农商村镇银行股东结构

资料来源：上海崇明沪农商村镇银行。

2. 与第三方合作形成共赢闭环

"融资难、融资贵"是小微农普遍面临的融资难题。然而在市场经济中应运而生的村镇银行不仅肩负扶持小微农的重任，更需要在激烈的市场竞争中谋发展、要效益。为此，该行通过积极寻求第三方合作，有效化解小微农"融资难、融资贵"与银行"谋发展、要效益"的矛盾，实现了小微农、银行、第三方的合作共赢。

例如，与上海安信农业保险股份有限公司合作，开发了安信农保项下农民专业合作社贷款产品。由于该公司是上海市属专业性的农业保险公司，凡符合条件的农民专业合作社在安信农保投保小额信贷保证保险后，即可向该行申请融资，以生产经营收入为还款来源，无须额外提供其他担保措施。到2016年末，该行共计投放该类贷款185笔、投放金额12569万元。安信农保项下农民专业合作社贷款手续简便，投保费率低，免抵质押，有效降低贷款门槛和银行贷款风险。

又如，与崇明县融资担保中心合作推广融资担保贷款。该中心是崇明县为支持地区经济发展，拓宽企业融资渠道，解决本地区小微农经营活动中融资担保问题成立的政策性专业融资担保中心。该行在成立之初即与其开展合作，并将融资担保贷款作为重要业务推广。符合条件的贷款申请人仅需缴纳担保费用，即可在该行获得贷款。到2016年末，该行共计投放该类贷款210笔、投放金额73164万元。有效解决了小微农企业、个人因资金实力弱、资产少导致的贷款难问题。

此外，依托主发起行上海农商银行的保证担保，从2013年开始每年向人民银行上海分行申请并获得支农再贷款额度。在与人民银行上海分行合作的四年期间，共获得并投放支农再贷款4亿元，在有效降低银行资金成本、切实做到降低"三农"和小微企业的融资成本、解决"融资贵"的同时，保障了该行的合理利润。

3. 借鉴"信贷工厂"模式推行特色信贷业务

信贷管理方面，走一条立足区域，服务"三农"，支持小微的特色经营之路。利用村镇银行法人机构管理扁平化、审批机制灵活、决策半径短、地缘优势明显的特征，在发展"关系型信贷"的基础上借鉴"信贷工厂"模式，对客户经理、审批人员和贷后管理人员实行专业化分工，对信贷审批发放实行标准化流程，提升服务效率。根据贷款金额、抵押方式设置审批权限，150万元以下抵押贷款直接签批，150万元以上贷款则根据申请业务的缓急程度，随时召开贷审会，做到贷款从申请到发放，平均仅需3天的速度。

信贷产品方面，该行将客户群体细分为农户、个体工商户、小微企业，将信贷客户服务做精做专。开发对接农、林、牧、副、渔业农户需求的种植贷、养殖贷、农机贷、农贸贷系列产品；对接小微企业、个体工商户需求的"小贷通"系列产品。在开展上述贷款业务同时，该行在实际营销中，根据不同客户制定个性化的贷款方案，以满足融资需求。

三、上海农商行的全国村镇银行布局

1. 沪农商系村镇银行异地布局

上海农商银行作为全国首家在农信基础上改制成功的股份制商业银行，一直致力于服务上海、服务长三角，乃至服务全国。2012年2月，由上海农商银行发起并控股的首家跨区域村镇银行——宁乡沪农商村镇银行正式开业，这是湖南长沙地区开设的首家村镇银行。同年，继续在山东省、湖南省、云南省三省批量设立村镇银行，不足一年时间设立了31家村镇银行，这是2012年设立村镇银行最多的机构。

截至目前，沪农商系村镇银行共35家，分布在全国"三省三市"。除了上海崇明沪农商村镇银行外，其他34家分布在北京、深圳、山东、湖南、云南（见表8-2）。

表8-2 35家沪农商系村镇银行的全国布局

上海	上海崇明沪农商村镇银行		北京	北京房山沪农商村镇银行		深圳	深圳光明沪农商村镇银行
山东	济南槐荫沪农商村镇银行 阳谷沪农商村镇银行 东平沪农商村镇银行			济南长清沪农商村镇银行 临清沪农商村镇银行 日照沪农商村镇银行		聊城沪农商村镇银行 泰安沪农商村镇银行	茌平沪农商村镇银行 宁阳沪农商村镇银行
湖南	长沙星沙沪农商村镇银行 涟源沪农商村镇银行 澧县沪农商村镇银行			宁乡沪农商村镇银行 衡阳县沪农商村镇银行 临澧沪农商村镇银行		醴陵沪农商村镇银行 桂阳沪农商村镇银行 石门沪农商村镇银行	双峰沪农商村镇银行 永兴沪农商村镇银行 慈利沪农商村镇银行
云南	昆明阿拉沪农商村镇银行 开远沪农商村镇银行 建水沪农商村镇银行			嵩明沪农商村镇银行 个旧沪农商村镇银行 临沧临翔沪农商村镇银行		蒙自沪农商村镇银行 保山隆阳沪农商村镇银行	弥勒沪农商村镇银行 瑞丽沪农商村镇银行

资料来源：上海农商银行网站。

2. 沪农商系村镇银行的统一管理

（1）统一管理制度为先。严格引导建章立制，健全法人治理结构和风险监管。一是建立健全考核体系，包括：①引导村镇银行完善绩效考核制度，制定了《村镇银行绩效考核指导意见》并下发村镇银行董事会，从经营业绩、内控管理、风险控制、监管指标、财政补贴等方面对村镇银行的工作成效进行综合测算和评估。②探索建立村镇银行董事长及行长评价体系，起草了《村镇银行董事长、行长任期考评办法》，为股东对村镇银行高级管理层的履职评价提供了依据。③设立了村镇银行管理部并在相关省设立管理分部，下发了《村镇银行管理分部管理人员考核办法》及《村镇银行管理分部条线考核办法》，加强对分部管理人员及业务发展、风险管理、综合管理三个条线管理人员的考核。

二是严抓内控，提升村镇银行风险管理水平，包括：①强化授信业务风险识别与监控，印发《风险分析报告（模版）》，落实村镇银行季度上报机制；编制《村镇银行风险管理季报》和各类月度风险管理报表；对管理报表中所反映的数据进行分析，定期监测各类监管指标，对超监管指标的村镇银行及时做好风险提示。②跟踪处理风险预警事件，督促村镇银行调查预警系统产生的风险排查事例；按月印发风险预警整改表和《村镇银行风险预警整改报告》；督促村镇银行做好整改和全流程痕迹管理。③开展内控自查，根据《村镇银行内控考核管理办法》及考核要点，村镇银行每季对内控建设、资产风险管理、会计结算管理、财务管理、案件防控等进行自评打分，打分结果除用于村镇银行自身季度考核外，还提供给结对分支行作为对村镇银行结对辅导的依据。④强化督导，组织开展条线辅导，组织开展村镇银行信贷风险、会计临柜、财务管理、电子银行、综合管理等条线现场及非现场业务辅导工作，并结合辅导情况及监管部门下发的监管意见建立村镇银行问题库，督促村镇银行落实整改，规范日常操作，防范风险隐患；制定该行结对分支行对村镇银行的辅导方案，组织开展结对辅导，并下发结对辅导情况通报。

三是确保村镇银行合规经营和提升公司治理，例如，建立村镇银行董事长工作讨论平台，下发讨论议题并汇总意见和建议，内容涵盖分支机构开设、员工培训、支农支小等多个方面。

（2）统一信息科技管理为要。沪农商系村镇银行采取委托主发起行代管模式，上海农商银行信息科技部和运行保障部单设村镇银行团队，专职负责旗下35家沪农商村镇银行的系统开发和运维管理。以上海崇明沪农商村镇银行的11个科技应用系统为例，其中：SAP财务管理系统、验印系统、网上银行系统、指纹系统、门户网站管理系统、风险预警系统、信息管理系统、人力管理系统，由上海农商银行建设并运行维护；柜面综合业务系统、信贷管理系统、反洗钱系统，外包神码融信公司运行维护；此外该行于2017年6月首发借记卡的金融IC卡系统，也委托上海农商银行开发。

3. 面对时代变化不忘初心

（1）当前村镇银行面临一系列新的时代变化和严峻挑战。一是需要快速适应利率市场化。自2014年底开始，央行连续6次降准、6次降息，同步扩大存款利率上浮区间至基准的1.5倍（窗口指导），促使金融机构让利实体经济，商业银行盈利水平面临考验。受此影响沪农商系村镇银行在2015年一年内存款付息率同比提高了0.12个百分点，贷款收益率同比下降0.45个百分点，盈利空间被进一步挤压。二是经济结构性调整的风险挑战。2015年国家相继推出了"中国制造2025""大众创业、万众创新""互联网+"等一批重大战略部署，"十三五"期间经济年均增长预计维持在6.5%左右，并从注重发展增速向提升发展质量和效益转变。对商业银行而言，产业结构调整和经济转型发展过程中机遇和风险并存，既有农业现代化、基础设施网络化、新型城镇化等建设带来的发展空间，也有经济下行压力加大、过剩行业去产能、房地产去库存等因素可能引发的风险。三是"互联网+"带来的冲击。面对云计算、大数据、移动互联网等信息技术迅猛发展，非银行金融机构、互联网金融、第三方支付等新的竞争对手如雨后春笋般快速涌现，客户金融消费行为正在发生变化，对于商业银行而言，需要进一步提高应对市场挑战，开拓新客户、新业务、新市场的能力。

新的形势背景下，沪农商系全国35家村镇银行存在明显的两极分化现象，也累积了比较多的痛点。比如，当地政府背景股东与小企业股东存在目标冲突，小企业股东更偏资本投资，注重回报，多数缺少较为长远的打算。再如，员工需身兼数职，压力大，更愿意去分行，流动率高。又如，各地对于村镇银行的监管口径不尽一致。此外，村镇银行多数缺乏科技开发和维运能力。

（2）不改初心，练好内功，提升"支农支小"核心竞争力。近年来沪商系村镇银行以架构完善、创新发展为驱动力，以稳健经营、防控风险为主基调，做大做强负债业务，做精做优资产业务，提升服务品牌，打造核心竞争力。主要体现在：

第一，管理创新统筹，强化主发起行控股职能。探索对村镇银行并表管理的架构和模式，理顺主发起行与村镇银行的关系，完善内部组织架构和管理机制。在三个层面发力：决策层面，上海农商银行成立村镇银行管理委员会作为村镇银行顶层设计的决策机构和协调机构，负责审议、决策和协调涉及村行的发展战略、经营管理等重大事项，缩短决策链条，提升工作效率。架构层面，上海农商银行设立村镇银行管理部，内设业务发展、风险管理、会计管理、人力财务、审计预警和综合管理六个团队，重点从信贷、财务、人力、公司法人治理四个角度对村行实施有效管控；在山东、湖南、云南村镇银行相对集中的地区设立了管理分部，实施"类分行"管理，通过搭建专业条线团队，发挥分部的专业能力、协调能力、检查辅导能力、防范风险和案件能力，强化分部对村行的条线管控，发挥监督、管理、服务村行的职能；村行董事长实施兼职管理模式，强化行长经营管理的责任，实施分类管理、任期目标管理及差异化授权的管控模式。风控层面，全面实施分部、村行派驻授信主管制度，建立信贷条线垂直管理的授信主管体系，强化"贷前、贷审、贷后"全风险、动态化和流程化管控，切实发挥独立审查审批作用，提升风控岗位的专业性、客观性和严肃性，确保村行信贷资产安全运行、健康发展。

第二，业务创新突破，打造经营特色。一是丰富业务产品功能。负债业务方面，积极应对利率市场化挑战，全面推广"寸寸金"协议存款、"靠档存款"等利率浮动型存款产品，组织开展"旺季吸储""蚂蚁觅食""激情红五月"等专项营销活动，不断拓宽存款来源渠道，优化负债业务结构，增强存款资金的稳定性。资产业务方面，结合当地特色产业，研发适销对路的信贷产品，突出村镇银行"简、快、灵"的特点，提升行业竞争力。如推出"一次授信、循环使用"的"惠众卡""家庭循环贷"等贷款业务品种，满足日常资金使用需求；临清村行积极与当地政府和扶贫办协调，对扶贫企业和建档立卡的贫困户开展创业扶贫贷款；北京村行加强银企合作，开展了"企业+农户"联营贷款，为当地养鸭农户解决贷款难问题；醴陵村行针对市花炮企业密集的特点，通过"个人生产经营联保贷款"的方式满足行业需求；保山村行与当地政府合作，创新开展"鑫农贷"业务，以政府风险补偿基金为增信手段，解决农户融资难的问题。结算渠道方面，为村镇银行开发上线借记卡、网上银行、自助机具，接入人民银行大小额支付、财税库银系统，加入农信银系统，丰富支付结算渠道，提升小微"三农"金融服务水平。二是引进先进微贷技术。与中国台湾中小企业融辅合作，借鉴和消化其先进的微贷技术和经营管理理念，配套独立的产品系统、人员团队、业务流程和考核办法，在多家村行试点设立微贷金融中心。截至 2015 年末，三省两市共有 11 家符合条件的村镇银行成功开设了微贷金融中心，累计发放贷款 1400 笔、金额为 3.41 亿元，不良贷款率为 0.59%。三是强化网络金融功能。积极发挥承上启下作用，对接主发起行网络金融资源，开通独立的门户网站，接入网上商城、信易付钱包、鑫沪商等渠道，打通网上缴费消费通路，推动线上与线下、传统金融与网络金融的融合发展，逐步培育和扩大村行网络金融客户群体，打造经营特色。

第三，服务创优跟进，助力村行腾飞。一是创建多功能服务平台。围绕物理网点"智能化"和"泛功能化"的发展趋势，探索完善以物理网点为基本支撑、以互联网信息技术为重要依托的普惠金融服务网络，如支行在网点内充分体现互联网元素打造互联网金融服务区，与不同类型的超市合作开展跨界服务等，将支行网点整合成满足金融便民服务及日常生活服务等多方面需求的综合服务平台。二是扩大营销辐射面。开发上线"移动终端"设备，帮助村行员工走出柜台、走出网点，为客户提供上门服务，实现借记卡开卡、激活、网银签约等功能；与信安盟公司合作研讨"金融便民店"服务模式，实现银行传统网点向"轻模式网点"和"互联网化网点"的转化，打通农村金融服务"最后一公里"。三是提升网点服务营销能力。一方面，通过与第三方培训公司合作，实施标杆网点导入项目，通过优化网点布局、规范柜面员工的行为礼仪、强化日常管理，进一步提升现有网点综合产能；另一方面，为打造专业的客户经理团队，引入外拓营销能力专项培养项目，通过"两扫"（扫街、扫楼）、"五进"（进门店、进社区、进村组、进园区、进楼宇）等"手把手"实践，增强团队营销技能和核心竞争力。

第三节　上海银行的投贷联动试点"标兵"

一、上海银行发起村镇银行简况

1. 上海银行市场影响力不断提升

上海银行是一家总行位于上海的股份制商业银行，于1996年在原上海市98家城市信用合作社和上海市城市信用合作社联社基础上组建而成，也是中国成立时间最早的城市商业银行之一。上海银行以"精品银行"为战略愿景，以"精诚至上，信义立行"为核心价值观。2016年A股上市，股票代码是601229。

目前，在上海、北京、天津、深圳、南京、苏州、无锡、南通、常州、盐城、杭州、宁波、绍兴、成都等城市设有分支机构，初步形成覆盖长三角、环渤海、珠三角、中西部重点城市的网络布局框架。发起成立上银基金管理公司、上海尚诚消费金融股份有限公司；在城商行中率先设立境外全资子银行——上海银行（香港）有限公司；并与全球 120 多个国家和地区近 1500 多家境内外银行及其分支机构建立了代理行关系。

截至 2016 年末，上海银行总资产 17553 亿元，实现净利润 143 亿元。在英国《银行家》2017 年公布的"全球前 1000 家银行"排名中，按一级资本和总资产计算，上海银行分别排在全球银行业第 85 位和第 89 位；多次被《亚洲银行家》杂志评为"中国最佳城市零售银行"。

2. 发起四家村镇银行

2011 年 2 月，设立第一家上银村镇银行，迄今共设立上银村镇银行四家。2016 年年报显示，上银村镇银行总资产达到 40.20 亿元，各项存款为 29.68 亿元，各项贷款为 26.74 亿元。

上银村镇银行秉承"稳健经营、特色发展"的思路，积极培育自身经营和管理特色，创新探索契合当地经济特点的金融产品和服务模式，为扩大农村金融服务积极贡献（见表 8-3）。

表 8-3　上银村镇银行概况

村镇银行	成立时间	经营情况	发展描述
上海闵行上银村镇银行	2011 年 2 月	注册资本 2.275 亿元，资产总额 22.24 亿元，净资产 2.74 亿元，实现净利润 2403 万元	致力小微科技，服务"三农"经济、配套零售金融，支持"三农"经济和小微企业，发展科技金融服务，创新金融产品，发挥自身灵活、简便和高效等优势，解决客户融资难的问题
浙江衢州衢江上银村镇银行	2011 年 6 月	注册资本 1 亿元，资产总额 5.13 亿元，净资产 1 亿元，净利润亏损 4034 万元	转变经营理念，调整业务结构取得有效成果，坚持"支农扶小"的市场定位不动摇，优化客户结构，打造经营特色，逐步形成自身的竞争优势和品牌优势
江苏江宁上银村镇银行	2012 年 5 月	注册资本 2 亿元，资产总额 6.49 亿元，净资产 2.24 亿元，实现净利润 129 万元	以"江宁人自己的银行，做江宁人身边的银行"为目标，主要为当地农民、农业、农村和社区经济发展提供金融服务，努力打造成一家专门服务于当地农业和社区经济发展的社区银行
四川崇州上银村镇银行	2012 年 6 月	注册资本 1.3 亿元，资产总额 6.34 亿元，净资产 1.51 亿元，实现净利润 818 万元	立足崇州、服务社区、支农支小的市场定位。脚踏实地做好"三农"金融服务，加强银、政、企的三方合作，重点对崇州"粮经旅综合示范基地"建设、"小街区规制"等特色配套，破解农村融资难、融资贵难题

资料来源：上海银行 2016 年公司年报。

二、上海银行入选全国首批投贷联动试点

1. 何为"投贷联动"?

"投贷联动"主要是指由商业银行独自或与股权投资机构合作,以"债权+股权"的模式为目标企业提供融资,形成银行信贷和股权投资之间的联动融资模式。由于投贷联动兼具股权投资的特性,相比于传统银行信贷,资管业务具有得天独厚的优势。该模式联动服务科创企业,化解银行给此类企业放贷的高风险,也让银行有望分享企业高成长带来的收益,打破银企之间的资金融通困局。

投贷联动政策红利释放。2014年国务院发文《关于加快科技服务业发展的若干意见》首提要"探索投贷结合的融资模式"。2016年4月20日,银监会、科技部、人民银行联合印发了《关于支持银行业金融机构加大创新力度开展科创企业投贷联动试点的指导意见》(银监发〔2016〕14号),明确提出,股权投资和银行信贷相结合,引导银行业金融机构有序开展投贷联动试点工作,取得经验后稳步推广,并公布了第一批试点名单。

投贷联动根据股权分享形式的不同大致可以分为几种具体形式。[①] 一是银行与私募股权投资机构合作模式。二是银行集团内部投贷联动模式。即商业银行在为科技型借款企业提供信贷服务时,通过集团内部具有股权投资资格的子公司对其进行股权投资,在集团内部实现投贷联动。三是向股权投资机构发放贷款模式。即银行直接向股权投资机构发放专项用于目标客户的贷款,间接实现对科创型企业的融资支持。同时,地方政府和行业主管部门要整合多方资源,通过充分发挥风险分担和补偿作用、完善科技金融配套基础设施、加快发展科创企业产业链等方式,创造良好的科技金融生态。

投贷联动拓宽了中小企业的直接融资渠道,同时商业银行能够较高程度地分享中小企业的成长收益,但也存在银行谨慎经营与股权投资略显激进的文化冲突。它需要商业银行改变传统的、过于依赖抵押担保的信贷理念,从重抵押担保向第一还款来源回归;需要商业银行重塑风险观念,从一味回避风险向识别风险、理解风险、管理风险转变;需要改革考核机制,建立差异化考核激励办法,适当提高对科技型企业的风险容忍度,建立合理、明晰、可操作的尽职免责制度。

[①]《详解银行参与投贷联动四大模式》,《21世纪经济报道》2016年10月26日。

2. 上海银行业"投贷联动"试点助力科技创新

自上海确立创建具有全球影响力的科创中心战略以来，上海银监局引导上海银行业机构机制体制创新，升级投贷联动业务，申请建立投资功能子公司，上海银行业涌现出比较多的科技金融创新成果，相关业务规模持续扩大，服务科技创新的能力不断提高，创新生态体系正在形成。据上海银监局统计，截至2016年末，上海银监局辖内机构为4303家科技型企业提供贷款余额合计1500.36亿元。其中，为3943家科技型中小企业提供贷款余额合计835.01亿元。科技型中小企业中，2264家科创企业获得贷款余额合计418.85亿元。

上海投贷联动试点工作在银监部门指导下有序开展。截至2016年12月末，辖内机构已设立6家科技支行，77家科技特色支行，设立了11个专属的科技金融部门，科技金融从业人员1788人，辖内机构通过投贷联动为183家科创企业提供贷款余额26.13亿元，整体业务运行风险可控。其中，内部投贷联动业务存量客户数为26家，贷款余额9.20亿元；外部投贷联动业务存量客户数为157家，贷款余额16.93亿元。

上海投贷联动业务呈现三个特点。[①] 上海银监局抽取了82家开展选择权投贷联动业务的科创企业，分析显示：第一，突破了传统信贷业务对盈利指标的约束。在银行开展投贷联动业务时，有45.12%的企业处于未实现盈利状态，这个指标体现了银行初创期科技企业开展信贷机制创新。

第二，企业处于股权融资的初级阶段。银行开展投贷联动业务时，标的企业中有57.32%做过前期股权融资，其中15.86%的企业刚刚完成首轮融资，而42.68%的企业则尚未开展股权融资。这一分布说明，银行与股权投资机构联动处于企业发展的早期阶段，有助于双方合作发现价值，同时也体现了商业银行在获得客户资源、风险评估和提供资金等方面的优势，应进一步鼓励银行与外部合作机构做好资源对接和平台搭建工作。

第三，企业获得较好的发展动力。上述82家科创企业自开展投贷联动业务以后至2016年末，各项经营指标与财务指标均有较大幅度的改进。企业平均总资产增长46.70%，平均净资产增长37.51%；企业员工平均人数增长14.89%；企业平均经营收入增长124.24%，原先没有产生盈利的企业中，59.46%的企业经营收入增加，且部分企业扭亏为盈。在前期已开展股权融资的企业中，有42.56%

[①] 上海银监局：《2016年上海银行业创新报告》。

的企业产生后续股权融资。企业平均总负债增长43.52%，但在股权融资的支持下，整体资产负债率由原来的53.22%降至52.07%，下降1.15个百分点，资产负债结构得到一定的优化。

上海银行业投贷联动管理、科技金融机制不断完善。2015年8月，上海银监局发布了《关于上海银行业提高专业化经营和风险管理水平进一步支持科技创新的指导意见》，倡导"六专机制"和新"三查"标准，制定了科技信贷专业化标准。"六专机制"指专营的组织架构体系、专业的经营管理团队、专用的风险管理制度和技术手段、专门的管理信息系统、专项激励考核机制和专属客户的信贷标准。新"三查"标准则鼓励商业银行执行具有"创投基因"的信贷标准与流程。

2017年9月26日，上海银监局与上海市科委联合发布《上海银行业支持上海科创中心建设的行动方案（2017~2020年）》（以下简称《行动方案》）提出了上海银行业支持科创中心建设的有上海特色的"4465"科技金融框架，确立了科技信贷的规划目标。至2020年末，上海辖内科技型企业贷款余额达到2700亿元左右，较2016年末增长80%，2017~2020年平均增速超过15%；科技型贷款企业数达到8000家左右；投贷联动贷款余额达到200亿元左右，累计服务客户数超过1000家。《行动方案》对17家重点机构提出了更高目标，规划到2020年末，科技型企业贷款余额达到1800亿元，客户数达到4600家左右，均比2016年末翻一番。《行动方案》还提出，努力将金融服务前移到种子期、初创期、成长期，有效增加科技金融供给总量，优化科技金融结构，全面提高金融服务覆盖面和科技研发支持力度，增加信贷的科技产出率和科技增值率，促进科技产业和科技金融业务的可持续发展。[①]

3. 上海银行入选全国首批投贷联动试点

2016年4月，银监会等三部委联合印发《投贷联动试点指导意见》，指定上海银行等10家商业银行开展科创企业投贷联动业务试点（见表8-4）。上海银行向监管部门上报投贷联动试点方案，申请成立"上银投资公司"，专司科创企业的股权投资业务；同时，上海银行将指定浦东科技支行及其他科技特色支行作为专营机构，专司对科创企业的"贷"，形成对科创企业"股权投资+债权融资"联动服务。

[①] 上海银监局：《鼓励建设一套面向未来的科技金融机制》，《经济日报》2017年9月26日。

表 8-4 全国第一批投贷联动试点名单

试点地区	试点银行	试点要求
北京中关村、武汉东湖、上海张江、天津滨海新区、西安国家自主创新示范区	国家开发银行、中国银行、恒丰银行、北京银行、天津银行、上海银行、汉口银行、西安银行、上海华瑞银行、浦发硅谷银行	国家开发银行、中国银行、恒丰银行等全国性银行可根据其分支机构设立情况在上述 5 个国家自主创新示范区开展试点；浦发硅谷银行可在现有机构和业务范围内开展试点；北京银行、天津银行、上海银行、汉口银行、西安银行、上海华瑞银行可在设有机构的国家自主创新示范区开展试点

资料来源：银监会、科技部、人民银行《关于支持银行业金融机构加大创新力度开展科创企业投贷联动试点的指导意见》（银监发〔2016〕14 号）。

针对科技小企业高风险、高成长的特点，上海银行全国首创推出"远期共赢利息"业务模式，推出以投行思路设计"前低后高"的阶梯式贷款利率定价模式，在贷款发放时，先收取相对较低的基础利率；待小企业基于上海银行信贷支持得到发展，且满足预先商定的触发条件后，再收取远期共赢利息，将银行贷款收益与小企业的发展周期相结合。截至目前，上海银行已实现"远期共赢利息"业务落地放款 15 笔，荣获 2016 年"上海市金融创新二等奖"。

三、上海闵行上银村镇银行：探路科技金融服务

1. 法人银行+科技专业银行

上海闵行上银村镇银行于 2011 年 2 月开业，是闵行区唯一一家法人银行。开业以来，资产规模、净利润等重要经营指标稳步增长（见图 8-3）。2016 年，净利润和净资产收益率位于上海市村镇银行前三。

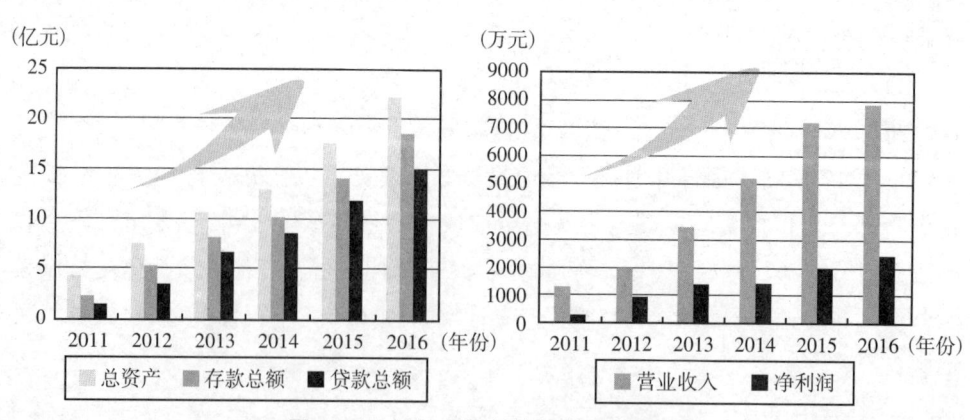

图 8-3 闵行上银村镇银行经营指标

资料来源：闵行上银村镇银行提供。

发掘区域经济特点，转型科技专业银行。随着经济逐渐下行，部分传统行业开始走下坡路，甚至被淘汰，过去的信贷投向面临着调整，越来越多的银行开始探索新的行业投向。闵行上银村镇银行深入发掘所属区域经济特点发现，上海市闵行区属于上海市城市化进程最快的一个区，商业化和工业化水平较高，农业GDP占比仅0.1%（见图8-4）。同时，闵行区是上海银行机构集聚最多的区域，240多家分支机构扎堆在这里，银行竞争激烈。

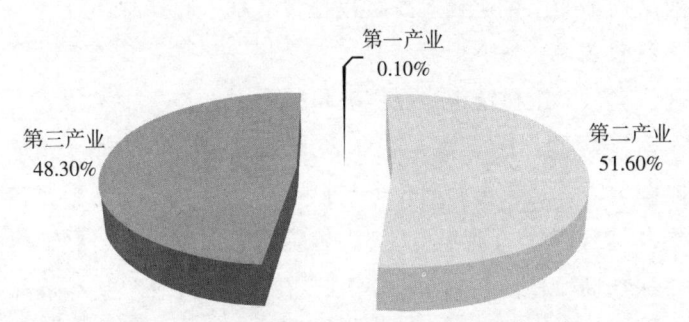

图 8-4　2015 年上海闵行区三大产业构成

另外，闵行区内科技企业、科技园区兴起，莘闵留创园、紫竹高新区、漕泾河开发区、零号湾、奇士科技创意园、绿亮科创园等科技园区入驻的科技型企业众多。此外，上海张江高科技园区目前注册企业1万余家，初步形成了以信息技术、生物医药、文化创意、低碳环保等为重点的主导产业，第三产业占2/3以上。但是，小微科技企业由于规模小、市场尚待打开、财务数据弱、轻资产缺乏抵押物等原因，很难达到传统贷款条件，小微科技企业普遍存在贷款难问题，发展遇到"瓶颈"，政府、园区、企业急切盼望得到银行融资支持。

闵行上银村镇银行如何在夹缝中寻求发展？针对区域特点和企业困难，该行于2013年开始探索小微金融服务与差异化经营，其突破口即"打造'小而美'的科技专业银行"。利用独立法人金融机构自主决策、政策灵活等优势，以"快捷、高效、灵活"为服务理念，致力于服务小微科技企业。

最近三年，该行科技金融成效显著。采取"投贷联动"模式，突破科技企业融资"瓶颈"，先试先行。2016年被上海银监局确定为上海市九家科技金融转型重点银行之一，2017年被评为"全国金融服务创新先进村镇银行"。

截至2016年，该行累计服务了包括立源水处理、爱博新药、松力生物、沃巴弗电子科技和诺倬力机电等公司在内的科技企业近百家，累计发放近10亿元科技贷款。截至 2017 年 2 月末,"银园合作"科技园区签约 7 家,"银投合作"风险投资机构签约 5 家。加强了"银政合作",2016 年下半年起,与上海科技创业中心、上海市中小微企业政策性融资担保基金等开展了合作。同时,集聚了一批国家千人计划特聘专家客户。例如,爱博新药董事长詹正云为国家千人计划特聘专家,其创建的公司致力于国家战略性生物医药和新材料领域的研究。该行在公司经营发展困难时期给予了信贷支持。此外,该行是上海股权托管交易中心会员银行,目前已推荐 8 家企业到上海股权托管交易中心挂牌。

2. 特色化经营之道:培育科技金融"苹果树"

调研发现,闵行上银村镇银行在服务科技金融的过程中,形成了独特的工作思路和方法,实践经验不断丰富,主要表现在以下几个方面:首先,风控第一位,转变风控理念。一是结合商业银行与投行理念,从注重强担保转变为注重成长性、盈利能力。"实质重于形式",突破传统的看财务报表、看销售收入、看抵押物的思路,探索新型风险控制理念,用"五大原则+五个基本条件"选择科技型小微企业。将企业成长性、信用性、偿还性、投向性、循环性作为选择客户的五大原则;提出科技型小微企业融资的五个基本条件,分析企业产品科技含量、发展前景及团队创新能力,采取灵活的担保方式,通过"投贷联动",在科技企业快速成长中获取一定的风险补偿。二是专业化审批。成立专业化审批团队"小额科技贷款初审小组",对 300 万元以下的小额贷款进行初审,顺利对接上海市科创中心"微贷通""履约贷"。

其次,客户是上帝,全面了解服务对象。行业政策方面,重点参与新一代信息技术、生物、新能源、新材料等的科技型小微企业。贷款额度方面,坚持"小额分散"的原则,重点投放 500 万元以内的科技贷款。客户结构方面,以新型行业企业为主,形成"60 后""70 后""80 后"优势组合的客户机构,即:①"60 后"的海外留学归国、国内高级知识分子、国家千人计划特聘专家等创办的企业,主要从事环保、医药生物、化工等行业;②"70 后"的科技人才创办的企业,主要从事机械、电子、新能源等行业;③"80 后"的科技人才创办的企业,主要从事计算机、软件、机器人等行业。产品方面,根据市场需求不断创新产品体系,2015 年制作了《"锦绣 1 号"小微科技企业创投信贷产品手册》,以创新创业贷、新三板股权质押贷、上海股交中心 E 板股权质押贷、莘闵园区科技创业信用贷等产品为重点,逐步推出对前景看好的轻资产型小微科技企业的个性化产品。

最后,渠道为王,塑造"三合作"模式。一是银园合作,2013 年初,该行启动了与莘闵留创园的合作，拉开了该行"银园合作"的序幕，进一步与紫竹高新区、上海张江高科技园区、奇士科技创意园、绿亮科创园等多家科技园区开展合作。2016年，积极参与张江高科第四季"895创业营"活动，行长担任创业导师，并向获奖科技企业提供综合金融授信。二是投贷联动（银投合作），探索对科技型小微企业"投贷联动"的"优先认股权"（期权）模式和远期利息的风险补偿模式，形成了银行、企业与投资机构之间互利共赢的良性"生态"模式。截至2016年底，签订期权财务顾问合作协议15个，签订远期利率协议10个。三是银政合作，与上海市科技创业中心、保险公司或市担保公司合作，成为"微贷通"的重要合作银行，为200万元以下的科技小微企业贷款提供增信措施。2016年下半年合作以来，已放款7笔，金额计630万元。2017年，进一步成为"科技履约贷"的签约银行。2016年下半年，与上海市中小微企业政策性融资担保基金管理中心合作以来，已放款7笔，共计1450万元。三合作模式下的不同渠道构成该行科技金融"苹果树"的树冠（见图8-5）。

图8-5 上海闵行上银村镇银行的科技金融"苹果树"

此外，精心打造团队，提升全行营销服务能力，形成五支营销团队，其中专注于小微科技金融业务的有两支。制定了专门针对小微科技金融专业团队的差异化考核办法，配备专项资源，按照小微科技金融业务特性，在FTP定价、绩效评价、风险容忍度方面给予大力倾斜。

归结起来，闵行上银村镇银行特色化经营之道在于连接多方资源，培育科技金融"苹果树",为小微科技企业提供全生命周期金融服务。从小微科技企业初创阶段的资金贷款,到成长阶段为其引入风投与追加贷款资金,到为具备上市条件的企业做上市前的准备,一直到上市后期可能出现的股权质押与担保服务(见图8-6)。他们的所想、所需、所虑都是开拓业务的商机和一同努力、共同成长、携手发展的机会。

```
初期阶段 → 成长阶段 → 上市准备 → 上市后期
```
1. 小额贷款50万~100万元　　风投/贷款　　券商/投行部　　股权质押+担保
2. VC+贷款

图8-6　小微科技企业全生命周期金融服务

3. "投贷联动"案例样板

(1) 投贷联动案例分享——期权模式。2013年6月,莘庄工业园区平台推荐一家从事环保水处理的科技型小微企业到闵行上银寻求融资支持。该企业产品科技含量高,市场前景广阔,但由于轻资产、缺抵押,融资受阻。由于应收账款拖欠等原因,该企业资金压力剧增,流动资金周转非常困难,订单业务处于无钱承接的境地。

该行在调研了该企业实际控股人和团队综合素质、技术先进性、行业发展前景及实际市场订单需求等方面的情况后,决定摒弃老旧观念,及时向其发放了金额为500万元、期限为90天的信用贷款,为其雪中送炭。公司起死回生,当年即实现3000万元销售额和108万元的净利润。

一年后,由于企业订单大量增加,流动资金又出现缺口。在该行的帮助下,引入风投资金1500万元;同时,该行又追加创业贷款400万元,并获得该企业的小额期权。

2015年初,该企业参与上市公司并购,该行也顺利实现了期权收益,形成了银行、企业与投资机构之间互利共赢的良性"生态"模式。

(2) 投贷联动案例分享——远期利率模式。2014年,该行收到了一家生物技术公司的贷款申请。这是一家由归国留学人员创立、以研究开发为基础的公司,主要业务是研究开发生产医用生物材料、医疗器械。公司处于研发阶段,自2009年以来公司没有销售收入,处于亏损状态;再加上由于他行收回贷款,公司经营资金非常紧张。

该行组织专业人员对其进行了调查。据了解,公司管理团队和研发团队多为海外留学归国人员，拥有多项专利，市场潜力巨大，并取得多家知名风投机构的青睐。经反复研究，该行决定为其发放为期3年的抵押贷款2000万元。

2017年，该行决定继续支持该公司，并签订4%的远期利率协议，以回报该行对其支持。

4. 描绘未来愿景

闵行上银村镇银行认为，科技金融服务虽取得了一些成绩，但尚处于起步阶段，离设想的目标还有差距。此外，受资本金、科技支撑等制约，科技金融服务规模扩大的难度较大。打造"开拓创新、特色鲜明、小而美的科技专业银行"的战略愿景任重而道远。未来需将专业科技金融服务与互联网科技相结合，将线上金融和线下金融的同步发展相结合，致力于为投融双方提供直接对接的新渠道。目前，牵头与上海市科创中心、莘庄工业园区建立了科技信息平台，但要平台发挥预期作用还需努力。"投贷联动"要灵活性与原则性统一，规范化与可操作结合，还需监管部门持续支持。与此同时，有关方面需要达成共识，实现公司利益与核心骨干团队利益绑定，调动管理团队与公司员工的积极性，兼顾公司长期利益与近期利益，完善长效激励机制，从而促进公司未来的可持续发展。

2017年，上海银监局、上海市科委联合发布《上海银行业支持上海科创中心建设的行动方案（2017~2020年）》，该行积极响应文件精神，完善科技金融服务模式，加大金融创新力度，继续探索科创企业投贷联动业务可复制模式，助力科创型中小微企业发展，为上海建成有全球影响力的科创中心的宏伟目标贡献力量。

第四节　浦发村镇银行"新思维、心服务"

一、浦发村镇银行遍布18个省区市

自2008年浦发村镇银行在四川绵竹地震灾区发起设立第一家村镇银行以来，截至2016年末共设立浦发村镇银行25家，分布在全国18个省区市的县域，其中2/3在中西部。截至2016年末，25家浦发村镇银行资产总额355.82亿元，存款余额277.03亿元、贷款余额208.04亿元，涉农和小微贷款在贷款总额中的占比超过90%，年内实现营业收入10.60亿元，净利润3.08亿元。切实践行普惠金融政策，在第三届全国村镇银行综合排名中，浦发村镇银行荣获佳绩，共有10家村镇银行获评"全国百强村镇银行"，浦发银行成为荣获百强村镇银行数量最多的主发起行。

在服务对象上，浦发村镇银行以农户和小微企业为主；在市场定位上，坚持立足县域经济，旨在缓解农民和小微企业贷款难、扩大农村金融服务和扶贫攻坚。比如，在积极开展金融精准扶贫方面，在2016年总结推广了茶陵浦发村镇银行"精准扶贫新模式"，25家浦发村镇银行（见表8-5）合计发放金融精准扶贫贷款2222笔，累计投放扶贫贷款43429万元。浦发村镇银行还通过积极创新金融产品，推广微贷技术，扩大对"三农"和小微客户的金融扶持。例如，乌鲁木齐米东浦发村镇银行开展粮棉收储代理、邹平浦发村镇银行以手机循环贷为核心开展产品组合和方案营销、茶陵浦发村镇银行的金牛贷、上海奉贤浦发村镇银行的贤稻香等产品，促进了"三农"小微金融业务的转型升级。2016年10月17日，浙江新昌浦发村镇银行在全国银行间同业拆借中心成功发行1亿元的同业存单，这也是全国村镇银行业内首单同业存单。

表8-5 浦发村镇银行的全国分布

银行名称	主要经营地	持股比例（%）
绵竹浦发村镇银行	四川绵竹	55.00
溧阳浦发村镇银行	江苏溧阳	51.00
巩义浦发村镇银行	河南巩义	51.00
奉贤浦发村镇银行	上海奉贤	51.00
资兴浦发村镇银行	湖南资兴	51.00
重庆巴南浦发村镇银行	重庆巴南	51.00
邹平浦发村镇银行	山东邹平	51.00
泽州浦发村镇银行	山西晋城	51.00
大连甘井子浦发村镇银行	辽宁甘井子	51.00
韩城浦发村镇银行	陕西韩城	51.00
江阴浦发村镇银行	江苏江阴	51.00
平阳浦发村镇银行	浙江平阳	51.00
新昌浦发村镇银行	浙江新昌	51.00
沅江浦发村镇银行	湖南沅江	51.00
茶陵浦发村镇银行	湖南株洲	51.00

续表

银行名称	主要经营地	持股比例（%）
临川浦发村镇银行	江西抚州	51.00
临武浦发村镇银行	湖南郴州	51.00
衡南浦发村镇银行	湖南衡阳	51.00
哈尔滨呼兰浦发村镇银行	黑龙江哈尔滨	51.00
公主岭浦发村镇银行	吉林四平	51.00
榆中浦发村镇银行	甘肃兰州	51.00
云南富民村镇银行	云南富民	51.00
宁波海曙村镇银行	浙江宁波	51.00
乌鲁木齐米东浦发村镇银行	新疆乌鲁木齐	51.00
天津宝坻浦发村镇银行	天津宝坻	49.00
合　计	25家	

资料来源：浦发银行2016年公司年报。

二、上海奉贤浦发村镇银行"新思维、心服务"

"新思维、心服务"这一浦发银行文化理念，正被浦发村镇银行转化成核心竞争力，以践行社会责任、普惠金融，服务"三农"、服务村民为使命所在，致力于打造奉贤人民身边的精品草根银行。

创新思维，推出"支农支小"特色品牌服务。成立至今，奉贤浦发村镇银行先后设计了"惠农贷""贤稻香""农机贷""贤人贷""助业贷""金叶贷"等多种支农和小微企业的特色金融产品。其中，该行与奉贤区农委联合推出的"贤稻香"家庭农场主贷款获得了上海市银行同业公会颁发的2016年上海银行业"最佳小微企业服务案例奖"，这也是上海银行业唯一的支农金融奖项。家庭农场主贷款无须抵押，按人民银行基准利率发放，2016年向38户种水稻的农户总共发放贷款约500万元，"这是真正践行社会责任，服务'三农'之举"。

在涉农服务方面，针对抵押物不足的情况，该行采取接受第二顺位抵押的方式，为农户提供必要的资金支持。2016年至今，奉贤浦发村镇银行共对88户家庭农场主提供贷款，累计发放1400多万元，市场占比超过90%。同时，该行积极与安信农保合作发放农业合作社贷款，目前服务约60户农业合作社，贷款余额约1.4亿元，市场份额超过1/3。目前，奉贤浦发村镇银行21.23%的贷款为支农贷款，涉农贷款和小微贷款合计占比达77.66%。

"心服务"普惠金融，助力改善农村金融环境。该行致力建成"镇村全面合作银行"和"社区银行"。"镇村全面合作银行"是指与奉贤区、下属各镇、村加强沟通和合作，尤其是建立与区农委的全面战略合作关系，开展涉农支农业务。"社区银行"则是指走进社区、走进居委会，贴近农村和农户，宣传普及金融知识，服务本地居民。

普惠金融工作常态化，提升"全国送金融知识下乡"宣传服务站的功能。2016年，该行员工走进村委会、居委会，举办活动80场，用通俗易懂的方式向广大中老年人普及非法集资、存款保险制度等金融知识。足迹遍布奉贤6个镇、2个街道，受益人次超过5000人。2017年，该行计划将公益金融宣传活动的场数增加到100场。

满足村民"最后一公里"取款等金融服务需求，2017年8月中旬，奉贤浦发村镇银行创新设立的"普惠金融自助终端"率先进入南桥镇江海村。村民通过菜单页面简单操作，就能享受银行卡现金支取等基本金融功能，以及手机充值、信用卡还款、付费通缴费（水费、电费、燃气费、宽带费）等各种增值服务。所有银行的银联借记卡都可在这台机具上取款，且取款时间比ATM机短。每张卡每天可取两次款，每次最多可取1000元。

除此之外，该行还专供"免手续费"特色便民业务，包括取款、信用卡还款专用等，为村民实现"零成本"、高效率的现代化金融服务，带来真正的实惠。考虑到部分高龄老人因身体健康等因素，无法亲自到柜面办理银行卡相关业务，该行还特事特办，针对符合条件的村民，提供银行卡上门激活的特色服务，仅上半年就为南桥镇江海村、六墩村提供4次银行卡上门激活服务，服务人次189人。

广泛宣传金融知识，以普惠金融带动业务发展，储蓄存款增长在浦发系统的村镇银行中数一数二。近三年来，存款增长了132%，其中，储蓄存款更是增长了629%。储蓄存款在该行存款中的占比从三年多前的不足10%，快速提升到如今的近30%，这对于该行提高负债稳定性、降低流动性风险有很大的帮助。在贷款方面，该行取得了近三年年均16%的增速。

同时，细致入微，致力打造有人文关怀的银行。该行围绕接地气、客户满意、员工幸福、社会评价良好的"精品草根银行"目标，进一步丰富和建设具有村镇银行特色的企业文化，通过开展"同心奋斗，携手成长"系列企业文化活动，内聚人心，外树形象，员工和企业共同成长，始终向员工、向社会传递正能量，坚持扎根奉贤，倾听"三农"和小微客户的心声。2016年，该行荣获"奉贤区文明单位""浦发银行集团优秀职工之家""浦发银行集团百强网点"等奖项。

第五节　外省银行系村镇银行抢滩上海

一、温州异地村镇银行军团试水上海"金融高地"

1. 70家温州系村镇银行布局全国七省一市[①]

温州银监分局数据显示，截至2016年末，温州4家农商银行和温州银行获批在省内外发起设立村镇银行的总数已达到70家（见表8-6）。其中，已对外开业47家，另外23家或在获批开业，或在筹建，主要分布于贵州、江西、浙江、福建、河南、河北、陕西、上海。形象地讲，温州银行业在全国七省一市建立了一个村镇银行"温州军团"，金融服务触角不断延伸。

表8-6　全国温州系村镇银行

单位：家

发起行	获批数量	开业数量
鹿城农商银行	39	23
龙湾农商银行	12	12
苍南农商银行	2	2
瓯海农商银行	16	9
温州银行	1	1
合　计	70	47

村镇银行"温州军团"的跨区域经营始于福建福鼎恒兴村镇银行。2010年6月，由苍南农商银行主发起的福鼎恒兴村镇银行在福建福鼎开业。这是温州银行业首次跨出温州走向外省设立村镇银行。之后，由鹿城农商银行发起的，2012

[①] 温州网，2017-02-23，http：//news.66wz.com/system/2017/02/23/104967462.shtml。

年3月开业的江西安源富民村镇银行，成为温州银行业在中部省份设立的首家村镇银行。2012年10月，由鹿城农商银行主发起设立的贵州省第一家温州系村镇银行金沙富民村镇银行开业，拉开了温州银行业在贵州批量开设村镇银行的序幕。

温州拥有庞大的在外温商资源。数据显示，年资本流动规模在7000亿元左右，对于温州的银行来说，有别于本土的激烈竞争，"走出去"或是一片值得深挖的蓝海。借温州金改东风，温州本地银行以异地村镇银行的形式积极"走出去"，通过搭建金融桥梁，对接温州经济和在外温州人经济，在积极支持各地金融发展的同时，拓展了自身的发展空间，为"温州人经济"的互动发展起到促进作用。

另外，通过设立村镇银行，将温州"支农支小"的先进金融技术带到中西部等欠发达地区，改善当地金融资源供给和普惠服务。同时，实现"总部经济"效益明显，通过存放同业、信贷资产转让、理财代销等方式，加强温州主发起行与村镇银行的业务互动，创造了新的收入增长点。

2. 温州系上海村镇银行

● 温州系首家上海村镇银行：上海浦东恒通村镇银行

温州系村镇银行在全国有多个首家，其中，试水上海金融高地的首家是上海浦东恒通村镇银行（见图8-7）。该行由龙湾农商银行主发起成立，2016年6月18日在上海市浦东区开业。注册资本1.2亿元中，股东方以温州企业为主，还包括江苏、上海等多家企业。

上海有上千家银行，金融领域早已形成高度竞争的局面，这有别于金融欠发达的中西部地区。试水上海这个国际化大都市可看作恒通村镇银行进军高端市场的一次自我挑战。该行主发起行温州龙湾农村商业银行，自2013年设立第一家鹰潭月湖恒通村镇银行至今，已经在浙江、陕西、上海等地开设了12家村镇银行，其快速发展是温州异地村镇银行实行"走出去"战略的缩影。该行负责人强调，对于地方性法人银行来说，只有深耕各地金融市场，才能深入挖掘自身优势，开辟一条适合自己的差异化路线，找到属于自己的"市场蛋糕"。并称，该行在上海最大的优势是便捷，企业申请的贷款能不能获批，一两天内就可知道，解决了初创期企业贷款难、贷款烦的痛点，客户的体验非常好，转介绍率也很高。截至2016年底，该行开业仅半年就累计放贷近4亿元。[①]

[①] 温州网，2017-02-23，http://news.66wz.com/system/2017/02/23/104967462.shtml。

第八章　上海探索：大都市如何办村镇银行

温州首家村镇银行	2009年4月21日，温州市第一家村镇银行——永嘉恒丰村镇银行在永嘉县瓯北镇开业，由瓯海农商银行联合永嘉农商银行和21家温州民企共同发起成立
异地首家温系村镇银行	2010年6月8日，由苍南农商银行主发起成立的福鼎恒兴村镇银行在福建省福鼎市开业。这是温州银行业首次跨出温州走向外省设立村镇银行
江西首家温系村镇银行	2012年3月26日，由鹿城农商银行主发起成立的安源富民村镇银行江西省萍乡市安源区开业。这是温州银行业在中部设立的第一家村镇银行，也是萍乡市首家村镇银行
贵州首家温系村镇银行	2012年10月26日，浙江银行业在贵州省的第一家村镇银行——由鹿城农商银行主发起设立的金沙富民村镇银行在毕节市金沙县开业
河南首家温系村镇银行	2013年2月27日，由鹿城农商银行主发起成立的卫辉富民村镇银行在河南省新乡市开业。这是温州银行业在中原设立的第一家村镇银行
河北首家温系村镇银行	2014年3月26日，由瓯海农商银行主发起成立的鹿泉恒升村镇银行正式开业。这是温州银行业在河北设立的第一家村镇银行
陕西首家温系村镇银行	2015年9月3日，由龙湾农商银行与在陕温州商人共同发起的西安雁塔恒通村镇银行正式开业。这是温州银行业在西北地区设立的第一家村镇银行
上海首家温系村镇银行	2016年6月18日，由龙湾农商银行主发起成立的上海浦东恒通村镇银行在上海市浦东区开业。这是温州银行业在上海设立的第一家村镇银行

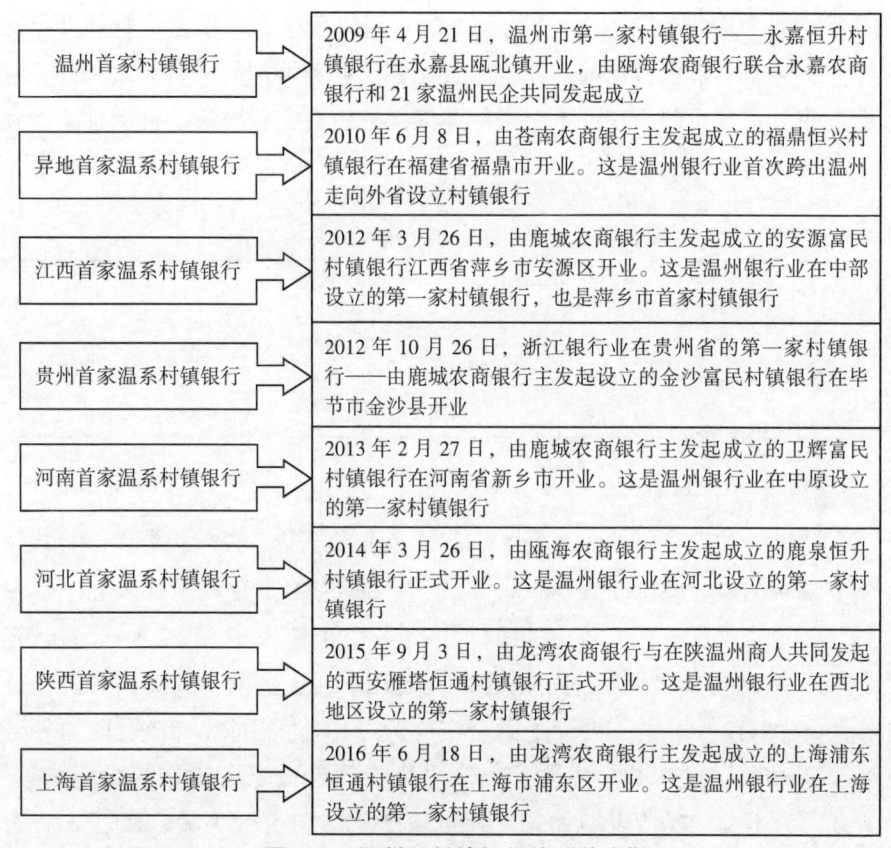

图 8-7　温州系村镇银行的"首家"

资料来源：搜狐财经。

● 上海松江富明村镇银行：鹿城农商行在沪首家

首家温州系上海村镇银行设立后，不久上海松江富明村镇银行在松江区成立。该行以松江地区内的城乡居民、农民、个体工商户、小微企业主和中小微企业为主要服务对象，支持松江地区"三农"经济和当地中小微企业发展，并提供全方位的金融服务。

该行是以浙江温州鹿城农商银行为主发起行，联合温州本地上市公司报喜鸟服饰股份有限公司，在上海发起设立的第一家村镇银行（见表8-7）。众所周知，鹿城农商银行以"资本为媒"批量设立村镇银行，在全国农村金融机构跨区域经营，不断拓展发展空间。截至2016年末，包含松江富明村镇银行在内，鹿城农商银行已发起设立39家村镇银行，分布于贵州、浙江、江西、河南和上海。已开业行存款余额48.58亿元，存款户数27.80万户，贷款余额113.24亿元，贷款户数 7 万户，户均贷款余额 16.18 万元。通过设立董事会村镇银行管理委员会及办公室，办公室下设综合保障部、人力资源部、业务管理部、财会运营部、科技信息部、审计部和贵州管理部七个条线职能部室，在完善村镇银行治理架构和本地化、社区化经营方面积累了丰富经验。①

表 8-7　上海松江富明村镇银行基本情况

主发起行	注册资本（元）	持股比例（%）		成立日期
鹿城农商银行	10000 万	浙江温州鹿城农商行	64	2016 年 7 月 1 日
		浙江报喜鸟服饰股份公司	10	
		5 个自然人股东合计	26	

自 2016 年 9 月开业以来，上海松江富明村镇银行坚持发起行"做小、做广、做精"的战略定位，推行普惠金融，定制特色金融产品，参与各类商会及社区活动，宣传金融知识，为农户、商户、社区居民及中小微企业提供多方位金融服务，致力于成为松江人民"身边的银行"。立足松江本土"接地生根"，进行客户分层研究，探索为外来人口、新松江人、随迁亲属、小微企业提供支持，打造"阳光信贷"的良好形象，设计了微贷宝、普惠贷、薪用贷、白领贷、邻里贷、商贷宝、装修贷、税源贷、电商贷、商户贷等灵活的贷款方式，授信额度从 5 万~1000 万元不等。2017 年 3 月末，存贷规模突破 10 亿元大关，截至 2017 年 8 月底，累计授信总额达到 12.35 亿元，授信户数 1061 户；累计发放贷款 10.93 亿元，贷款余额为 10.23 亿元，贷款户数 903 户，户均 113 万元，其中支持纯农户 128 户，贷款余额 1.3 亿元；小微企业贷款 654 户，贷款余额 8.2 亿元，占贷款总额的 80%。目前，该行正努力加大品牌推广，拓展基础客户渠道，深化与当地政府和社区的合作关系。

二、外省优秀商行以村镇银行形式入沪

1. 主发起商行的省域分布

从主发起银行的背景看，上海村镇银行可视为外省优秀商业银行以另外一种形式在上海的集体亮相。如表 8-8 所示，上海松江民生、上海宝山富民村镇银行是由全国股份制银行主发起的，除此之外，其他村镇银行的主发起行来自江西、

---

① 鹿城农商银行官网，http://www.lcrcbank.com/about.aspx? id=221。

表 8-8　部分上海村镇银行的外省商行背景

名称	主发起行	总部驻地	发起村镇银行总数
上海嘉定洪都	南昌农商行、九江农商行	江西	10
上海金山惠民	南充市商业银行	四川	4
上海青浦刺桐红	泉州农商行	福建	13
上海浦东江南	江南农商行	江苏	2
上海宝山富民	盛京银行	辽宁	6
上海松江民生	民生银行	北京	29
合　计			74

注：截至 2017 年 8 月，南昌农商行、九江农商行发起的村镇银行分别为 7 家和 3 家。

四川、福建和江苏等省份的城市农商银行或商业银行。

2. 主发起商行的村镇银行竞争优势

由于发起时的天然联系，主发起行的特点和优势一般成为村镇银行的基因，影响其后期的成长和成熟。上海村镇银行的主发起行经过长期积累构筑了竞争优势，并且已在其"大本营"及全国其他省市发起总数达 74 家的村镇银行。以此为基础，它们进一步利用村镇银行政策，抢滩上海金融高地。

例如，上海金山惠民村镇银行的主发起行南充市商业银行，已在全国发起了 4 家村镇银行，成立于 2001 年 12 月 27 日，位于四川省第二大金融、交通枢纽、人口、消费、教育中心南充市。十几年来，南充市商业银行分步实施"下乡进城"的战略步骤，创造了"三个中国第一"：2005 年成功引进战略投资者德国投资与开发有限公司（DEG）和德国储蓄银行国际发展基金（SIDT），成为中国第一家二级城市引进外资的银行；2007 年 3 月 1 日，发起设立了中国第一家村镇银行、贷款公司——四川仪陇惠民村镇银行、四川仪陇惠民贷款公司；2007 年在成都开设分行，成为中国第一家二级城市跨区域在省会设立分行的银行。2017 年 1 月，该行更名为四川天府银行，目前正积极谋划上市。截至 2017 年 6 月末，该行资产总额达到 1919.54 亿元，各项存款余额（含同业）达到 1264.61 亿元，各项贷款余额 647.89 亿元。

再如，上海浦东江南村镇银行的主发起行江南农商行，已在全国发起 2 家村镇银行和 7 家异地支行，是经国务院同意、中国银监会批准，由常州市辖内原 5 家农村金融机构（武进农村商业银行、溧阳农村合作银行、常州市区农村信用合作联社、常州市新北区农村信用合作联社、金坛市农村信用合作联社）于 2009

年组建而成的全国首家地市级股份制农村商业银行，是中国银监会确定的二级资本债券和资产证券化发行试点单位，是江苏省农信系统内首家存款突破千亿元的法人机构。2016年9月1日，获得开办金融衍生品交易业务资格，成为全国农商行系统第二家获得普通类资格（全业务牌照）的农村商业银行。截至2017年8月末，全行资产规模逾3207亿元，在2017年英国《银行家》杂志公布的全球银行业排名中位列第421位，中国银行业排名第44位，全国农商行序列排名第8位，江苏省农信系统排名第1位。近年来，该行在综合理财能力、资产证券化、因地制宜的异地机构优化管理、对接科技金融、网点转型和直销银行等多个方面积累了丰富的经验，成为商业银行的标杆。

又如，上海嘉定洪都村镇银行由南昌农商行、九江农商行两家江西省农商行联合发起。其中，截至2017年3月，南昌农商行发起设立的7家村镇银行贷款余额24.44亿元，户均贷款65万元。该行作为2009年3月改制组建的江西省首家农商银行，一直是江西省农村金融机构的"领头羊"，在江西金融系统率先成立中小企业服务中心和推出第一条中小企业申贷热线，在全国率先开办下岗再就业小额担保贴息贷款业务，率先成立再就业服务中心。截至2017年1月，存贷款总额在全省率先突破1万亿元，达到10014.3亿元，其中：各项存款余额5964.7亿元，各项贷款余额4049.6亿元。截至2017年3月，各项资产总额突破600亿元，是成立之初的5.7倍；累计实现各项收入129亿元，拨备前利润52亿元，年均增幅达30%以上；累计缴纳各项税收近17亿元，成为地方纳税大户。①

同时，上海宝山富民村镇银行的主发起行盛京银行，前身是由沈阳市城市信用社、沈阳合作银行、沈阳城市合作银行逐步发展起来的沈阳市商业银行，于2007年更名为盛京银行。盛京银行是沈阳第一家总部银行，是东北地区成立最早、规模最大、实力雄厚的城市商业银行，是继上海银行、北京银行之后全国第三家实现跨省设立分支机构的城市商业银行，也是辽沈地区首家在港成功上市的城商行。目前，已在北京、上海、天津、长春、大连及辽宁其他城市等相继设立14家分行，在上海、宁波、沈阳等地发起设立了6家富民村镇银行。2016年，该行又发起设立了东北地区首家消费金融公司——盛银消费金融有限公司。中期业绩报告显示，截至2017年6月30日，实现资产总额人民币9387.11亿元；发放贷款和垫款净额人民币2707.09亿元，较2017年初增长18.3%；存款余额人民

---

① 南昌农商银行：《做农村金融改革"先行者"》，新华网，2017年3月24日。

币 4434.57 亿元，较年初增长 6.8%。上半年营业收入 64.69 亿元，实现净利润 35.04 亿元。在近期东北地区经济转型升级的背景下，盛京银行保持上述稳定增长实为不易。未来该行仍需进一步调整经营策略和管理手段，优化经营布局和业务结构，巩固传统业务优势和推进业务创新和转型发展。

特别是民生村镇银行、民生金融租赁股份有限公司、民生加银基金管理有限公司和民生加银资产管理有限公司并称民生银行系的四大附属机构。上海松江民生村镇银行构成"民生系"村镇银行全国布局的重要组成部分。从 2008 年 9 月民生银行设立第一家村镇银行——彭州民生村镇银行起，民生银行一直积极参与村镇银行建设工作，在数量、规模和效益等诸多方面已经取得了较大的成绩。目前，民生银行已发起设立 29 家村镇银行，为支持当地"三农"和经济发展做出了一定的贡献，许多村镇银行经营管理情况位居全国前列（见表 8-9）。民生银行也通过村镇银行板块，延伸了民营、小微金融战略，扩大了民生银行的物理服务范围，并且将民生品牌和民生文化在更广阔的地域和市场内进行有力的传播与推广。

表 8-9 "民生系"村镇银行

名 称	注册地	注册资本（万元）	股权比例（%）
彭州村镇银行	四川省	5500	36.36
慈溪村镇银行	浙江省	10000	35.00
松江村镇银行	上海市	15000	35.00
綦江村镇银行	重庆市	6000	50.00
潼南村镇银行	重庆市	5000	50.00
梅河口村镇银行	吉林省	5000	51.00
资阳村镇银行	四川省	8000	51.00
江夏村镇银行	湖北省	8000	51.00
长垣村镇银行	河南省	5000	51.00
宜都村镇银行	湖北省	5000	51.00
嘉定村镇银行	上海市	20000	51.00
钟祥村镇银行	湖北省	7000	51.00
蓬莱村镇银行	山东省	10000	51.00
安溪村镇银行	福建省	10000	51.00
阜宁村镇银行	江苏省	8500	51.00
太仓村镇银行	江苏省	13500	51.00

续表

名称	注册地	注册资本（万元）	股权比例（%）
宁晋村镇银行	河北省	4000	51.00
漳浦村镇银行	福建省	5000	51.00
普洱村镇银行	云南省	3000	51.00
景洪村镇银行	云南省	3000	51.00
志丹村镇银行	陕西省	1500	51.00
宁国村镇银行	安徽省	4000	51.00
榆阳村镇银行	陕西省	5000	51.00
贵池村镇银行	安徽省	5000	51.00
天台村镇银行	浙江省	6000	51.00
天长村镇银行	安徽省	4000	51.00
腾冲村镇银行	云南省	4000	51.00
翔安村镇银行	福建省	7000	51.00
林芝村镇银行	西藏自治区	2500	51.00

资料来源：民生银行 2016 年公司年报。

三、在沪村镇银行的特色经营

嘉定洪都村镇银行：立足服务嘉定的"金融新军"。股东结构体现江西和上海两地企业的合作，江西除南昌农商行、九江农商行外，还有江西省电子集团和江西风雅置业有限公司，上海方面包括上海外冈实业发展有限公司、上海马陆实业发展有限公司、上海市嘉定区嘉定镇集体经济联合社。丰富信贷产品，"惠农贷""红证贷""人才贷"等产品均是根据客户需求量身定制的，极大程度上填补了嘉定区金融服务的空白。重点支持嘉定实体经济，一直以嘉定区居民、汽车零部件市场、新能源企业及个体工商户为主要投放对象，通过市场走访和宣传单页发放等一系列方式树小微信贷业务品牌。目前已与上海安信农保签订了《全面合作协议》，有力支持了嘉定区葡萄种植、肉羊养殖等农户的发展壮大。自 2016 年 1 月 18 日开业，截至 2016 年末，资产总额突破 15 亿元，各项存款达 12 亿元，各项贷款余额达 7.5 亿元。

金山惠民村镇银行：支持金山"三农"大作为。2010 年成立，注册资本 3 亿元，是目前上海注册资本金最大的村镇银行之一。早期"三农金融服务部"专设机构到现在"金融服务站",从经营目标定位、用人、员工考核到业务倾斜、企业文化,坚持沉下心服务农业为主。开发了"农业资产抵押贷款""生物资产抵押贷款""农村土地经营权抵押贷款""农超贷""浦惠贷"等符合当地农业发展的新产品,全面推行"一次抵押、循环使用"的最高额抵押贷款。例如,鉴于农民专业合作社普遍存在无法提供有效抵押物、贷款难的现象,及时研发出"农民专业合作社生产经营贷款",采取"农业资产及生物资产公证抵押方式"及"农业产业化龙头企业+农民专业合作社+农户"的模式解决其融资难问题。最近又集中全行 1/3 的人员组建普惠金融部,每周举办至少四次深入客户的社区营销活动。通过这些努力,业务范围覆盖金山区全部乡镇,与 21 个村级组织建立了长期的业务合作关系,对金山 132 家农民合作社(根据金山农委 2015 年底统计)中的 117 家农民合作社进行了授信,覆盖率高达 88.6%;累计发放贷款 96.35 亿元,累计向金山区农户、中小微企业、农民专业合作社等投放信贷资金 89.97 亿元。

浦东江南村镇银行:创新产品服务小微企业。面向小微企业推出具有"一次授信、总量控制、循环使用、适时调整"特点的快捷信贷产品,根据中国银监会《关于完善和创新小微企业贷款服务提高小微企业金融服务水平的通知》要求,在发起行的支持下,出台了《周转易贷款管理办法》,对符合条件的小微企业,创新还贷方式和比例,有效缓解小微企业贷款转贷中"先还后贷"造成的资金周转压力,获得小微企业的好评。同时,根据小微企业的生产和销售周期以及货款回笼情况,合理确定小微企业的贷款期限,确保贷款期限与企业的资金回流相匹配。成立于 2010 年 4 月,截至 2016 年末,全行资产规模总额达到 11.83 亿元,各项存款余额 10.44 亿元,贷款余额 6.62 亿元,其中涉农企业贷款达 2.35 亿元。

松江民生村镇银行:支持"上海之根"的科创发展。上海松江民生村镇银行成立于 2009 年 12 月 25 日,是由中国民生银行和松江区政府共同出资设立的。成立至今,该行立足"做小做实做本源",根据松江地区实体经济情况,抓住小微业务实质、发掘客户价值,在服务技术和金融产品方面积极创新,努力助推松江地区的经济发展,提升松江地区普惠金融的普及和发展。2016 年首次推出了面向中小微企业的无抵押产品,与多家市级、区级中小企业融资担保中心、科创中心开展合作,解决了中小微企业轻资产、融资难的问题。通过"融信通""微贷通"等产品,积极探索小微科技金融服务,服务 G60 上海松江科创走廊建设，大力支持松江区"十三五"规划中重点发展的科创行业，切实做到主动参与地方建设，助力地方经济发展以及普惠金融的经营宗旨。目前，该行在松江区新桥、泗泾、车墩、九亭、永丰等各乡镇设有6家营业网点，拥有100余名员工。

青浦刺桐红村镇银行：一个支持光伏发电市场的案例。青浦刺桐红村镇银行成立于2014年，注册资本2亿元。2017年6月7日，与世富光伏宝（股票代码：430272）签署青浦区独家合作协议。世富光伏宝成立于2009年，2013年成为虹口区首家新三板挂牌企业，2016年推出"光福家"品牌，在整个上海市场的分布式光伏领域占有率达到40%，成为上海市场分布式光伏的龙头老大。该公司近期在福建省建瓯市和光泽县推广光伏扶贫新模式，由每户建档立卡贫困户，向刺桐红村镇银行贷款5万元，交光伏宝建设电站，并从出售电费中获取收益。该公司在为农户提供担保的同时，依场地为每户建设一个40平方米左右的光伏发电站。这种农家发电站受益期25年以上，前10年农户可从光伏公司获取每年2400元的收益；从第11年开始，农户每年的收益增加到3500元以上。光伏公司对贷款承担担保责任，前10年通过电费收益偿还贷款本息，并按约定每年给农户分红，且前10年免费负责设备的维护。10年后，农户则需支付给光伏公司每天1元作为设备维护费。①

随着这几年居民电站市场的崛起，户用电站正逐步走进万千普通家庭中，慢慢地会和冰箱、电视、空调等家用电器一样成为家庭必备产品。刺桐红村镇银行与爱光伏合作推出"光福贷"，寓意让光伏电站走进千家万户，并造福万千家庭。联手向居民用户推出贷款建设电站的解决方案，覆盖年限有3档，分别是5年、8年、10年，以满足对资金需求不同的用户。而贷款额度则按照8元/瓦进行足额发放，足以覆盖安装电站的所有成本。例如，想安装一套5千瓦的家庭电站，最多能从刺桐红村镇银行贷款5000×8=4万元，但如果业主也愿意投入一部分资金，银行贷款就可以相应地扣减，电站建成后业主的还款压力也会减轻许多。

总之，上海虽是一个国际化大都市，但也得益于广大"三农"和小微企业发展的贡献。十年风雨历程，十年春华秋实。以"支农支小"为宗旨的村镇银行在自身专长的领域独辟蹊径，通过优质的服务、独特的创新在上海这片浪潮更迭的

---

① 《"光伏"照亮脱贫路》，人民网，2017年7月28日。

土地上焕发蓬勃生机，并在激烈的同业竞争中占据了一席之地。上海村镇银行业秉承"审慎经营，稳健发展"的经营理念，坚持本地化、社区化、差异化经营，走出了一条从无到有、从小到精、特色而灵活的蓬勃发展之路。未来，上海村镇银行业将继续践行普惠金融的社会责任，更好地服务三农、服务小微企业，以饱满的姿态昂首迎接村镇银行的下一个"十年"。

第四篇　经验借鉴

他山之石，可以攻玉。思考我国村镇银行的发展之路，有必要加强借鉴与学习。本篇是国内外借鉴篇，共分两章，第九章是国内借鉴，第十章是国外借鉴。在国内借鉴方面，我们选取了阿里小贷和浙江网商银行在"支农支小"上的最新探索进行深入分析。之所以这么选择，考虑到：其一，我国的互联网经济正在飞速发展，人们的金融行为越来越互联网化，金融服务的提供必须适应这种变化；其二，随着"互联网+"的推进，许多互联网公司介入金融业务，业务下沉，从大客户下沉覆盖到小微客户，从城市下沉覆盖到农村，未来与村镇银行必将形成更加激烈的竞争关系；其三，阿里小贷和浙江网商银行在"支农支小"方面确实做了很多积极而卓有成效的探索，涉及信用评估、技术支撑、风险控制等方方面面，这可以为村镇银行今后的发展提供借鉴。在国外借鉴方面，我们选取了孟加拉国的格莱珉银行作为典型案例。之所以这么选择，也是有多重考虑：一方面，格莱珉银行"特立独行"，探索出了通过小额信贷扶贫脱贫的成功经验，我国农村的一些情况与孟加拉国有相似之处，因此，有必要深入探究格莱珉银行的成功之道；另一方面，在实践层面，格莱珉的模式在全球都有推行，在我国也不例外，在推行的过程中，有成功之处，也经受过或正在经受挫折。透析格莱珉模式，可以帮助我们更深刻地认识在将格莱珉模式推广到我国时，如何有取有舍，如何因地制宜，这能为村镇银行的"支农支小"提供有价值的启示。

第九章　互联网时代的"支农支小"

第一节　阿里小贷与浙江网商银行

一、互联网巨头战略指向农村和小微

我国的金融体系庞大，金融机构和金融产品已经种类繁多，金额庞大，但也有局限性，"跛脚"现象明显，目前的金融体系主要是服务于大型企业、国有企业、政府、高净值人群，金融服务供给从总体上看仍然是不足的。由于存在诸如产权歧视、利率管制、僵化的不良率考核等因素，对中小企业和低收入群体的金融服务不足的问题尤其突出。根据在浙江的调查，只有20%的小微企业曾经获得过银行信贷，央行的征信系统包含8.8亿人的信息，其中只有3.8亿人有过信贷记录。[①] 所以中国不缺银行，缺的是为小微企业和个人消费者服务的银行。

如果说小微企业存在融资难和融资贵，那么农村小微企业、个体户的融资更难、更贵。中国人民银行农村金融服务研究小组发布的《中国农村金融服务报告2014》显示，截至2014年底，全部金融机构本外币农村（县及以下）贷款余额19.4万亿元，占各项贷款余额的比重是23.2%；农户贷款余额5.4万亿元，占各项贷款余额的比重是6.4%，农林牧渔业贷款余额3.3万亿元，占各项贷款余额的比重是4.0%，全口径涉农贷款23.6万亿元，占各项贷款余额的比重是28.1%。与几年前比，保持了快速的增长。但整体来看，农村金融服务仍然滞后。农村家庭正常信贷获批率只有27.6%，远远低于40.5%的全国平均水平。农村每万人拥

---

① 廉薇等编著：《蚂蚁金服：从支付宝到新金融生态圈》，中国人民大学出版社2017年版。

有银行类金融服务人员的数量仅为城镇的1/329。农村金融服务的覆盖面窄，渗透率低。

而且，目前农村金融发展中，农村金融产品和服务创新难，产权抵质押方面存在制度障碍，农村金融的配套服务落后，比如缺乏保险、评估机构等。可以说，农民的贷款难问题已成为中国农村金融之殇。

最近几年，互联网越来越多地与传统行业融合发展，"互联网+"所向披靡、方兴未艾，电子商务、互联网金融、共享经济等业态兴起并快速发展。面对我国金融体系的现状，互联网公司尝试通过新的模式去解决小微企业和个人金融需求得不到满足的痛点。而且，近几年来，随着城市互联网红利逐渐衰减，以及BATJ（百度、阿里巴巴、腾讯、京东）开始战略下沉、布局农村市场，农村市场引起诸多投资机构、互联网公司的注意。其中，阿里小贷、蚂蚁金服和浙江网商银行在服务小微客户方面进行了积极的探索。

二、阿里小贷与浙江网商银行的关系

阿里小贷、蚂蚁金服和浙江网商银行三者之间有比较复杂的关系，我们需要先厘清它们之间的关系。①

2010年3月25日，浙江阿里巴巴小额贷款股份有限公司（以下简称浙江阿里小贷）获得了国内首张电子商务领域的小额贷款公司营业执照。2010年6月8日，浙江阿里小贷公司宣布成立。资料显示，浙江阿里小贷成立之初，注册资本2亿元，股东包括宁波市金润资产经营有限公司、上海复星工业技术发展有限公司、万向租赁有限公司、浙江阿里巴巴电子商务有限公司以及马云等人。在2011年5月9日，注册资本变更，变为6亿元。于2015年12月19日，投资人（股权）变更，宁波金润、上海复星和万向租赁退出，浙江蚂蚁小微金融服务集团有限公司持股50%，马云等自然人持股50%。2017年3月17日，注册资变更为3亿元。目前，马云等5位自然人合计持股100%（见图9-1）。

重庆市阿里巴巴小额贷款有限公司（以下简称重庆阿里小贷）于2011年6月1日注册成立，注册资本10亿元，股东包括宁波市金润资产经营有限公司、上海复星工业技术发展有限公司、万向租赁有限公司和杭州阿里创业投资有限公司。根据国家企业信用信息公示系统查到的资料，其中，杭州阿里创业投资有限

---

① 以下分析基于国家企业信用信息公示系统的公开数据。

第九章 互联网时代的"支农支小"

```
浙江阿里小贷 ⇒ 浙江阿里小贷 ⇒ 浙江阿里小贷
```

宁波市金润资产经营有限公司	上海复星工业技术发展有限公司	万向租赁有限公司	浙江阿里巴巴电子商务有限公司	马云等自然人	浙江蚂蚁小微金融服务集团有限公司	马云等自然人	马云等自然人（共5人）
10%	10%	10%	20%	50%	50%	50%	100%

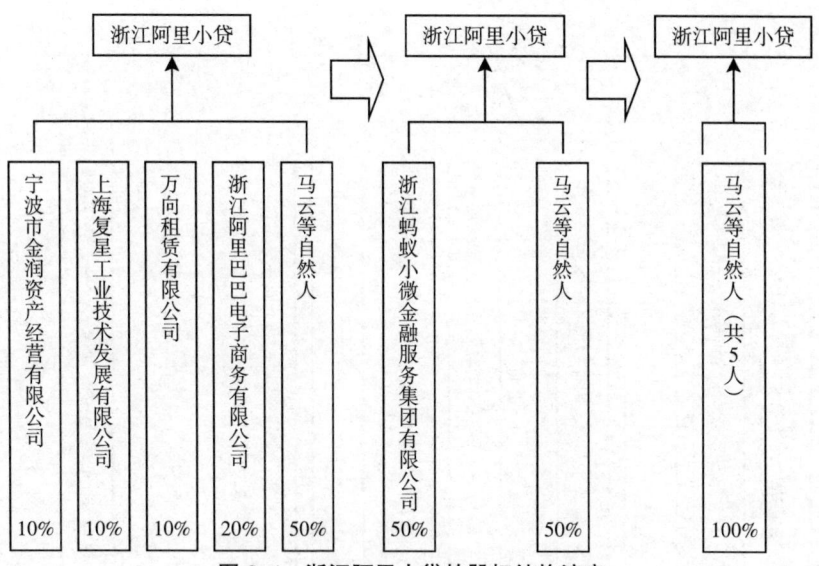

图 9-1 浙江阿里小贷的股权结构演变

公司的股东是马云和谢世煌，分别占股80%和20%。之后的发展中，重庆阿里小贷的股东、股权几经变更，后变成浙江蚂蚁小微金融服务集团有限公司，随着浙江蚂蚁小微金融服务集团有限公司变更为浙江蚂蚁小微金融服务集团股份有限公司，浙江蚂蚁小微金融服务集团股份有限公司持股100%（见图9-2），重庆阿里小额贷款也就成为蚂蚁小微金融服务集团股份有限公司的全资子公司。之所以成立两家小贷公司，主要是因为在浙江，小额贷款公司70%的贷款必须放到浙江本地，而实际上需要信贷服务的网商遍布全国各地。成立两家公司后，浙江省内的小贷业务主要由浙江阿里小贷公司承担，而浙江以外的主要由重庆阿里小贷承担。

我们把浙江阿里巴巴小额贷款股份有限公司和重庆市阿里巴巴小额贷款股份有限公司合称为"阿里小贷"。

浙江蚂蚁小微金融服务集团股份有限公司（以下简称蚂蚁金服）的前身可以追溯到浙江阿里巴巴电子商务有限公司，它成立于2000年10月19日。浙江阿里巴巴电子商务有限公司成立之初，注册资本50万元，马云出资5万元，占股10%，伟业（杭州）网络信息技术有限公司出资45万元，占股90%。几经变更，2011年，浙江阿里巴巴电子商务有限公司的注册资本达到7.11亿元，此时马云与阿里巴巴集团18位创始人之一的谢世煌分别占80%和20%的股份。2009年6月和2010年8月，阿里巴巴分两次将支付宝70%和30%的股份，从阿里巴巴集

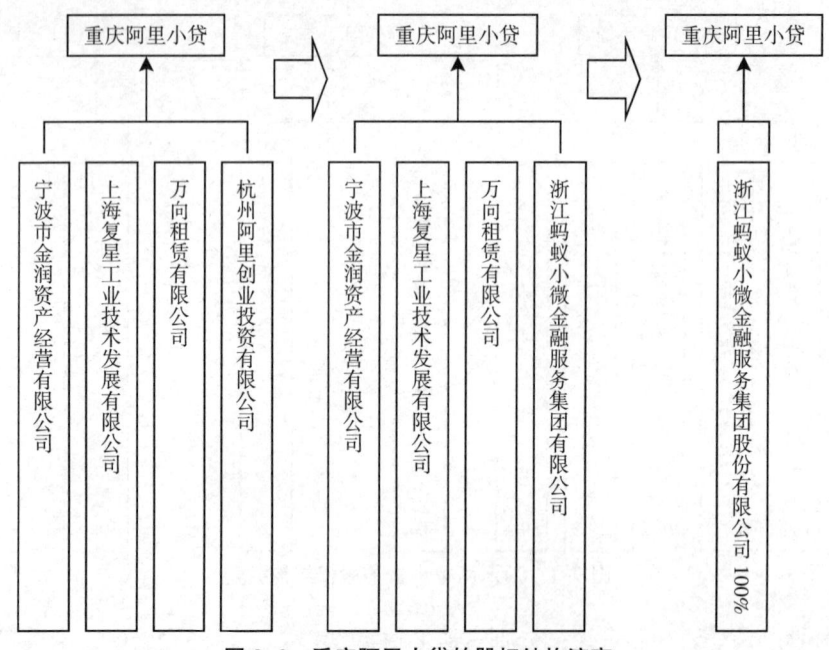

图 9-2　重庆阿里小贷的股权结构演变

团的全资子公司 Alipay E-commerce Crop. 转到浙江阿里巴巴电子商务有限公司名下。2014 年 6 月 11 日，浙江阿里巴巴电子商务有限公司更名为浙江蚂蚁小微金融服务集团有限公司。2016 年 12 月 28 日，浙江蚂蚁小微金融服务集团有限公司进行了企业类型和名称变更，企业类型从有限责任公司变更为股份有限公司，名称变更为浙江蚂蚁小微金融服务集团股份有限公司。

阿里巴巴集团上市前，其招股书披露，杭州君瀚股权投资合伙人公司（有限合伙）持有蚂蚁金服 58% 的股份，杭州君澳股权投资合伙人公司（有限合伙）持有蚂蚁金服 42% 的股份。2015 年 7 月，蚂蚁金服对外宣布已完成 A 轮融资，引入了包括全国社保基金、国开金融、国内大型保险公司等在内的 8 家战略投资者。2016 年 5 月，蚂蚁金服完成 45 亿美元的融资，包括中投海外和建信信托（中国建设银行下属子公司）分别领衔的投资团。中国人寿在内的多家保险公司、邮储银行母公司中邮集团、国开金融以及春华资本等在内的 A 轮战略投资者也继续进行了投资。

阿里巴巴递交给 SEC（美国证券交易委员会）的文件显示，到 2017 年 5 月，杭州君瀚股权投资合伙企业（以下简称君瀚投资）和杭州君澳股权投资合伙企业（以下简称君澳投资）是蚂蚁金服最大的两个股东，分别持股约 34.15% 和 42.28%

(见图9-3)。君瀚投资的直接股东是马云,还包括谢世煌,以及杭州云铂投资咨询有限公司和杭州君洁股权投资合伙企业(有限合伙),陆兆禧、彭蕾等阿里巴巴创始人合伙持有君澳投资,君澳投资其他的股东还包括杭州君济股权投资合伙企业(有限合伙)和杭州云铂投资咨询有限公司。除了君瀚投资和君澳投资,全国社保基金、中邮集团、国开金融、春华资本等一共持有的股权为23.57%,这是蚂蚁金服经过两轮融资引入战略投资者的结果。

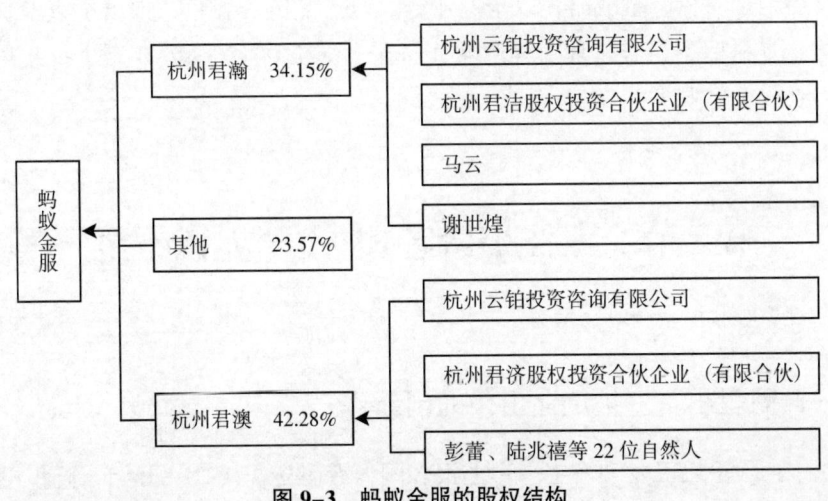

图 9-3 蚂蚁金服的股权结构

蚂蚁金服和阿里巴巴集团控股有限公司没有股权关系,是两个独立的法人实体,但仍是关联公司的关系。

浙江网商银行于2014年9月29日获准筹建,2015年5月27日获开业批复,2015年6月25日在杭州正式开业。浙江网商银行成立后被广泛关注,主要有三个原因:

第一,它是我国首批批准筹建、设立的民营银行。截至2016年末,全国已有17家民营银行获批,当年新批设12家,其中东部、中部、西部、东北地区分别新获批4家、3家、3家、2家。民营银行市场定位细化,差异化、特色化业务发展平稳。

第二,它与阿里巴巴有千丝万缕的联系。浙江蚂蚁小微金融服务集团股份有限公司占股30%,这是监管部门规定的单一股东持股比例的上限,其他股东还包括复星、万向、宁波金润、杭州禾博士、金字火腿,其中上海复星、万向、宁波金润持股比例分别为25%、18%、16%,注册资本40亿元。

第三，它是一家没有线下网点的"网上"银行。它是纯互联网银行，没有实体网点，依靠大数据、云计算等创新技术来驱动业务运营。没有柜台，不做现金业务，也不涉足传统银行的线下业务如支票、汇票等。IT系统架构在阿里云上，用大数据进行风控。这种轻资产的模式可以节省柜员、房租等过重的成本投入，而且，也放弃了追求存贷利差这种盈利模式。

此外，值得一提的是，除了阿里小贷和浙江网商银行，京东金融也在2015年9月启动了农村金融战略，以全产业链、全产品链为特色，推出了京农贷、农村众筹、乡村白条、农村理财等产品，已在全国1500个县、30万个行政村开展了各类农村金融业务。

第二节 专注小微客户——"无微不至"

一、阿里小贷：被倒逼出来的创新

当年，阿里巴巴发现淘宝平台上很多网商有融资需求，一开始，阿里巴巴选择自己主动找银行合作，希望银行能给网商提供贷款。阿里巴巴提供数据分析，银行贷款给客户。首先的合作方是浙江省的建设银行和工商银行，建设银行和工商银行的各省分行迅速成立了网络金融贷款部，阿里巴巴内部成立了专门的阿里信贷团队。贷款的主要模式是，三家及以上数量的企业组成贷款联合体的联保贷款。这一模式突破了传统的信贷模式，以网络信用为贷款的申请依据，无须任何抵押，只需由三家或三家以上企业组成一个联合体，共同向银行申请贷款，同时企业之间风险共担。缔结联保协议，要承诺成员企业无法还贷时，联合体中的其他企业必须共同代为还款。企业之间结成利益联盟，互相监督，这能够降低不良贷款的发生风险。2007年，阿里巴巴推出了"e贷通""易融通"产品，主要服务于中小电商企业。2008年初，阿里巴巴旗下的支付宝和建设银行合作推出支付宝卖家贷款业务，符合信贷要求的淘宝网卖家可获得最高10万元的个人小额信贷。

但在发展中，阿里巴巴发现，网商的资金需求通常具有"短、小、频、急"的特点——占款时间短，资金需求量小，资金需求频繁发生，而且一旦有需求时会比较着急，而且还希望还款方式灵活多样。银行有自己的风险理念，有自己固有的一套风控方法。在既有的贷款评审体系之下，大多数网商并不能满足商业银行放贷的资质要求，绝大多数企业仍然无法从银行取得贷款。这导致审批通过率非常低，大概只有2%~3%，这无异于杯水车薪。这恰恰反映了传统金融机构与阿里巴巴所服务的企业客户群的巨大差异。但银行的风控理念、方法等又不太可能有大的改变，甚至小的改动也不容易。看到了这一情况，阿里巴巴于2009年搭建了一个融资平台，引入了银行、富登担保以及大型小贷公司，这些组成资金的供给方，希望借助于这个平台实现资金的供需对接。阿里巴巴要做的是提供信贷调查报告，推出视频调查系统，在收集工商注册信息等资料的同时，通过视频验证、调查提问等形式核实客户的核心信息。但这一探索仍然存在问题，贷款的通过率并没有质的提升，而且视频调查的成本高，效率还不够高。

万般无奈，阿里巴巴就只能采取纵向一体化策略，自己成立了阿里小贷，由自己来提供这类信贷服务。阿里小贷的成立，也可以说是不得已而为之。

阿里小贷成立之后，2011年，阿里巴巴与银行原来的信贷合作模式便终止了。

深入调研发现，小微企业抵押物不足，也不容易提供担保。所以，后来阿里小贷提供的是无抵押、无担保的纯信用贷款。主要的产品包括阿里信用贷款、淘宝/天猫订单货款、淘宝/天猫信用贷款等。有80%的贷款投向了淘宝、天猫以及聚划算的网店，另外20%投向的则是阿里巴巴的B2B会员企业、国际"速卖通"会员企业等。相对于过往与银行的合作，通过阿里小贷来提供信贷服务，服务的覆盖范围大大拓展。在淘宝平台上，使用过贷款的商户占总数的40%~50%，在天猫平台，这个比例更是高达60%。[①]

事后看来，阿里小贷的意义更是巨大。"80后"、"90后"是阿里小贷的主要客户群体，但近80%从未有过任何信贷记录，求助于银行，他们势必无法获得信贷支持。

二、坚持服务小微不动摇

截至2011年6月，阿里小贷在一年时间里累计为4万家小微企业提供贷款服务，发放贷款总额为28亿元，其中99.9%的资金用于发放50万元以下的贷款。截至2013年底，阿里小贷客户全年平均占用资金时长为123天。到2016

[①] 廉薇等编著：《蚂蚁金服：从支付宝到新金融生态圈》，中国人民大学出版社2017年版。

年，服务的小微企业数量迅速攀升到 400 多万家，发放贷款总额达到 7000 亿元。

涉足贷款业务的机构，天然地想向资质好的企业放贷。但阿里小贷坚持服务小微客户，阿里小贷平均每笔贷款不足 4 万元，户均授信额度约 13 万元。原来的客户慢慢在成长，尽管不会被剔除出服务的范围，但阿里小贷坚持初衷，不为大企业提供直接融资服务，最多服务其供应链体系。

三、浙江网商银行不改初心

蚂蚁金服董事长彭蕾曾这样解释"蚂蚁"的内涵，"我们只对微小的世界感兴趣，就像蚂蚁一样，虽然渺小，但它们齐心协力，焕发出惊人的力量，在去往目的地的道路上永不放弃"。在蚂蚁金服看来，普惠金融的题中之义，在于给所有具有真实金融服务需求的个人或企业，提供平等的无差异的金融服务。这既源于蚂蚁金服自支付宝成立以来十多年的实践，也源自发展中国家尤其是中国普惠金融的现实。基于这样的现象，蚂蚁金服以支付宝等产品服务为基础，面向最广大人群提供互联网金融服务。

后来，由蚂蚁金服入股成立了浙江网商银行，并主导了浙江网商银行的建设。浙江网商银行以服务小微企业、支持实体经济、践行普惠金融为使命，希望做互联网银行的探索者和普惠金融的实践者，为小微企业、个人创业者提供高效、便捷的金融服务。成立伊始，定位就很清晰，不是去替代传统银行，而是做现有金融体系的有益补充，只做小微客户，不做 500 万元以上的贷款，以互联网的方式服务 80% 的长尾客户。与这一定位相匹配，网商银行采取的是"轻资产、交易型、平台化"的运营思路。所谓"交易型"，是指不以做大资产规模、追求商业利润为目标，而是要更快速地实现资金的循环流动。

开业之初，网商银行提出，要在 5 年内服务 1000 万家小微企业。截至 2016 年 11 月末，网商银行服务小微企业的数量突破 200 万家，贷款余额 254 亿元，资产总额 580 亿元。浙江网商银行还结合消费周期，通过技术满足小微企业金融需求的"弹性洪峰"。2016 年"双 11"前后，网商银行共为 133 万家小微企业累计提供贷款超过 500 亿元。

2017 年 1 月，运营一年多的网商银行交出的成绩单：服务小微企业和经营者达 271 万户，覆盖全国 23 个省份，累计放款 1151 亿元，贷款余额 331.93 亿元，户均贷款余额 1.7 万元，贷款频次远高于同业。不良率低于 1%，信用风险远低于商业银行的平均水平。①

　　网商银行提供一整套的金融服务，包括供应链赊销产品"信任付"、企业版支付宝"融易收"、企业版余额宝"余利宝"、免费为小微企业提供细致财务数据记录与分析服务的"网商有数"，以及随时存取的定期存款产品"定活宝"和"随意存"等。这些综合性的金融服务囊括了支付、理财、记账、存款、贷款等。

　　网商银行先后推出了网商贷、流量贷、口碑贷、"双11"大促贷、旺农贷等场景金融信贷产品。其中，流量贷是网商银行与全球最大的中文网站流量统计机构 CNZZ 合作，面向中小规模的创业型网站推出的信贷产品，帮助中小网站解决创业过程中融资难、融资贵的问题。口碑贷是一款面向线下实体商户的贷款产品，优先覆盖口碑平台小微餐饮商户，每户的授信额度最高可以达到 100 万元，最长用款期限为 12 个月。网商贷覆盖阿里、蚂蚁体系内电商商户和外部 50 多家合作平台的企业主。2015 年 9 月，网商银行推出了农村金融产品——旺农贷。旺农贷针对"三农"，覆盖全国 25 个省区、2.5 万个村庄的 100 万名农村小微用户。根据网商银行方面介绍，旺农贷的贷款申请、信息录入均在自主研发的手机移动端完成，从申请到贷款发放最快半小时。截至 2016 年 11 月末，旺农贷贷款余额 5.23 亿元，余额用户数 4.43 万户，户均贷款额 1.18 万元。旺农贷已经覆盖了全国所有省市区（港澳台除外）的 347 个市、2348 个县的 24700 个村庄。

　　网商银行还将金融服务延展到小微企业的上下游，不断拓展服务边界。目前，网商银行供应链金融服务已经接入 1688 市场、菜鸟等商业平台，为这些平台上的小微企业提供存赊购、应收账款质押、存贷融资等全系列的供应链金融服务。

　　网商银行联合阿里巴巴的农村淘宝，蚂蚁金服的支付、理财、保险等业务板块，向广大农村地区提供创新创业扶持及综合金融服务。网商银行开业后不久，就启动了"大学生回乡回村创业扶持计划"——未来三年每年将投入 10 亿元的专项扶持资金，总计 30 亿元。开业 8 个月，已经为 14000 多名回乡回村创业的大学生和有志于家乡发展的优秀青年发放了接近 4 亿元的贷款。其中，投向国家级和省级贫困县（乡）的占比大约是 40%。②

---

　　① 刘飞：《网商银行的成绩单：贷款余额 332 亿元　户均贷款余额 1.7 万元》，《华夏时报》2017 年 3 月 10 日。
　　② 赵小燕：《网商银行为农村经济造血：每年将投放 10 亿元扶持资金》，《环球网》，2016 年 3 月 15 日，http://finance.huanqiu.com/roll/2016-03/8706444.html。

四、创新消费金融产品

2014 年底，蚂蚁金服旗下的消费金融产品"花呗"开始公测。花呗类似于信用卡功能，有透支额度，有免息期，可以分期付款。"花呗"自 2015 年开始参与"双 11"。2016 年有超过 1 亿人开通了"花呗"，其中"90 后"用户占到近 50%。根据阿里巴巴集团披露的数据，"双 11"全天，"花呗"共支付超过 2.1 亿笔，承担了 20% 的支付量，是上年的 3 倍多。

2015 年 4 月，蚂蚁金服又推出"借呗"，这款也是消费信贷，不过可以提现，用户可以用于租房、装修、购买汽车等。

五、积极布局农村金融服务

早在阿里小贷时期，服务领域已经走向农村。自 2014 年 10 月成立伊始，蚂蚁金服便将农村作为重要的战略方向之一，并把阿里巴巴集团的"千县万村计划"（又称"村淘"计划）作为切入口。通过"村淘"计划，先发展支付业务，通过支付宝帮助村民实现网上的代买、代卖、代缴水电煤等，还可以代收发快递、预订酒店、购买车票等。这帮助广大没有信用记录的农民积累互联网信用，而这正是其以后享受信贷服务的基础。

浙江网商银行成立后，将 500 亿元规模的小微企业信贷业务划入了网商银行，规模高达 1000 亿元的消费信贷业务依然留在了小贷公司。网商银行也将农村金融作为重点业务方向。

2016 年 1 月，蚂蚁金服成立农村金融事业部，目的就是打破独立的各条业务线，整合内外部资源，向"三农"用户提供包括信贷、支付、保险、理财等在内的综合金融服务。

2016 年 12 月 20 日，蚂蚁金服发布名为"谷雨"的农村金融计划，全面启动农村金融战略：以三大业务模式服务"三农"用户的全面需求，推进普惠金融扎根农村。计划是，利用 3 年时间，联合 100 家龙头企业，为大型种养殖户提供金融服务；与合作伙伴一起，为 1000 个县提供综合金融服务，包括支付、信贷和保险等；面向国内所有"三农"用户，拉动合作伙伴及社会力量提供 1 万亿元的信贷。[1]

---

[1] 廉薇等：《蚂蚁金服：从支付宝到新金融生态圈》，中国人民大学出版社 2017 年版。

上述战略的推出，是建立在对中国农业和农村发展的现状进行深入调研和思考的基础上的。经过调研，蚂蚁金服将中国农村金融的服务对象细分为三层：

第一层是最普通的农民、小型种养殖户和回乡投身农村电商的大学生。其中普通农民的金融需求偏向于消费信贷，资金需求不是很大，少则几千元，多则几万元。这个群体人数多，但资金需求量小。

第二层是扎根农村的小微企业、个体经营户和中型种养殖户。这一层用户群比第一层要少，大约是百万元或者千万元，他们的资金需求虽然更多，但也没有达到规模化生产的程度。针对这一群体的信贷需求，靠大数据征信的方式为其提供的授信额度可能没办法满足。另外，这一群体提供的线上信息也是比较有限的，不足以做出准确的信用评估。

第三层是规模化的种养殖户。他们数量少，只有几十万到几百万人，但资金需求量大，信贷需求也是最为迫切的。他们的信贷需求额度可能占整个需求的80%。只有解决了他们的信贷需求，才能直击农村金融的痛点。

针对每一个层次的客户群，蚂蚁金服和农村事业部设计了独特的信贷模型。

针对第一层客户群，金融服务以消费信贷为主，授信额度比经济发达地区略低。主要是依靠数据化的平台模式，通过大数量批量化的自动化方式授信。主要是给淘宝电商和村淘合伙人的贷款。网商银行启动的"大学生回乡回村创业扶持计划"大多都是通过这种方式发放贷款。

针对第二层客户群，信贷的模式是"线上+线下熟人"。线上还是依靠大数据、云计算等技术，进行信用评估、线上风控。小贷业务多年积累的经验、数据、技术等也能够应用于线上审核及贷后监控等环节。而线下的熟人则主要有两类，一是阿里巴巴"千县万村计划"的村淘合伙人，二是合作伙伴中和农信多年积累的农村信贷员。熟人对当地的农民非常了解，帮助一起判断、评估借款人的风险，协助一起做好风控，降低不良率，有效地帮助化解了农村信贷风险评估中常见的抵押物、担保不足、农民征信缺失等问题。

针对第三层客户群，采取的是"金融+电商+农民生产"的农产品供应链金融模式。这一模式把供应链上的供应商、生产商、分销商、零售商和最终用户视为一个整体，以核心企业为中心，借助大型核心企业对中小供应商的深入了解，选择资质良好的上下游企业为放款对象，为供应链上的所有成员企业提供系统的融资安排。

比如，易果生鲜是天猫超市生鲜区的供货电商，它与陕西周至县北吉果蔬专业合作社签订采购协议。蚂蚁金服基于采购订单，由网商银行为合作社数百名果农社员提供低息贷款。为了确保贷款被恰当地使用，贷款只能通过定向支付工具用于从农村淘宝购买指定的农药、农资、农具。通过这一模式，实现了多赢：农户获得了贷款，合作社完成了订单，易果生鲜保证了货源，天猫超市保证了生鲜供应，也带动了农村淘宝的发展，蚂蚁金服提供金融服务的风险又得到了控制。2016年5月以来，蚂蚁金服已经与易果生鲜、蒙羊集团、正邦集团、益客集团和科尔沁牛业等数家农业龙头企业达成合作。这一模式扶供资金的效率高，利率低于民间借贷，并且可以很好地防控风险。同时，这一模式扶持了当地的特色产业，其借助于这种模式，通过金融服务实现产业脱贫。

第三节　融入阿里巴巴集团的生态体系

随着"互联网+"的推进，互联网与许多传统行业融为一体，"互联网+"与"+互联网"并行不悖，甚至不存在明显的界限。"互联网+"的时代，与以往一个重要的差别，就是生态系统的商业理念和商业模式前所未有的繁盛。而且，呈现出与以往不同的特征。以往的生态系统比较多的是以代表性企业与上下游产业的公司组成利益共同体，链条单一，主要的利益是稳固供货、分销、零售等关系。但在"互联网+"的时代，除了这种上下游产业间的生态系统，还表现出企业内部，尤其是像腾讯、阿里巴巴、百度这种超大型互联网公司自身就组建了一个生态系统。两种方向齐头并进，互相弥补。

一、借力阿里巴巴的生态体系

无论是阿里小贷，还是蚂蚁金服、网商银行，在发展的过程中都融入了阿里巴巴构筑的生态体系中，享受这个既有生态体系的外溢效应，同时，也参与到这个生态体系的建设中。现在蚂蚁金服和阿里巴巴没有股权隶属关系，但仍然是关联公司，有着天然的联系。无论是针对小微企业的信贷，还是消费贷，都利用了阿里巴巴的生态体系。

在生态体系下，用户就是潜在的客户。早期，阿里小贷正是为淘宝、天猫上的小微企业和个体户提供融资服务，淘宝、天猫上集聚了众多的买家和卖家，相当于提供了客户资源。

拥有用户，就掌握了很好的渠道。对于蚂蚁金服来讲，提供的是综合性金融服务，支付的是最基础的、渗透力最强的金融服务。支付宝的用户已经很庞大，截至2016年2月底，支付宝实名用户数已经超过4.5亿人。不但是城市居民，包括很多农村地区的居民也越来越多地习惯于用手机支付。而通过支付宝这一APP，也可以方便地推荐网商银行的理财和贷款等服务。在利用支付宝进行支付时，可以直接用"花呗"进行支付，这是直接把消费金融业务和支付融为一体。网商银行的信贷产品都是基于某一场景的，这样的好处，就是提供"一篮子"解决方案，信贷服务只是其中的一环。蚂蚁金服微贷事业部商业平台业务部总监彭峰说："金融服务不是一个原生需求，是次生需求。传统银行把场景和金融割裂开了。"而融入阿里巴巴构建的生态体系，就很好地把金融与场景紧密地联结起来了。

把用户转变为客户，介入借贷服务，必须解决好风控问题。对阿里小贷来讲，在向从事电子商务的卖家提供借贷服务时，具有先天的优势，十分了解借款的商户的经营状况、现金流水等。阿里巴巴集团的业务涉及多个领域，积累了非常丰富的数据。比如在支付宝平台上，人们购物、还信用卡、水电煤缴费、转账、用余额宝等都留下了详细的数据，这是判断人们信用非常宝贵的数据资源，为信用评估和信贷业务的风控提供了基础性的支持。

二、反哺阿里巴巴的生态体系

在"互联网+"时代，生态系统具有物种多样性、开放性、互利共赢性和演化性。阿里小贷、蚂蚁金服和网商银行在发展中"背靠大树好乘凉"，很好地利用了阿里巴巴已经搭建起来的生态系统。这只是问题的一面，与此同时，在它们兴起和迅猛的发展过程中，它们也开始反哺阿里巴巴的生态体系。或者说，是和阿里巴巴既有的生态系统融合为更加庞杂的生态系统。

举例来讲，阿里小贷在发展中发掘了淘宝、天猫平台上的商家为客户，反过来，为这些商户提供信贷服务有力地支持了它们的发展，间接地有利于淘宝、天猫等平台的发展。再比如，蚂蚁金服、网商银行提供综合性的金融服务，服务的对象包括但不限于阿里巴巴旗下各项业务的许多用户，这本身也是对阿里巴巴的反哺。

第四节　广泛应用并引领金融科技前沿

一、不断丰富数据来源

阿里小贷的推出，在数据积累方面是有基础的。阿里巴巴 2002 年推出诚信通会员服务，用以衡量 B2B 交易平台上的网商信用状况。诚信通会向买家和卖家展示双方的法人注册信息、企业注册信息以及最近年检的时间，并记录每一笔交易详情以及交易双方的货物、服务评价，从而形成了"诚信通档案"。在此基础上，后来又于 2004 年 3 月推出了"诚信通指数"，它是由 A&V 认证信息、经验值、会员评价、证书及荣誉四部分构建的一套评分系统。其中，A&V 认证信息包括公司注册名称、地址、申请人姓名、所在部门和职位、营业执照等。

阿里小贷采取的是利用网上交易记录，在网上进行信用评估，资料的提交、审核和借款的发放，基本上都是在网上完成的，有时需要实地勘察环节，一般会委托第三方机构线下操作。这样一方面不受地域限制，另一方面也大大降低了信贷服务的成本。阿里小贷的单笔信贷成本为 2.3 元，而一般银行的单笔信贷成本在 2000 元左右。

二、基于大数据开发风控模型

阿里小贷的贷款不良率得到了很好的控制。截至 2013 年 12 月 31 日，阿里小贷的贷款余额超过 120 亿元，不良率不到 1%。阿里小贷是如何做到这一点的呢？

阿里小贷放贷后，如果借款的商户违约，一般采用网络店铺或账号关停等方式，提高违约成本，达到控制风险的目的。但风控的手段不限于此，更关键的是，阿里小贷基于不断丰富的数据开发风控模型，进行信用和风险评估，这更是风险的防范，是从信贷业务流程的前端着手开始控制风险，而不是被动地在风险暴发后进行风险处置。

在信用评估上，靠人工的尽职调查成本很高，传统上缺乏针对小微企业和低收入群体信用评估的有效方法，而大数据分析无须面对面进行资信评估，而是利用网上的数据进行信用评估，帮助解决了传统金融机构信用评估困难的问题。

一开始，阿里小贷只是利用淘宝和天猫平台上的网商和个体用户的信息做分析。这些数据主要有三类：第一类是商户在淘宝等平台上的历史交易流水，具体包括营业额、访客数、交易对手、商品数量等；第二类是商户在阿里巴巴平台认证与注册的信息、留下的痕迹、贸易平台的表现，比如登录管理、广告投放、社区行为等；第三类是与客户的交互行为，比如顾客的收藏、买家评分、转化率等。

在纳入评估的数据中，除了结构化数据，有一些是非结构化数据，比如与网购有关的日志、聊天记录、店铺信用、口碑评价、货运数据、退换货记录、认证信息、投诉纠纷情况等。

除了阿里体系自身的数据，还不断引入外部数据，丰富征信数据的维度。比如法院执行网数据、工商系统数据以及水电煤缴费等数据。如果客户授权，还可以纳入税务数据，以及国际客户的出口退税报关数据等。正是凭借这些丰富的数据，不断优化信用评估的变量、模型、技术，分析出客户的经营情况、信用情况和偿债能力等，以此作为授信的依据，然后给定贷款额度、利率、期限等。

基于多维度数据进行信用和风险评估，必然有不同于传统金融机构之处。在研发反映商家资信水平的指标时，发现店铺响应时间很重要，因为它反映了店铺对客户的重视程度、网店的关注度、客户的真实程度。这是传统金融机构进行信用评估时不会也不可能纳入考量的。

在阿里小贷发展过程中，贷款客户的还款情况也被应用到信用评估中。这是指，根据还款情况，可以不断地修正和完善风控模型。

除了阿里小贷，"花呗"的背后有10万多个风控维度指标、100个预测模型，虽然用户中有大量年轻人，但坏账率却远低于行业平均水平。当前，京东、苏宁等纷纷成立金融部门，布局互联网金融，推出各自的消费金融产品，蚂蚁金服在互联网消费金融领域"领跑"并稳健发展，是有海量的数据和领先的风控技术作支撑的。

三、把互联网技术和手段用到极致

除了利用大数据技术开发风控模型，互联网的技术和手段被大范围使用。

阿里小贷的决策系统每天处理上千万客户的数千万次交易、上千万条消息和超过10T的数据量，输出数百亿授信和3G数据量。大数据在流程上支持着市场营销、信贷审批、授信、支用、监控、催收等环节，在阿里小贷的业务决策当中处于核心位置。

把大数据等互联网技术应用于信贷产品的个性化定制，根据信用情况进行差异化定价。对新客户，采取"先低后高"的体验式定价模式，对续贷的老客户，采取"前高后低"的鼓励式定价模式，对信用良好且贷款使用较好的小微企业，逐步降低它的融资成本。

把大数据等互联网技术应用于信贷服务的精准营销，实现快速推广。更进一步，甚至可以识别客户，提前营销。比如，结合店铺以往销售数量的跨时变化，及时预测借贷需求，甚至可以大致判断额度。阿里小贷曾推出三天无理由退息，"先尝后买"，同时针对新客户会有优惠。

把大数据等互联网技术应用于贷后管理和风险预警。实时监测获贷企业的资金流、经营状况等，并利用监控评分模型、贷后催收模型，监控贷款用途和运作效率，在贷中对可能的风险做出预警，及时收回贷款。

通过大数据、云计算等互联网技术的应用，除了使风险得到有效控制，还大大提高了效率。网商银行推出的电商体系内贷款产品，基于大数据对小微企业进行预授信，创造了"310"的贷款模式，即三分钟审贷，一秒钟放款，全程"零人工"介入。填写贷款申请表、提交申请材料、信贷审查、发放贷款，贷后对企业资金流和经营状况实时监测，几乎所有贷款流程都在网上完成，最短的放贷时间仅需3分钟。

四、把系统搭建在云端之上

没有网点，没有柜台，没有网点工作人员，业务面对的又是成千上万的小微客户和个人，网商银行怎样建设IT系统是要首先面对和解决的问题。

网商银行是中国第一家完全跑在"云"上的银行。它是国内乃至世界上第一家完全去IOE、将核心系统架构在云上的银行。系统由蚂蚁金服自主研发，采用全分布式金融架构，完全基于金融云计算平台、移动互联平台、金融大数据平台和Ocean Base数据库。

金融云的优势首先是高效，提供24小时不间断服务，审贷流程大大缩短，贷款效率大大提高，实现"即贷即到即用"。

基于金融云计算平台，"网商银行"拥有处理高并发金融交易、海量大数据和弹性扩容的能力。尤其是弹性扩容能力，在金融云的模式下优势更为明显。比如每年"双11"时，在很短的时间内交易需求急剧爆发，需要的计算能力倍增。

但这种需求毕竟是偶尔的，如果有弹性扩容，成本就会大大降低，否则，要么成本太高，要么无法满足计算能力的需求。

高效之外，金融云的模式可以大幅降低运营成本。商业银行每年在IT系统的软硬件采购上要花费上亿元资金。据有关测算，采用传统的IT系统，每年维护单账户的成本是30~100元，单笔支付的成本6~7分。与之对比，基于金融云的网商银行系统，每年单账户的维护成本只有约0.5元，单笔支付成本约2分。从放款成本上讲，网商银行每放一笔贷款的成本不到2元，而传统的线下贷款模式单笔成本在2000元左右。

基于金融云，建立智能云客服，通过人工智能技术手段增强客户服务能力，降低客户服务成本。智能云客服体系从支付服务扩展到了理财、保险、信贷等服务，进一步改善了客户体验，提升了服务效率。

普惠金融的梦想和目标不是单靠一家银行可以实现的，农村金融是未来金融行业的增长点和爆发点，同样不是蚂蚁金服和网商银行就可以覆盖的。网商银行筹建之始，就非常明确，要搭建平台，联手更多的金融机构，共同为客户提供服务，更高效地实现金融服务需求与供给的对接和匹配。网商银行采取的是"自营+平台"的模式，除了自营一部分贷款业务，主要还是建设开放的生态。金融云的意义不仅在于高效率、低成本，更重要的是，它符合蚂蚁金服和网商银行要打造成平台的战略定位。

蚂蚁金服的董事长彭蕾提出了"小银行、大生态"的概念，将金融云技术、大数据风控技术和金融场景化的能力输出给金融机构，共建生态。蚂蚁金融云是以蚂蚁金服和网商银行业务为标杆形成的一款产品，不但供蚂蚁金服体系内各项业务使用，而且正逐渐变成一个开放式、生态化的平台。蚂蚁金融云把蚂蚁的核心技术产品开放出来，让更多的金融机构可以使用这些能力，助力金融机构降低创新成本、更快速地向新金融转型升级，共同探索全新业态。

五、提供增值服务，增强平台黏性

在网商银行看来，单单向小微企业提供融资服务是不够的，还需要提供更多的综合化金融服务。比如，小微企业也需要现金管理，让账户余额增值；有的小微企业既有线上业务，又有线下业务，就有现金流管理的需求；小微企业也有上下游供应链，整个供应链也需要更多金融服务的介入。所以，网商银行要提供的是伴随小微企业全生命周期的成长伴随式银行。

2016年12月，银监会在北京召开首批民营银行联合发布会，网商银行行长俞胜法在发布会上表示，网商银行要把自己的技术、数据等优势标准化地输出给小微企业，未来10年要做2000万家小微企业的CFO——首席财务官。实际上，从2016年6月起，网商银行推出了"网商有数"产品，已经免费提供给小微企业使用，这款产品以数据量化形式提供一张店铺每日运营"K线图"，让小微企业更好地了解自己的生意。

"网商有数"的推出，恰恰是看到了网商在经营中财务记账方面的痛点。作为一名小微商家，虽然在生意上早已步入了互联网时代，但资金核算出于规模和成本的原因，只能大致估计一下，或者停留在手动记录的原始阶段。"网商有数"通过海量的大数据分析，会对商户的经营能力、资金周转能力做一个系统的判断和记录，并且智能地对目前的经营现状进行一个客观的评估，帮助小微商户看清目前的经营状态，调整经营策略或是再接再厉更进一步。"网商有数"的出现，让小微商家一夜迈进新时代，当资金进出频繁时，再不用费心盘算，只需打开"网商有数"，资金流转、营收一目了然。"网商有数"上线后，许多网商第一时间抢先体验。截至2016年11月末，已经有50万家小微企业在使用网商有数，有了自己的CFO。

对于互联网平台来讲，要想方设法吸引、集聚用户，同时，互联网行业复制商业模式的成本低，平台之间也会有激烈的竞争，所以还要想办法提高平台的黏性。通过"网商有数"这类产品，为网商提供增值服务，有效解决痛点，无异于雪中送炭，是提升平台黏性的有效手段。有了用户集聚和平台黏性，网商银行的信贷业务发展也就有了更坚实的基础。

六、筑牢风险评估的信用之基

2015年1月8日，芝麻信用管理有限公司（以下简称芝麻信用）在浙江省工商行政管理局登记成立，注册资本5000万元，目前是浙江蚂蚁小微金融服务集团股份有限公司的全资子公司。之所以以"芝麻"命名，时任蚂蚁金服首席运营官井贤栋解释说："芝麻与信用颇为相似——看似小，但营养出色且重要，更需积少成多。以'芝麻'命名个人征信机构，是希望传达'信用是点滴珍贵，重在积累'的理念。我们期望，芝麻信用可为中国人带来全新的信用名片，引导推动全民信用意识的提升，未来我们会陆续推出信用报告等一系列产品，助力社会诚信体系的建设。"

芝麻信用对大量信息数据进行综合处理和评估，挖掘和信用表现有稳定关联的特征。主要包含用户信用历史、行为偏好、履约能力、身份特质、人脉关系五个维度。具体来看，信用历史指用户过往信用账户还款记录及信用账户历史；行为偏好指用户在购物、缴费、转账、理财等活动中的偏好及稳定性；履约能力指用户享用各类信用服务，并确保及时履约；身份特质指用户在使用相关服务过程中，留下足够丰富和可靠的个人基本信息；人脉关系指用户好友的身份特征，以及与好友互动的程度。各类信息的权重也不一样，人脉关系是最弱的，信用历史权重最高，其次是行为偏好、履约能力和身份特质。

芝麻信用分区间为350~950分，分数越高则信用越好，该区间也参考了国际主流的个人信用评分模式，与国际主流评分体系接轨。

与传统征信数据主要来源于借贷领域有所不同，脱胎于互联网的芝麻信用数据来源更广、种类更丰富、时效性更强，涵盖信用卡还款、网购、转账、理财、水电煤缴费、租房信息、住址搬迁历史、社交关系等不同方面。芝麻信用与众多公共机构以及合作伙伴建立了广泛深入的数据合作关系，纳入了更多维度的数据。这些数据，有些是正面的，有些是负面的。正面的数据包括学历学籍、各地的水电煤缴费、社保、公积金、税务缴纳等。负面的数据包括最高人民法院认定的"老赖"、法院涉及经济纠纷的判案裁决、合作伙伴反馈的违约信息等。芝麻信用从2015年7月开始和最高法建立专线对接，"老赖"数据库的更新后就会反馈到芝麻信用。数据来源更丰富、维度更多时，构建的用户画像也就更全面、更立体，对信用的评分就更准确、更实用。

同时，在数据应用于信用评估时，数据的准确性也非常关键。芝麻信用借助阿里巴巴集团的电商交易数据和蚂蚁金服的互联网金融数据，比纯粹的网络社交数据更全面、准确。为了确保数据质量，符合标准才进入数据库，同时要保证合法的数据来源。用户自己上传的数据也会通过其他渠道核实，采信准确的信息，规避虚假的信息。

芝麻信用所采集的负面数据，用户是可以看得到的，比如违约的时间、金额、场景等，这对数据采集的精准性是一种监督，要求芝麻信用和合作伙伴都必须认真处理数据，不能有丝毫疏忽。一旦出现差错，用户就可以投诉。芝麻信用对异议处理的承诺是：用户投诉的20个工作日内给出准确答复。经过排查，如果真有问题就及时纠正。这是一种确保数据质量的监督机制。[①]

芝麻信用也正在开辟各类渠道允许用户主动提交各类信用相关信息，未来期望能与更多伙伴拓展数据合作，共同完善个人征信市场。

芝麻信用通过云计算、机器学习等技术客观呈现个人和企业的信用状况，已经形成芝麻信用评分、芝麻信用元素表、行业关注名单、反欺诈等全产品线，为信用卡、消费金融、融资租赁、抵押贷款等业务提供信用支撑，众多用户享受到了信用的便利。2016年7月，推出了专注于小微企业信用评价和预测的"灵芝"系统。

芝麻信用也已经跨出阿里体系，在更多消费场景中使用。比如和租车平台神州专车、一嗨租车，和百合网、世纪佳缘等婚恋网站，和领英、赤兔等职场社交网站，和永安行、骑呗、优拜、ofo小黄车等共享单车企业合作。传统上，许多企业通过用户交纳押金进行风控，但押金模式的用户体验差，还会派生出金融监管等一系列问题。将芝麻信用分应用于这些消费场景，既发挥了基础信用平台的功能，同时又拓展了数据来源，丰富了数据库，更好地开发信用产品和完善信用评估。

七、夯实信贷服务的技术基础

数据的收集、筛选、储存及后续的分析，基于数据进行信用评估，开发风控模型，确保数据的安全等，无一不需要技术。从阿里小贷到网商银行，都十分注重夯实信贷业务发展的技术基础。相对于商业模式，技术是"硬通货"，更不容易被复制和抄袭。

技术既是安全的保障，也是改善体验的基础。比如要挂失、更改密码，人脸识别的技术就派上了用场，方便快捷。所以，技术可以确保在安全的前提下，从提高便捷度和增加互动性出发，提升客户体验。网商银行自称是"有银行牌照的技术公司"。比如，网商银行的服务端使用蚂蚁金融云特有的安全管理中心，集监管合规、基础安全、安全运营和安全技术审计为一体，能有效抵御恶意攻击入侵。

从网商银行技术力量的配备，就可以清晰地看出他们对于技术的重视。2015年，网商银行的副行长赵卫星接受《中国金融报》采访时曾说，"目前网商银行一

[①] 廉薇等：《蚂蚁金服：从支付宝到新金融生态圈》，中国人民大学出版社2017年版。

共有 300 多名员工，其中近一半是 IT 团队，第二大团队是数据部门，有 80 多人，主要负责数据挖掘、分析、建模、风控等"。

技术既要靠自己研发，也靠技术上的强强联合，优势互补。早在 2014 年 11 月，蚂蚁金服就投资了新加坡移动安全和加密技术公司 V-Key，目的在于补足自己在移动支付安全方面的技术"短板"。蚂蚁金服与世界领先的人脸识别平台 Face++Financial 合作研发人脸识别技术，在内部的阶段性测度中，人脸识别的准确率达到了 99.8%。蚂蚁金服认为，生物识别技术的广泛应用是未来的趋势，能为用户的账户安全和数据安全提供更好的保护。正是基于这一判断，蚂蚁金服提早布局，2016 年 9 月，蚂蚁金服宣布以 7000 万美元收购总部位于美国堪萨斯城的创业公司 EyeVerify。EyeVerify 创建于 2012 年，是一家生物识别技术公司，正在研发从眼球照片中提取数据点的技术，以取代密码和指纹识别等技术。蚂蚁金服希望利用 EyeVerify 生物验证技术来保护消费者在线数据和交易的安全。蚂蚁金服欺诈风险管理副总裁詹森·鲁（Jason Lu）表示："对于我们而言，收购像 EyeVerify 这样的行业领先企业是很自然的一步。我们可以将 EyeVerify 的技术应用到中国、印度，以及未来几年支付宝将要拓展的市场，全面整合 EyeVerify 技术将允许我们以更快、更灵活的方式行事。"

第五节　对村镇银行发展的几点启示

一、把握用户行为特征的演变和金融科技的发展方向

阿里小贷和网商银行的发展中，紧紧把握了用户行为特征的演变，以及金融科技的发展趋势和发展方向。一方面，通过互联网的方式实现"支农支小"；另一方面，这种方式的实现，背后有系统化的技术支撑，这些技术涉及了海量数据的收集、处理、挖掘等大数据相关技术，基于数据的风险识别和信用评估技术，网络安全的技术，将数据处理、存储、计算等搬到"云端"的云计算技术，等等。金融科技的发展方向与用户行为的演变密不可分，一定程度上，金融科技是适应用户行为特征的演变。

近几年，我国用户行为特征演变最为核心的，就是金融行为的互联网化，适

应这一变化，金融服务的提供方式越来越互联网化。用户行为特征的演变与我国整个互联网普及率密切相关。随着互联网基础设施的完善和电脑、智能手机等上网设备的普及，我国互联网的普及率不断提高。国家统计局2017年2月28日发布的《中华人民共和国2016年国民经济和社会发展统计公报》称，2016年我国互联网上网人数7.31亿人，其中手机上网人数6.95亿人，互联网普及率达到53.2%，其中农村地区互联网普及率达到33.1%。值得注意的是：其一，由于我国人口众多，在当前的互联网普及率下，上网人数规模庞大，而互联网经济又有很强的规模效应，因此我国的互联网用户规模便有了"网民规模红利"。其二，我国的互联网普及率与欧美发达国家相比还有差距，随着互联网普及率的进一步提高，被卷入网络的人数会进一步提高。其三，目前农村地区互联网普及率与城市还有差距，但农村居民这一群体的规模同样不容小觑。而且，售价在千元以下的智能手机使互联网的可及性大大提高，未来农村地区的互联网普及率将进一步提高。并且，不但是互联网普及率提高，而且互联网用户越来越依赖网络，我国用户的日均网络使用时长较高。

与用户行为特征演变紧密相关的一点是，金融越来越场景化了。有了互联网和智能手机，支付、借贷、还款、转账等金融行为逐渐从线下转移到线上，纸币的使用频率降低。在这一趋势下，金融越来越多地场景化，许多金融需求和金融服务嵌入在特定的生活场景中，并且与支付等最基础的金融服务捆绑在一起。

金融行为的线上化和金融服务的互联网化，同样也是村镇银行面对的大趋势，村镇银行也必须做好准备，适应变化，积极转型。这对村镇银行来讲，既是机遇，也是挑战。机遇在于，村镇银行通常网点少，实体网点能提供的金融服务相对有限，与国有银行和股份制商业银行相比"短板"明显，而金融服务的趋势是线上化，可以弱化线下网点有限的不足。挑战在于，村镇银行在网上银行、电子银行、微信银行等线上渠道服务方面同样经验不足，需要在这些方面加强投入。并且，可以尝试从一开始通过用户教育的方式培育用户，进而不断积累用户，保持服务渠道的黏性，留住用户。

二、提供纵向一体化的小微信贷解决方案

阿里巴巴敏锐地看到了淘宝和天猫上商户的借贷需求，并探索性地与银行合作来满足这种借贷需求。这一合作一方面利用了银行丰富的资金，为银行找到了放贷的渠道；另一方面也充分利用了阿里巴巴旗下各平台积累的用户和数据，尤

其是平台对商户充分而细致的了解，也有利于阿里巴巴电商平台的发展。但在合作的过程中，阿里巴巴逐渐发现，靠银行来提供信贷服务很难真正地解决商户的信贷需求，因为需求的一方对资金的需求有独特的特点，要求"短、小、频、急"，还款灵活，而供给的一方有一套成型、固定的风险评估模式，偏向于解决大额资金需求，这种供需的矛盾很难调和。正是在这样的背景下，阿里小贷应运而生，阿里巴巴开始探索靠"自己"的力量来解决商户的信贷需求。阿里小贷在解决商户的信贷需求方面功不可没，不过，它的发展却是受限的。小贷公司不能吸收公众存款，资金来源问题是制约阿里小贷发展的"瓶颈"。2008年，银监会和人民银行联合发布了《关于小额贷款公司试点的指导意见》，其中规定，"小贷公司向银行融资不得超过资本净额50%"，根据这一规定，阿里小贷能从银行融到的资金规模很有限，进而能够放贷的规模也很有限。正因如此，阿里小贷探索过通过私募的方式获得外部资金，也探索过资产证券化的方式，但操作程序烦琐。从这个角度和意义上讲，网商银行可谓应运而生、势在必行，可以拓宽资金来源，扩大放贷规模。

阿里巴巴向电商平台上的商户提供的是信用贷款，就必须想办法识别商户的风险。一方面，根据风险制定个性化的贷款产品；另一方面，只有识别风险，才能通过恰当的利率设定覆盖风险。所幸的是，商户在电商平台上积累了交易相关的数据，为识别风险提供了重要参考。因此，阿里小贷探索了风险评估的模型，并不断地去修正。

随着业务的拓展，面向的客户范围也在不断扩大，业务范围已经不再局限于阿里电商平台上的商户。特别是在面向农民提供信贷服务时，他们可供用于进行信用甄别的信息极其有限，甚至完全是空白。因此，为了进行风险评估，一方面是与其他机构合作，拓展信用信息来源；另一方面是先从最容易切入的支付做起，然后再循序渐进地扩大服务内容，从零开始积累数据。有了数据，原先积累的信用评估技术和模型便有了用武之地。可以说，数据和信用评估二者互相推动，为信贷业务提供了坚实的支撑。

纵观阿里小贷和网商银行的发展，有信贷需求是前提，为了满足这种需求，成立了阿里小贷和网商银行，为了业务的发展，积极开发风险评估模型和技术，获取信用相关数据。从中可见，为了"支农支小"，阿里小贷和网商银行提供了一体化的解决方案。

对村镇银行来讲，主要面向的是农户农村农民和小微企业，目前它们还面临较严重的金融抑制，市场有挖掘的潜力。与大的互联网公司介入"支农支小"市场一样，村镇银行也面临着对客户的风险评估和风险控制难题。但村镇银行一般有本地的股东，员工多数情况下也是来自当地，有本土化优势，应该将这种优势应用到客户开发、风险评估和风险控制中。可以通过与当地金融机构、政府部门等合作的方式，多渠道地积累信用数据，建立数据库并进行动态更新和完善，开发并不断优化风险评估的技术。

第十章 "先行者"孟加拉国格莱珉银行

第一节 其人其事

2006年10月13日，穆罕默德·尤努斯和孟加拉国格莱珉银行一起分享了诺贝尔和平奖。颁奖词说：尤努斯通过孟加拉国格莱珉银行向孟加拉国社会最底层的穷人提供小额银行贷款，这些在通常金融制度下无法得到信贷的人有了发展的起步资本。之所以授予其和平奖，是因为"持久的和平只有大量的人口找到摆脱贫困的方法时才会成为可能"。

孟加拉国是全球贫穷国家之一，在其1.6亿人口中，贫困人口有3760万，其中极端贫困人口为2064万。

格莱珉（Grameen），在孟加拉语里即"乡村"之意，所以格莱珉银行又叫乡村银行。提到格莱珉银行，就不得不提穆罕默德·尤努斯。

尤努斯1940年出生于孟加拉国的吉大港，毕业于达卡大学，后来得到一笔奖学金的支持，他到美国的范德比尔特大学（Vanderbilt University）求学，并获得经济学博士学位。

1971年，孟加拉国独立，尤努斯离开美国回到祖国。1974年，孟加拉国发生大饥荒，有成千上万的人饿死，尤努斯努力寻找解决饥饿的办法，他亲自到村庄里试验高产种植的方法。

黑板上的经济学与现实有很大的距离。1976年，尤努斯在乔布拉村调研，他了解到，农妇制作竹凳，加工一个只能赚0.5塔卡。背后的原因是，资金是借的高利贷，利率过高，还贷后收入微薄，被动地陷入一种难以摆脱的贫困循环。

而如果是自有资金，加工一个竹凳可以赚 3~5 塔卡。他向 42 名赤贫的村妇共借出了 865 塔卡，相当于 27 美元。用这些钱，她们能够购买原材料，做起小生意。就是这一点点钱，就帮助她们摆脱"契约奴隶"的身份。由此开始，尤努斯开始试验、创立了"小额信贷"模式。

1978 年，在孟加拉国中央银行的支持下，尤努斯获得了推广乔布拉村成功经验的机会。他在坦盖尔地区开展了为期两年的格莱珉小额贷款项目，通过全新的贷款模式向当地居民提供贷款服务。经过一段时间的发展，吉大港地区的 19 个试验点和坦盖尔地区的 6 个试验点在小额贷款上取得了一定的成果，形成了最初的格莱珉体系。1982 年，尤努斯在全国范围内启动了五个地区的试点贷款项目，包括中部的达卡地区、东南的吉大港地区、东北的伦格布尔、南部的博杜阿卡利和北部的坦盖尔。

1983 年 10 月 2 日，经孟加拉国政府特许，穆罕默德·尤努斯创立了格莱珉银行。孟加拉国政府颁发了《特别格莱珉银行法令》，规定"该银行以现金或实物形式，向无地的人从事所有类型的经济活动（包括修建房屋），以商定的条款和条件提供有担保或无担保的贷款"。尽管法令规定格莱珉可以提供有担保的贷款，但实际上格莱珉银行的贷款都是无抵押无担保的。

格莱珉银行专注于向最穷苦的孟加拉国人提供小额贷款。尤努斯的目标是，帮助穷人实现个体创业，通过自雇谋生，最终让他们永远脱离贫困。他提出了简单又充满智慧的解决贫困方案：为穷人提供适合他们的贷款，教给他们几个有效的财务原则，然后他们就可以自己帮助自己。

1989 年，尤努斯创建了格莱珉信托基金，募集资金为 30 多个国家 100 多个组织在复制格莱珉模式时提供资金支持。到 2004 年，格莱珉银行已经向 240 万个孟加拉国农村家庭提供了 38 亿美元的贷款。有 250 多个机构在将近 100 个国家里基于格莱珉的模式运作着。1996 年底，他创办非营利性的格莱珉电信公司，让 40 多万名妇女能够使用通信服务，通过经营电话租赁业务赚取利润。格莱珉银行 2015 年度的年报披露，贷款用途按比例从高到低排列，排在前五位的依次是：28.17%用于农业、林业，20.93%用于加工、制造业，17.65%用于家禽养殖、渔业，17.63%用于贸易，12.35%用于运营小商店。具体贷款使用额度从高到低排列，前五位依次是养育奶牛、运营杂货店、水稻田交易、养牛和水稻种植。

格莱珉银行自成立以来，一直稳健地发展。2000 年末其分支机构覆盖 40225 个村庄，2005 年达到 59912 个。

尽管是向最穷的人发放贷款，尽管无抵押无担保，但格莱珉银行保持了较高的还款率，除了成立之初的1983年，以及1991年和1992年，其他年份都实现盈利，使得它可持续地为穷人提供金融服务。1995年以前，该银行除了向中央银行借贷，还会接受慈善机构的捐助。1995年以后，格莱珉银行宣布不再接受捐助，最后收到的一笔原有捐款的分期付款是1998年。格莱珉发现，以自身不断增长的储蓄存款来运作并扩展其信贷项目以及清偿贷款余额，是绰绰有余的。格莱珉银行于2006年创造了2000万美元的盈利，超过了所有其他孟加拉国的商业银行。2015年底，在2568个支行中，有1750个盈利，804个未盈利，14个没有运营。

尤努斯认为，格莱珉银行是社会企业，它既不是要做慈善，也不是要赚穷人的钱，它实现保本微利的目的是为了可持续地、更多更好地服务于穷人，使他们摆脱贫困。

尤努斯认为，处于总人口底层的50%的人们生活质量的改善是发展的精髓。甚至更为精确地说，发展的定义要将注意力集中在人口底层的25%的人们的生活质量之上。格莱珉银行区别于其他公益性金融机构的最大特点是它在服务深度上的表现：既到达了极端贫困群体，又尽可能多地服务于这类群体。根据2016年格莱珉银行的数据，800多万名客户都属于贫困弱势群体，其中267万名客户都在孟加拉国的贫困线以下。

正如尤努斯自传的中译本翻译者吴士宏所言，尤努斯为赤贫的沙漠送去了清泉。格莱珉银行被称为"穷人的银行"，尤努斯被称为"穷人的银行家"。

第二节 人文关怀

一、穷人为什么会穷？

就在尤努斯获得诺贝尔和平奖没几天，2006年10月22日，尤努斯在北京大学演讲。他说，穷人并不是造成贫困的原因，贫困是由机制造成的，是由社会造成的，是社会的结构与社会采用的政策创造出来的。

他还说，穷人之所以穷，并不是这个人有什么不好的，有什么缺乏的，而是这个社会并没有让他们能够有自己充分发挥的空间。

尤努斯说，在真实的世界里，穷人之所以穷，并非因为没有经过培训或是没有文化，而是因为他们无法得到他们的劳动报酬。他们无力控制资本，而恰恰是控制资本的能力才会使他们摆脱贫穷。更具体地，在尤努斯的眼里，恰恰就是穷人被排斥在传统金融之外，才丧失了摆脱贫困的机会。

他认为，信贷是每个人应该享有的权利，是人权，不像获得粮食的权利一样。信贷的权利是基础，因为如果能够获得信贷，就可以保证一系列其他的权利，比如保证自己的食物供应，保证自己获得受教育的机会。

穷人不需要我们的同情，他们只需要一只援助之手，而以金融服务的方式给予援助是最重要的一种方式。

二、"嫌富爱贫"

在人们通常的观念里，穷人被认为是"金融界不可接触者"，银行不是为赤贫者服务的。金融界最通行的规则就是，你越有钱，你越能借到钱，因为借给你钱的一方会认为你有能力在未来还本付息。相反，按照同样的逻辑，你越没有钱，你越是借不到钱。抵押担保是原则，穷人一般没有什么可以拿出来进行抵押或担保的，银行就担心，一旦无法还本付息，信用违约缺乏执行的基础。总之，在人们传统的观念里，借钱给穷人，风险很高。事实上，银行的规则向来如此，很多信贷政策也是这么设计、运行的。这样一来，穷人被隔离在传统金融系统之外，只能借高利贷，利率太高，以至于无论如何辛勤劳动也可能无法摆脱贫困，反而是为高利贷"打工"。

除了穷人没有什么可以拿来抵押或担保的，银行打的"如意算盘"还在于，对穷人来讲，单笔贷款额度小，而放贷的成本偏高，收益与成本不成比例。传统上，很多领域存在"二八法则"，比如一个公司，占20%的大客户大约能为它贡献80%的利润。所以，传统上银行偏爱大客户。

传统金融最典型的特点，就是"嫌贫爱富"。尤努斯和格莱珉银行恰恰相反，他们是"嫌富爱贫"。

经典的格莱珉银行模式是基于无抵押贷款的，银行的会员限于拥有不超过半英亩中等质量的可耕种土地，或财产价值不超过1英亩中等质量土地的家庭。格莱珉银行以"让所有人在有需求的时候能够以合适的价格、方便快捷并有尊严地享受金融服务"为原则。尤努斯明确表示，"格莱珉银行的核心任务是帮助贫困客户脱贫,而不是盈利"。

格莱珉银行 2016 年的年报显示,截至 2016 年底,格莱珉银行拥有 890 万名会员(有效借贷户),其平均贷款额度只有 23429 塔卡(约 296 美元),仅占孟加拉国 2016 年人均 GDP 的 21%。格莱珉银行所服务的客户都属于贫困人群,其中 267 万名客户处在孟加拉国的贫困线以下。[①]

格莱珉银行的贷款主要面向女性,截至 2016 年底,格莱珉银行的 890 万名会员中,97% 是贫穷妇女。在孟加拉国,妇女比男人面临更为严重的饥饿与贫困问题,穷苦妇女在孟加拉国的社会地位是最没有保障的。尽管有这些不幸,但有一点,赤贫的妇女比男人能更快地适应自助的过程,她们看得更长远。为了使自己和家人从贫困中解脱出来,她们愿意辛苦地劳作。在格莱珉银行看来,极度贫困的妇女,反而对机会更珍惜,在贷款使用上更谨慎。所以,当钱通过一个女人而进入一个家庭时,会给整个家带来更多的好处。

格莱珉银行甚至还开发了针对乞丐群体的借贷服务。乞讨是一个穷人求生的最后手段,乞丐中有残疾人、盲人、智障者,以及病弱的老人。格莱珉银行专门针对他们设计了一个名为"艰难成员"的特殊项目。这一特殊项目的规则是另行制定的,贷款的平均额度为 500~1000 塔卡,是免息的,借款人自己选择怎样进行分期还款,贷款期限可以很长,分期还款数额可以很小,他们可以不参加小组,不必储蓄,[②] 乞丐成员都可以享受生命保险和贷款保险而无须付费。这个项目的目标是为乞丐提供金融服务以帮助他们找到有尊严的生活方式,送他们的孩子去上学,并逐渐成为一个正式的格莱珉银行的会员。在格莱珉银行的支持下,截至 2015 年底,在农村已有超过 109000 名乞丐获得格莱珉银行的贷款服务。16905 名乞丐转变为挨家挨户售卖小商品的人,9029 名乞丐加入了小组成为格莱珉银行的常规借款人。截至 2016 年底,有贷款余额的乞丐会员 77582 名,贷款 262 万美元,已偿还 219 万美元,存款 12 万美元。在格莱珉银行的示范作用下,该国的其他小额信贷机构也开始为乞丐提供金融服务。

住房对孟加拉国的贫穷人群意义非凡,既是基本的生存保障,同时也是很多人的生产经营场所。1984 年,格莱珉开始推行住房贷款项目,受到借贷者们的热烈欢迎。截至 2016 年底,会员累计使用贷款建立起 702730 所住房。住房贷款

[①] 张睿、杜晓山、王丹:《格莱珉银行如何"精准扶贫"》,《金融时报》2017 年 5 月 4 日,第 2 版。
[②] 这是针对乞丐会员专门制定的政策,与针对普通借款人的政策有所不同,后文有详细分析。

只提供给妇女,并且要求建房所用的土地须在妇女名下。这样是为了避免客户因婚姻破裂而流落街头,使贫困妇女的权益得到保障。虽然格莱珉银行的贷款资金被用于修建住房、购买农业设备、移动电话等,但是平均单笔贷款额度2015年只有230美元,2016年也只有296美元。从平均单笔贷款额度可以看出,格莱珉银行从未偏离服务穷人的轨道。[1]它在发展的过程中,没有放弃和背叛它的宗旨和追求。它原来是小额信贷、扶贫金融和普惠金融的先锋、引路人和旗帜,现在它不断创新改革,仍然是灯塔和标杆。[2]

三、"不走寻常路"

非但"嫌富爱贫",尤努斯更往前走了一步。他不是墨守成规,而是破除成见。他大声疾呼,穷人也是值得信任的,说穷人不值得信任是十足的谎言。在尤努斯的观念里,没有不好的客户,只有不好的银行。尤努斯坚信,建立银行的基础应该是对人类的信任,而不是毫无意义的纸上合同。

传统上,银行放贷前的资信评估主要是"往后看"的。既往的信用记录,资产多少,有什么可以抵押,谁可以提供担保等,这些都是"往后看"的具体表现。但格莱珉银行开展业务的信贷评估则是:一切"向前看"。尤努斯觉得,最主要是看发展的前景,看将来,看预期。更具体地,要看贷款者是不是有一技之长,能否借助于贷款的帮助获得收入,逐步脱离贫困。所以,是否向银行借过款,是否成功借过款,是否曾欠贷不还,就变得不再重要。

格莱珉银行发放的都是无抵押、无担保的贷款。格莱珉不打算将任何未能还款的贷款者送上法庭,也不要求贷款者签署任何法律文件。但就是这一在传统银行看来高风险的行为,在格莱珉银行却运转良好。1995年,格莱珉银行决定不再接受任何捐助资金,以格莱珉不断增长的存款储蓄来运作并扩展其信贷项目及清偿现有贷款,已经绰绰有余。而根据统计,国际上只有大约10%的小额信贷机构能实现自负盈亏,能持续盈利的不超过1%。[3]因此,格莱珉银行在模式上的创新和突破更值得深入研究。

---

[1] 唐涯、陆佳仪曾撰文《格莱珉银行变形记:从"普惠金融"到"普通金融"》,认为"穷人不再是银行(GB)主要的服务对象"。
[2] 杜晓山、张睿、王丹:《执着地服务穷人——格莱珉银行的普惠金融实践及对我国的启示》,《南方金融》2017年第3期。
[3] 郑彬:《格莱珉银行:在信贷扶贫中创造财富》,《经济日报》2010年6月19日,第6版。

第三节 模式创新

关爱穷人的情怀总是令人称赞和钦佩的，但更值得人们称赞和钦佩的，是作为一种商业模式也能成功。如果模式不成功，情怀只能是昙花一现。如果模式能成功，情怀就能够可持续地做下去，这才是最好的情怀。尤努斯不是做慈善。如果是慈善，是捐助，像是一种施舍，反而会挫伤穷人的自尊心、自信心，抑制他们的能动性和创造力。所以，以商业性的方式开展，是一种更优的选择。

关爱穷人的情怀总是令人称赞和钦佩的，但不能"一腔热血"，不能异想天开。在无抵押无担保的高难度面前，关键还是要一套好的机制设计。在一个好的机制下，借钱总会还的。

尤努斯曾说："做好小额信贷，不能与正规金融程序一样，就像不能穿着皮鞋到稻田一样。"所以，格莱珉从开始探索，就在努力开发出有效可靠的贷款发放与回收机制。

一、市场筛选机制

贫困的人群总是庞大的。格莱珉银行在筛选借款人时，需要借钱的人需要花费几天到几十天不等的时间接受系统培训、面试和考试，全面理解相关政策。通过这种机制，只有真正有贷款需求，具备吃苦耐劳精神且抱有严肃态度的人，才能最终申请到贷款。

二、构建隐性担保机制

格莱珉银行建立了一套"小组+中心+信贷员"的信贷模式。

在自愿的基础上，每5人成立一个小组（亲属和好友不得在同一组内），采取民主的方式选出组长，还会配备秘书。随着借款人的增加，小组数量也在与日俱增。2000年末小组数量为503001个，2005年末拥有小组数量为877142个，到2016年末，小组数量达到1370930个。

关于小组，主要的机制设计如下：

五人小组中，小组成员间要互相帮助和监督，组员之间虽然没有为其他成员还款的义务,但如果小组内有成员还款记录不佳,会影响到整个小组日后能否再次获得贷款。

在小组内采用"2+2+1"模式顺序放贷。最初只有2名成员可以申请贷款,根据偿还情况,再有2名成员申请贷款,小组长最后得到贷款。小组的信用额度随着按时还款的比例及还款额度逐步增加。所以,如果有成员不能按时还款,也影响小组内其他成员能否获得借款。

上述机制实际上是构建了一种隐性担保的机制。尽管小组成员间没有互相代还款的义务,但利益是相关的。实际上,鉴于孟加拉国的实际情况,小组成员都会比较珍惜格莱珉银行提供的贷款服务,不太可能做"一锤子买卖",这会激励组员之间相互帮助。由于借款是有先后次序的,先获得借款的人也不太可能不顾及其他的组员而不按规定还款。除了外在利益,小组的隐性联保还加上了一道熟人社会的道德保险杠,通过隐性的道义压力规范约束借款人。

德国社会学家斐迪南·滕尼斯(Ferdinand Tönnies)曾说过,在一个关系共同体中生活的人,比如一家村庄、一个家族中的群体,个人的决定不但是从个人利益出发,也会照顾到共同体的利益。如果损害了共同体的利益,个人的亲属关系、友谊、信誉等也会遭到损害。虽然这些因素的价值很难量化,但确实是个体决策的主要影响因素。尤努斯曾说,"格莱珉的成败,会取决于我们的人际关系的力量"。

上述小组的隐性联保,背后有一套识别机制,有研究者曾指出了这一点。[①] 一是小组成员的识别机制:小组必须是5个人自愿组成,所有成员必须是无地、无财产的穷人且没有直系血缘关系、必须来自同一个村庄、必须具有相似的想法和相似的经济状况而且必须彼此信任。二是小组的识别机制:在小组成员的资格符合银行要求后,接下来就是小组培训,接受政策的培训。培训后,由地区经理或项目经理进行小组识别测试,表明他们理解了这些政策。测试通过后,还将观察小组会议的出勤和纪律,如果满意,小组才能获得贷款。

三、降低信息不对称

所有银行都会面临信息不对称,包括银行与借款人,以及银行与银行工作人员。格莱珉银行不像银行通常的做法,逐个调查借款人的背景和信用,也没

[①] 鲁蔚:《解构格莱珉——兼论社会资本与机制设计的运用》,《农村金融研究》2008年第1期。

有通过层层授权或审贷分离来控制内部的道德风险,而是设立了一系列信息传递机制。

格莱珉银行依靠小组长推荐每个成员的贷款提议,小组内部商议谁先获得借款,借贷的额度是多少。这样做的好处在于,小组成员间相互比较了解,比信贷员更可能知道多少贷款额度是合适的。这降低了信息的不对称。

小组成员之间互相监督还款情况,通过顺序放贷这一机制,轻而易举地将小组的组长变成免费的"风险控制官"。[1] 这本质上是将监督的职责内化到组织内部,弱化信息不对称带来的不利影响,节省监督成本和管理费用,降低了交易成本。

除了每个小组的组长和秘书,一般 6~8 个小组构建一个中心(kendro),采取民主方式分别选出中心主任和主任助理。他们是联系人,负责与银行保持经常性的联系。每周应由中心主任和信贷员召集由所有成员参加的中心会议,主要目的是检查项目落实和资金使用情况,办理放款、还款、存款等手续。这种方式也依靠了借款人的自治,相对于信贷员,中心主任对各小组的情况更加了解,依赖这种方式,也能够降低银行、信贷员与借款人之间的信息不对称。

四、整贷零还减缓还贷压力

格莱珉银行采取整贷零还的方式。贷款期限 1 年,每周分期等额还款,借款一周后开始偿付,还本 2%,以及利息总额的 2%,还 50 周。如果借 1000 塔卡,则每周要还本 2 塔卡,利息按 10% 计,总计 100 塔卡,每周还利息 2 塔卡,每周还本付息总计还 4 塔卡。[2]

与银行通常的还款周期比起来,每周还款似乎过于频繁了。不过,这一设计也有考虑:

第一,与借款人的生产特点相关。借款人一般是小手工业者,借的钱投入到家庭手工业或其他家庭副业,比如做冰激凌的棍、做黄铜贸易、修理收音机、加工芥末油,或是培育榴莲等,都有快速创收的特点,资金回笼快。

第二,每周还款,反而能够更好地跟踪借款人的经营情况,便于小组、中心和银行及时掌握借款人的动态,及早发现没办法按时还款的借款人,提早做调整,及时协助解决,避免风险的累积。

---

[1] 鲁蔚:《解构格莱珉——兼论社会资本与机制设计的运用》,《农村金融研究》2008 年第 1 期。
[2] 10% 只是名义利率,实际的年利率大约是 20%。

第三，尤努斯和格莱珉银行发现，通常到期后一次性还本付息给借款人的压力太大。每周还款的话，借款人心理上的还款压力会小很多。

第四，每周还款也倒逼借款人积极工作，不停地寻找收入来源。

五、组建利益共同体

格莱珉银行与其他商业银行不同的一点还在于，它的借款人许多都是这家银行的股东。为了银行的成立，特别通过了一项法律，贫穷的借贷者们（其中绝大多数是妇女），拥有这家银行。在格莱珉银行成立之时，尤努斯希望它100%地由贷款者拥有，但为了成立银行的提案被通过，1983年成立之初，政府的持股比例达到60%，另外40%由借款人认购持有。不过随着银行的发展，借款人的持股比例大大提高。2015年底，格莱珉银行的会员持有76.01%的股份，每个会员的股份都是相同的100塔卡。

尽管每个会员只占很少的股份，但让借款人在心理上觉得，自己和银行的利益是休戚与共、息息相关的。另外，贷款者在急需用钱时可以方便地将股票出售给格莱珉。再者，拥有股份的另一个吸引力是用来交换格莱珉银行其他实体的股份。

由会员持有绝大部分股份，而且这些会员的股份均等，任何一个会员都不会控股，还使得格莱珉银行可以始终"保持初心"，始终坚持为贫困人群提供借贷服务的初衷。

六、通过培育社会资本支持借款人

与其他商业银行不同，格莱珉银行的工作人员更把自己看作教师。他们帮助贷款者充分开发其潜力，发现自己的力量，以从未有过的程度提升他们的能力。

尤努斯和格莱珉银行对社会资本有深刻的理解和把握。尤努斯发现，底层的人需要激励，需要相互分享经验、互相支持，需要各种各样的支持，包括人脉、培训、知识储备等。"小组+中心+信贷员"这一信贷模式不但发挥着筛选客户、提供隐性联保的作用，而且起着为会员建立社会资本的重要作用，为贫困的会员搭建了相互支撑的社会网络，通过多种机制和渠道为借款人积累起了社会资本。

首先，小组其实也是一种情感上的支持，这种社会网络能够强化创业动机。

其次，在每周举行的中心会议上，银行员工教给会员基本的金融知识，比如信贷、储蓄、利率知识等。中心会议还交流创业信息和致富信息、分享成功经验、寻找解决困难途径的平台，银行员工将与会员们一起讨论。不开会时，五人小组的成员也会彼此扶助，分享信息。频繁地接触，使银行员工能及时了解会员情况，控制信贷风险，又为会员搭建了创业所需要的人脉支撑。通过种种形式形成的社交网络，使贫穷的妇女走出家庭、获得知识、提升信心。

尤努斯曾说，组建五人小组以及建立在小组基础上的中心，"不是考虑资金安全问题，而是先考虑怎么能够帮助底层人形成一种力量"。

格莱珉银行还组建了互助中心，分配员工来负责。互助中心负责对部分贷款者进行家访，并提出建议。这是跟踪了解贷款者的需要与问题的重要方法。

另外，格莱珉银行成立了渔业基金会、农业基金会等，负责向穷人提供指导。

七、通过强制储蓄的方式支持借款人

在格莱珉银行的设计里，存款是很重要的。对于借款人，除了每周偿还小额贷款，同时要存入金额更小的存款，这是一个改善他们财政状况的重要环节。一年后债还清了，他们可以借更多，同时又有一笔存款可以动用，这让他们一步步脱离贫困线。

银行为每个小组设立小组基金，资金来源有三部分，每次贷款金额的5%、小组在培训期的储蓄，以及成员的每周存款。用途也有三个：用来偿还小组成员无法偿还的贷款，为小组集体创收活动提供不超过基金总额50%的贷款，为小组成员提供不超过基金总额5%的无息贷款。小组基金事实上具备了信贷保险特征和合作金融特征。

格莱珉银行为中心成立紧急基金，资金来源为银行获得利息的25%。主要用于协助因意外事故导致还款困难的成员，为成员还款提供便利服务，成员死亡后为家属提供抚恤。

八、通过创办实业支持借款人

除了格莱珉银行，还有很多格莱珉体系的公司，又分为两类，一类是在孟加拉国公司法之下注册的独立公司，格莱珉银行在其中不占股份，与这些公司没有任何贷款往来，比如格莱珉通信、格莱珉电话、格莱珉电信等。另一类是由格莱珉银行缔造的，是应用捐助款项将格莱珉银行的一些项目从银行中分离出来的，它们都是独立的法人机构，这些公司对格莱珉银行负有贷款债务，比如格莱珉Motsho（渔业）基金会、格莱珉基金。这两类公司都通过直接、间接的方式支持贫困人群的脱贫。

格莱珉电话成立于1997年3月26日，是一家营利性公司，是孟加拉国最大的电话公司。成立之后，格莱珉电话在68000个村子里布点，每一处都有一个格莱珉贷款者作为村里的"电话女士"，通过一个被称为"村中公用电话"的东西，向村民销售电话服务。她们经营这些电话，生意的利润丰厚。

另一个很好的实例是，格莱珉银行与法国乳制品公司达能于2005年合伙创办了格莱珉达能公司，目的是改善孟加拉国儿童营养不良的状况。在分销时，一部分靠大量小零售店，另一部分靠"格莱珉女士"，这些人是从格莱珉银行贷款来做小生意以养活自己和家庭的女性。在2007年的前几个月，格莱珉达能拥有的向邻里销售酸奶的女性销售人员从来没超过30名。主要是在孟加拉国乡村文化中，如果女性没有得到她们生活中男人的支持，她们很难跨越家庭的樊篱。经过调整、招聘、培训，销售女士的人数稳步增长，从2007年9月的29人增加到2009年3月的270人。每位女性销售员每周工作4天，每月大约可赚到800塔卡，大约相当于11美元，这笔钱对于孟加拉国的农村女性来说，是对其家庭收入不小的补充。[①]

尤努斯不仅有深重的人文关怀，更有创新的精神。正是格莱珉银行创新的模式，给人文关怀的理想插上了腾飞的翅膀。

第四节 自我变革

一、持续变革的大背景

格莱珉银行并没有因为它开拓创新的模式而故步不封，而是在时代的变迁中自求变革，不断演进。

1998年，孟加拉国遭遇了百年不遇的特大洪灾，国土面积的2/3被淹长达11周之久。洪灾过后，格莱珉银行的还款率从灾前的99%左右骤然下降到80%左右，部分分行的业务遭到灭顶之灾，不良贷款率上升，最高时达30%左右。

[①] 穆罕默德·尤努斯：《格莱珉达能：永不分红》，《商界（评论）》2011年第5期。

与此同时，按格莱珉银行原有模式的规定，只有偿清原有的贷款，才能再次获得贷款。经受洪灾后，许多借款人由于受灾无法偿还贷款。在原有模式下，他们将永远失去再次贷款的资格。这对受灾的穷人来说无疑是雪上加霜，也大大减少了银行的客户来源。

但格莱珉银行没有从这一打击中消沉，它不但经受了严峻的考验，而且借此机会反思，并彻底重新设计了操作模式，很快又重新焕发了青春。尤努斯自豪地称之为第二代格莱珉银行（GGS），与之相对，上一版是格莱珉经典（GCS），也被称为第一代格莱珉银行。

2000年4月14日，格莱珉开始设计新的银行借贷系统。到2002年8月7日，格莱珉银行的所有分行都完成了转型，共涉及4100个村镇的1175家分行。[①]

二、借款服务的系统转型

1999年，格莱珉银行对五人小组制作出调整。原先模式下，小组成员有放贷次序，按照2人、2人和最后组长这一顺序获得放款，先获得借款的组员对借款的使用和还款情况会影响到其后的组员能否获得贷款。这是一种比较严厉，也有点僵化的模式。格莱珉银行发现，最穷的人离开银行，其中一个原因是，一旦自己无法按时还款，同组的其他成员会蔑视他。因此，在第二代格莱珉模式中，成员贷款不再受其他成员还款情况的影响，小组五人可以同时获得贷款。也就是说，贷款同时发放给所有已经偿清先前贷款的组员。

不过，小组仍有它的意义，可以便于银行对贷款者进行管理，小组每周例会有利于成员个体交流创收经验等。小组这一载体仍是为借款人搭建的支持和扶持平台。

在借款额度方面，第一代模式下，小组成员共享额度。第二代模式下，小组中每个人的贷款额度不同，既考虑个人表现，也考虑小组、中心的表现。针对个人的考察，主要涉及：是否按约定还款、是否参加中心会议及参加的频率、个人账户中的存款额等。第二代模式时，对小组成员还款有奖励性规定。如果成员所在的小组、中心的还款率达到100%，其个人的贷款限额将得到不同幅度的提高，在2.5%~10%。不同于第一代模式，即便小组或中心表现不佳，个别组员仍然可以通过自己的表现提高个人贷款的最高额度。如果表现不佳，贷款限额会不同程

[①] 李树杰：《孟加拉格莱珉小额信贷银行二次创业的经验》，《金融经济》2007年第3期。

度地下降。连续 7 年保持 100%还贷水平的客户，给予其黄金客户身份，可以获得较高信贷额度等优惠。

在储蓄的要求上也有变化。第二代格莱珉模式下，扣下每笔贷款额的 5%存入会员个人账户，其中 2.5%存入可供支取的个人账户，另外 2.5%存入特别储蓄账户。如果借款人有一笔银行贷款，必须每周向其个人账户存一笔有最低限额的款项，贷款额低于 1.5 万塔卡的每周需要储蓄 5 塔卡，贷款额 10 万塔卡或更多，每周储蓄 50 塔卡。会员可以随意支取个人账户的这些存款，而特别账户中的存款在最初的 3 年不能支取，满 3 年以后，可以提取超过一定额度的存款。当储蓄达到 100 塔卡后将自动成为格莱珉银行的股东。

第二代格莱珉银行设计了更加符合客户需求、个性化的产品。借款产品的期限、还款等更加灵活。主要发放的是一种"基本贷款"（Basic Loan）。每位会员只能借用一笔基本贷款。基本贷款的期限可以从 3 个月到 3 年（甚至更长）不等，与之形成对比，第一代格莱珉模式发放的贷款期限为 1 年。

第一代格莱珉模式下，再次贷款的间隔周期是 1 年，到了第二代格莱珉银行，再次贷款的周期有所缩短，间隔周期是 6 个月。即便是没有还清所有贷款，也可以再次借款，只要额度不超过前面 6 个月已经偿还的贷款。这相当于一次授信，循环使用。

格莱珉银行分析了最穷的人离开银行的原因，发现其中一个原因是，最穷的人没有固定的收入来定期还贷。因此，还款的额度、周期相比第一代格莱珉模式有变化，借款人自定还款期限和额度。

第一代格莱珉模式下，采取定额分笔偿还办法，每周还本付息，每次还本 2%再加上利息，50 周还清。第二代格莱珉模式下，可以灵活调整，可以商定还期周期。可以根据情况多还或少还，最低 1%。成员有需求时，可以对不同季节的每周偿还额进行调整，周偿还额可以预付，整笔贷款都可以提前还清。

对穷人来讲，确实可能会陷入危机，无法按时还款。一旦发生这种情况，允许借款人暂时退出"基本贷款"，签订新的还款协议，称为灵活贷款（Flexible Loan），把还款期延长（最长 3 年），单次还款额相应减少。在"灵活贷款"还款 6 个月之后，还可以在 6 个月或 26 周之后进行新的贷款，额度为已还款的 100%到 175%不等，根据还款记录的好与坏而定。这样，遭遇困难的穷人不仅能继续还款，也有机会重新贷款以抓住商机。之所以采取上述做法，一是银行有意保留信誉好的客户，二是借款人或非会员不断往银行存入存款，逾期贷款不会对银行资金周转构成威胁。灵活贷款实施后，一些老的逾期贷款果然慢慢偿还了，只有一小部分冲销掉了。2016年底，灵活贷款余额占贷款总额的5%。

引入退休金储蓄计划（Pension Saving Scheme）。借款额达到一定额度以上的借款人，必须每个月存一小笔钱，持续5~10年。5年计划的存款利率是10%，10年计划的是12%。超过4个月拖延存款将导致账户自动转为一般存款账户，利率减少到8.5%。

在第一代格莱珉银行时期，只从会员处吸引储蓄，新设立的分支机构从总行以12%的利率筹措资金。第二代格莱珉银行改变了这一规定，鼓励从非会员处吸纳储蓄，让新分支机构吸储以实现存贷平衡。截至2016年底，格莱珉银行储蓄存款25.4亿美元，其中16.4亿美元为会员存款。存款占贷款余额的比例为169%，加上银行自筹的其他资金，这个比例达到183%，有2146个支行的存款超过了贷款。[①]

以上变革带来的改变是明显的：从2000年第四季度到2002年第一季度，个人账户没有太大变化，小组成员的小组存款逐渐减少最终变为零，特别账户中的储蓄有了明显的增加，退休金账户和普通公众存款从无到有，有了巨幅的增长。

为了满足小微企业对贷款的需求，推出了特定生产贷款和企业扩张贷款。金额更大，期限更长，只对在格莱珉银行保有一定储蓄存款余额、基本贷款本息偿还记录良好、拥有增长潜力的小微企业主发放，每个小微企业主只能持有一笔特定生产贷款或企业扩张贷款。小微企业贷款的常见用途包括购买电犁、灌溉泵、运输车、水运及渔业工具等。

格莱珉银行"随机应变"的效果是明显的，有很多指标可以反映这一点。单从还款率来讲，2015年还款率为98.47%，2016年为99.06%。格莱珉银行的客户数量从0发展到250万人用了27年时间，而从2002年到2005年这短短4年时间，就达到500万人。同时，贷款需求也翻了一番，存款量增长了2倍，利润增长了6倍。

三、始终"不忘初心"

业务在变革，但格莱珉银行"嫌富爱贫""帮贫助贫"的初心始终没变。

[①] 杜晓山、张睿、王丹：《执着地服务穷人——格莱珉银行的普惠金融实践及对我国的启示》，《南方金融》，2017年第3期。

2015年底，格莱珉银行的会员持有76.01%的股份，每个会员的股份都是相同的100塔卡，其他的股份分别由孟加拉国政府以及政府控股的两个银行Sonali银行和Krishi银行持有。

第二代格莱珉银行推出了养老金账户，要求每一个借款8000塔卡以上的会员每个月至少储蓄50塔卡，10年后可以取出相当于120个月存款额2倍的资金。

1997年，推出教育贷款，所有格莱珉有借款并且作为会员一年以上的借款人都有资格获得贷款。发放的对象是接受高等教育的学生。教育贷款3~5年免息，随后的利率是5%，低于格莱珉银行通常的贷款利率，银行对这项贷款给予了补贴。教育贷款的目的是为了会员的子女学有所成，让会员们感受到作为格莱珉银行的所有者得到了回报。即使是灵活贷款的会员也有资格申请教育贷款，无论他们的资信状况如何。1999年推出奖学金工程。成为会员一年以上并持有银行股份、上一年归还了全部分期付款的借款人可以成为受益者。格莱珉银行的支行、地区行、大区行和总行都有各自的权限发放一种以上的奖项。截至2016年底，格莱珉银行发放奖学金591万美元，其中350万美元奖励给女生；总共资助244205名学生，其中144950名是女生；高等教育贷款发放5113万美元，资助了53645名学生。

第二代格莱珉银行还用借款人年度储蓄的利息建立了贷款保险基金，每年的最后一天，借款客户需要在贷款保险储蓄账户存入一笔小额资金，具体的数额为该客户当天在银行的贷款余额和应付利息的2.5%。这样的好处是，一旦发生借款人亡故的情形，没有还清的贷款由保险基金偿付，借款人的家庭就免除了偿还贷款余额的责任，而且还可以获得借款人生前在此保险基金中储蓄的全部。截至2016年底，贷款保险项目的存款数额为1亿4946万美元，参与贷款保险项目的借款人中有416695位亡故，基金偿还本息7287万美元。女性借款人认为此项贷款保险项目非常有益，要求将保险扩展到她们的丈夫，格莱珉银行同意了，要求会员在基金中储蓄双倍的数额，一旦其丈夫去世，所欠贷款一笔勾销，之前所付的费用连同利息归还到她的储蓄账户。

格莱珉银行每年还会为亡故的借款人家庭支付人寿保险赔付金，根据借款人成为会员的时间长短而有所不同，每个家庭的数额达到2000塔卡或1000塔卡。作为格莱珉银行股东的借款人不必为此项人寿保险支付保险金。截至2016年底，参加人寿保险项目的保款人共有184940位故去，格莱珉银行累计支付了568万美元人寿保险赔付金。

第五节 全球实践

格莱珉银行最初在孟加拉国的成功使得尤努斯期望，整套小额贷款的模式可以应用在全球几乎任何地方。尤努斯相信，格莱珉的理念和模式不仅适用于欠发达国家，即便是发达国家，同样有穷人，同样有为这些穷人提供服务的价值。1989年，尤努斯创立格莱珉信托，它是一个非营利组织，使命是在全球推广格莱珉的方法来帮助根除贫困。

在20世纪80年代末和90年代初，格莱珉模式在马来西亚和菲律宾率先进行试验，事实也证明了格莱珉的理念可以在全世界改进穷人的生活。后来，新的项目在印度、尼泊尔、越南和其他地方不断涌现，比如菲律宾的ASHI、Dungganon和CARD项目，印度的SHARE和ASA项目，尼泊尔的SBP项目等。不仅是在欠发达国家，即便是在美国、澳大利亚等发达国家，也在利用格莱珉模式帮助穷人。

2015年，尤努斯在接受我国《民营经济报》采访时说，"现在在纽约市我们有八个分行。我们在内布拉斯加、夏洛特市、旧金山、洛杉矶都有分行，现在已经有18家分行在美国，偿还率达到99%以上。美国有超过6万个借款人，有些可能就是1500美元"。[1]

格莱珉银行的模式在中国也有实践。时至今日，还有很多小贷机构在学习格莱珉模式，这些模式或有成功，或有遇到一些挫折，但都在不断地探索中积累了宝贵的经验。

20世纪80年代中后期，在一次国际研讨会上，杜晓山发现了尤努斯创办的格莱珉银行的案例资料，并为格莱珉银行独特的模式、持续的经营和减贫的效果所震撼。于是，作为一个科研项目，1993年，杜晓山和他的团队选定了河北易县，并于1994年5月在易县成立了首家"扶贫经济合作社"，发放了第一批二十几户小额贷款。此举让他成为小额信贷中国化事业"第一个吃螃蟹的人"，也正式开启了小额信贷在中国的实践历程。尔后，杜晓山又先后在河南虞城和南召、

---

[1] 严钰:《格莱珉普惠金融模式能否在中国生根发芽?》,《民营经济报》2015年10月21日,第3版。

陕西丹凤、河北涞水和四川金堂这5个县建立了小额信贷扶贫试验点。于是，这种小额信贷引来越来越多的人涉足和试验，该模式在中国更多地区得以展开。比如，茅于轼等学者在山西吕梁联合成立"龙水头村民互助基金"。20世纪90年代后期，在中国的小额贷款试点多达300多个。

杜晓山的扶贫项目在运作的过程中，逐渐暴露出许多机制上的问题，比如地方政府插手、双重管理、拖欠贷款严重、财务管理混乱、工作人员贪污公款、转移挪用公款现象频繁、公款私存等。杜晓山自己评价说，扶贫社从内部来讲，首先是没有根本解决风控问题，规模增大，管理体制却没跟上。其次，扶贫社为公益性质，其产权不清，导致出现责任不明等问题；外部则是由于政策局限，扶贫社一直没有取得合法地位和相应的法律保障。此外，融资问题没有得到解决，这也导致扶贫社步履维艰。[1]

一、海南琼中模式

2007年12月底，格莱珉信托与海南省农村信用社联合签署项目实施合作协议，引入格莱珉的技术和思想，计划在海南琼中黎族自治县开展格莱珉银行模式小额贷款试点项目。

琼中模式与格莱珉银行的做法很类似，不过也有一些细微的变化，比如每月还息，到期还本。相对而言，还款周期比经典的格莱珉模式的周期更长。贷款期限为1~3年，而经典的格莱珉模式是1年。5户联保，采取"4+1"，而经典的格莱珉模式是"2+2+1"。利率12%，这比经典格莱珉模式的实际利率要低，后者大约是20%。

琼中模式下，也探索了针对农民的支持体系，除了给农民放款，还"教农民技术、帮农民经营、促农民增收、保农民还款"。有一整套小额信贷的企业文化，比如信贷员不从本地招聘，避免人情贷款。形成了比较好的企业文化，信贷员对扶贫很有认同，从工作中找到成就感。

二、格莱珉+云南富滇银行

2016年5月，格莱珉与云南富滇银行开展试验性合作项目——格莱珉扶贫

---

[1] 张天潘：《尤努斯折戟中国，公益小额信贷中国化路还很长》，《21世纪经济报道》2016年8月10日，第14版。

贷款项目揭牌。

富滇银行脱贫攻坚"挂包帮"联系点为大理市太邑乡太邑村。到2017年2月，全乡有贫困户1980人，其中建档立卡户482户1963人，是大理市唯一的山区民族贫困乡。

借助于引入格莱珉银行的模式，富滇银行想蹚出一条金融精准扶贫的新路径。计划是复制"一个标准的格莱珉模式支行"，为项目点及周边区域的建档立卡贫困户及其他低收入农村居民提供小贷款和培训支持，帮助建档立卡的贫困户特别是贫困妇女建立自己的小微企业，使他们及家庭摆脱贫困。

格莱珉扶贫贷款项目还探索科学地设定贷款额度，提供1000元到2万元免抵押、免担保贷款，期限为1年，年化利率为10%（按余额递减法计算）。农户贷款1年后可以提升额度。还款方式为按周等额还本付息，还款金额达一半后（贷款发放半年后）即可续贷已还款部分。

到2017年3月，在大理市太邑乡共发展会员172名，其中建档立卡户72户，占该乡贫困户的12%左右。

截至2017年3月，已累计向贫困农户发放贷款153笔，金额253.2万元，单户平均贷款金额1.6万元。学习格莱珉银行的模式，借款人每周按贷款额度的千分之一向个人账户进行储蓄，通过培养储蓄习惯，帮助贫困家庭提升家庭财务管理能力。截至2017年3月，个人账户累计储蓄6.12万元。

贷款资金用途主要集中在为农户购买种苗或籽种发展种养殖业，购进物资或改善经营条件扩大经营规模。对于比较特殊的家庭具有一点困难需要短期资金帮扶的，富滇—格莱珉扶贫贷款也会进行支持。截至2017年3月，所发放贷款约75.16%用于种养殖业，14.9%用于经营发展，7.33%用于改善生活条件，2.61%用于添置工具。农户的致富项目包括土鸡蛋、土蜂蜜、彝族刺绣、核桃、中草药、野生菌、猪牛羊等种植养殖项目。[①] 客户还款率达99.35%，仅有1名客户因突发疾病出现还款困难。

---

① 李莎：《"富滇——格莱珉扶贫贷款"精准对接贫困群众》，《云南日报》2017年6月7日，第9版。

第六节　中国借鉴

一、正规金融的隔离仍然存在

2014年4月，中国农业银行与西南财经大学中国家庭金融调查与研究中心联合发布《中国农村金融发展报告2014》，报告称，农村家庭的正规信贷可得性约为27.6%，低于40.5%的全国平均水平。农村民间借贷参与率高达43.8%，民间借贷活动非常旺盛。从民间借贷的来源来看，在农村，兄弟姐妹是民间借贷的主要来源，比例达到了36.1%，同时有30.4%的农村家庭从其他亲属渠道获得了借贷，只有0.7%的农村家庭会去民间金融组织借款。[①]

我国以小微金融为主营业务的金融机构中，能够做到单笔贷款额度在5万元以下的并不多。一是没有从穷人的需求出发提供适当的金融产品与服务；二是没有建立起真正关爱穷人并愿意与贫困抗争的团队。在农村金融体系中，就村镇银行而言，从调研的情况看，几乎所有的村镇银行都表示以践行普惠金融政策、"支农"、"支小"为机构宗旨和目标，个别村镇银行尽管在名义上"支农""支小"，但其贷款却并未如此。所以，村镇银行增加了县域金融服务的供给，促进了普惠金融的建设，为小微企业和"三农"发展，为县域经济的发展起到了良好的促进作用，但是覆盖深度有待加深。

二、简单复制注定难以成功

一种模式在推广时能否成功，取决于很多因素。就格莱珉小额信贷模式而言，它的推广效果也取决于多种因素，比如小贷机构是不是能够吸收存款，存贷款利率是否受到约束，是否具有合法身份，政府是否干预，借款人的目的是脱贫还是致富等。

制度很难被原原本本地移植，因为某些制度其实与外在的其他制度是匹配

[①] 李冰：《京东携手格莱珉挺进农村金融　半年内欲发展10万代理"下乡"》，《证券日报》2014年12月20日，第B01版。

的，有一些制度隐而不见，但潜在地发挥重要作用。像宗教信仰、风俗习惯等就不能被同时移植。所以，如果只是部分移植、简单复制，就很难有效地发挥作用。也正因为如此，"橘生淮南则为橘，生于淮北则为枳"，相同的制度在不同的国家或地区，可能具有不同的绩效。

例如，我国的现实与孟加拉国有类似之处。孟加拉国绝大多数人信仰伊斯兰教，对穆斯林而言，借款人去世后，家里的长子会在葬礼上承诺继承他们的债务。我们国家也有"父债子偿"的传统观念。挖掘有中国特色的关系融资模式，合理发挥联保贷款的优势，有广阔的前景。不过，两国在文化、制度等方面也有很多不同，孟加拉国央行规定小额信贷利率水平最高为22%，这就与我们国家的规定不同；格莱珉银行虽然市场化运营，但它是一个社会企业，而我们很多农村金融机构却是把利润最大化作为首要目标。诸如此类，不一而足。因此，在学习格莱珉银行模式中，必须做适应性调整。

海南农村信用社在推广格莱珉的技术和模式时，在运营的过程中，还是存在一系列问题，根本上还是因为照搬，"本土化"不够，不够"接地气"。比较突出的有两点：[①]

第一，贷款的额度太低，群众积极性不高，满足不了当地群众的正常需求。当地农民人少地多，不但有自己的土地，而且很多农户还拥有自己的果林和养殖业。5000元的贷款金额根本不能解决什么问题。而且，通过亲朋好友可以轻易借到5000元，不必在农村信用社接受近一个星期的培训及办理大量手续才能得到贷款。这与孟加拉国的赤贫者不同，他们的资金需求量小，而且相对于高利贷而言，格莱珉银行的贷款更实惠。

第二，还款频率太高，与现实不相适应。海南省农村信用社小额贷款要求贷户每两周还本付息一次。"一小通"一个月还本付息一次，而且没有"补本金"，无形中对借贷人不公平，其支付的利率实际上远高于名义利率。海南省农业一般的周期是1年左右，种植香蕉等作物的周期在5年以上，养殖业的周期也在1年以上。频繁的还款既使农户费时费力又得不到实惠，也使农信社小额信贷员的工作量大大增加。小额信贷利息太高，以"一小通"整贷整还为例，一级客户月利息是0.999%，而农业银行的贷款月利率大概在0.5%左右。即使与农村信用社已有的信用贷款产品相比，以琼海市为例，同样性质的妇女联保贷款月利率是

[①] 毛勇：《对海南省农信社推广孟加拉格莱珉模式的反思》，《海南金融》，2009年第10期。

0.6615%。

三、因地制宜才能落地生根

近些年来，中和农信项目管理有限公司（以下简称中和农信）在小额信贷方面取得了长足的发展，它是由中国扶贫基金会于2008年底成立的，前身是中国扶贫基金会小额信贷部。早在1996年，世界银行贷款秦巴山区扶贫项目启动，其中包括由中国西部人力资源开发中心在四川阆中和陕西安康实施的小额信贷试点项目。2000年，中国扶贫基金会全面接管中国西部人力资源开发中心的小额信贷项目，并组建小额信贷项目部。

由小额信贷项目部具体实施，存在不少弊端。小额信贷部没有独立的财务权、人事权，薪酬体系、人事体系、考核机制都要由中国扶贫基金会统一安排。作为项目部门，出去融资时也"名不正言不顺"。2005年，中国扶贫基金会提出小额信贷由项目型向机构型转变的战略部署，在国内率先建立直属分支机构开展信贷业务，从而清晰了产权，完善了治理机构，从根本上理顺了管理体制，同时强化了小额信贷总部管理队伍，采用国际先进的小额信贷管理信息系统，改善贷款产品和操作流程，大大提升小额信贷的管理能力。2008年，中和农信项目管理有限公司成立，完全按照公司化运营。

中和农信成立后，不断引入外部投资机构，优化股权结构，完善公司治理。2010年，国际金融公司（IFC）、红杉资本投资入股。2016年12月20日，蚂蚁金服与中和农信就"互联网+精准扶贫"正式达成战略合作伙伴关系，蚂蚁金服战略投资中和农信，成为仅次于中国扶贫基金会的第二大股东。

2016年10月17日，中和农信在山东聊城阳谷县设立的分支机构正式开张营业，这标志着中和农信在全国的分支机构已经突破200家。截至2017年2月份，中和农信已在全国19个省、市、自治区设立216家分支机构，其中81%在国家级或省级贫困地区；截至2017年1月，中和农信全国员工总数超过3170名，累计发放贷款202亿元，支持帮助了超过400万客户，让更多贫困地区的农民得到普惠金融的支持，同时也为中国的扶贫事业提供了有力补充。

2016年5月30日，中和农信总经理刘冬文与格莱珉信托执行总裁拉提菲签订协议，格莱珉信托将其目前在中国唯一直接参与运营、开展业务的机构——格莱珉商都小额信贷有限公司——委托给中和农信全权管理，并入中国扶贫基金会下属的中和农信小额信贷支持平台，成为这个中国最大的小额信贷机构的一个分支。或许可以说,当年的学生把老师给合并了。

首先,中和农信的成绩是喜人的。中和农信的董事长王行最表示:"2015年,中和农信目前在224个县(80%为国家级和省级贫困县),共为31万贫困人口提供了41亿元贷款。2016年预计为38万人提供了60亿元贷款。38万元是指实际贷款的个人,若按其家庭来算,则相当于一年帮助上百万人。"

中和农信贷款利率不能算低,综合后贷款利率约12%。这也与资金成本高、放贷成本高有关。它自己融资需要成本,利率约是6%,放贷时深入边远农村调研,成本高,再加上行政成本等,折合利率大约7%,二者相加难以低于12%。之所以能持续运营,是因为有一部分资金的成本低,除了自有的捐赠资金,向银行批量贷款、把资产证券化以后在深圳证券交易所出售和地方政府的配套资金这三类资金的成本会低一些。

其次,中和农信的风险控制也令人惊叹:风险贷款率(包括但不限于不良贷款率)实际不超过1%。

中和农信借鉴了格莱珉银行的一些模式,比如,贷款人组成五人小组,相互担保,但与格莱珉银行不同,组员之间有相互还贷的责任。再如,把贷款额做小,并且采取了整贷零还的模式。根据还款能力进行授信,每月还款,前两个月是宽限期,第三个月开始还,同样也是为了避免到期一次性还本付息的压力太大。另外,像格莱珉一样,中和农信的信贷员都行走在田间地头,深入农户家里了解情况进行放贷,并不是简单的工作关系,在业务的往来中形成良好的朋友关系;从申请到放贷效率高,一般一个星期可以完成;将放贷与后续的支农相结合,提供农业知识培训,比如请农业专家给农民介绍农业生产知识。

中和农信这个学生之所以能青出于蓝而胜于蓝,也正是缘于其不断地根据中国国情与现实,在核心价值观的引导下,不断地调整技术层面而非墨守成规,以适应不同的情形。在20年的实践中,摸索出了格莱珉模式中国化的成功经验,进行了大量创新性的工作和制度建设。比如,根据中国农村实际情况设计"个贷",主要是为了满足日益发展起来的农民发展的后续资金问题。在管理的模式上,由原来直线职能式向矩阵式转型,形成一个矩阵式管理结构,采用的是全国连锁式的运营。并且,设计了一套标准化操作流程,把整个公司的"脑袋"长到总部的"头"上,由总部负责策划、决策、监督,便于下面分支机构具体操作。

四、市场不是"天上掉馅饼"而是开拓出来的

当前,我国城市金融市场的产品供给相对来讲是丰富的,包括国有商业银行、股份制商业银行、城市商业银行、外资银行等的市场主要集中在城市,而农村金融市场上金融服务的覆盖广度和深度都有待提高。商业银行和外资银行的分、支行和营业网点在农村地区,尤其是偏远和贫穷农村地区的渗透还远远不够。如果城市金融的竞争已经是一片"红海",那么农村地区的金融服务市场还是一片有待开发的"蓝海"。之所以农村地区金融服务不到位,主要还是因为相对于城市,农民相对收入不高,可抵押物不足,甚至没有什么资产可供抵押,农业收入不稳定,单位客户贡献的利润少等。

市场不是送上门的,而是开拓创造出来的。正如两个推销员到光脚不穿鞋的国度推销鞋子,一个觉得毫无市场,一个反而觉得市场前景广阔。正如格莱珉银行面对被隔离在正规金融服务之外的贫穷群体,首行打破了穷人不值得信任、更可能违约的成见,坚信穷人也是值得信任的。关键是,还通过一系列业务模式的创新成功将这个市场占领,既实现了初衷,又能够盈利,保持正常的运转。

五、创新就是"自断臂膀",要持续地进行

本章我们花了大量的篇幅介绍格莱珉银行的模式创新,揭示模式创新背后的管理创见,正是因为这是格莱珉银行成功的关键。同时,外部环境在不断变化,格莱珉银行也在与时俱进,不断自我革新。

银行作为存与贷的中介,风险管理异常重要。格莱珉银行面向穷人放贷,之所以保持较高的还贷率,与放贷业务和产品的精巧设计密不可分。比如说,格莱珉银行放弃了传统和普遍的"显性"抵押或担保,而是创新了隐性的担保机制。其实,银行的风险管理与市场筛选、产品设计等是联结在一起而不是独立的。格莱珉银行的风险管控是融入产品和业务中的,是把风险管控提前融入银行业务的全流程,反观我们国内的一些银行,风险控制走的还是传统的思路,通过宣传强化、提升借款人按时还本付息的意识,对于拖欠本息的,送达书面催收通知书,对于还款有困难的,密切关注借款人的财务状况,督促其提前做好还款计划,对经营状况明显下降的客户,多方努力加大收贷力度,通过诉讼、仲裁等司法程序加大不良贷款的清收力度。总的来讲,风险管理与产品设计结合还不紧密,更多表现为被动的贷后催收。

因此，对我国包括村镇银行在内的银行业金融机构一个理念上的冲击，就是企业发展中要持续地进行创新，从格莱珉银行的业务创新和持续变革中吸取理念和经验。

六、建立一系列相匹配的制度

第二代格莱珉银行在借款期限、额度、还款频率等方面都发生了一些变化，可能会累积风险，但也做了相应的应对，包括"贷款损失备付金政策"。之前是传统的贷款人备付金政策。对于逾期 2 年以上的贷款，提取的备付金率是 100%，对于逾期 1 年期的贷款，在逾期未超过 1 年时，备付金比率是 0。问题是，格莱珉银行大多数贷款资产的期限都是 1 年期的，这样在这些贷款逾期未到 1 年时，不计提任何备付金。这样就累积了风险。第二代进行了改进，它规定：对未能按要求进行首次还款且逾期 10 周的，或超过最终还期到期日 6 个月的借款人，便将其借款自动转为弹性贷款。对于弹性贷款必须按欠款金额及其利息的 60%计提备付金（2003 年调整为 50%）。如果由于借款人隐匿或外出经商等原因，难以找到他，或者借款人拒绝偿还借款，则应该按其所欠贷款本息的 100%计提备付金。占格莱珉银行资产 14%的住房贷款是出现逾期的主要资产，对此进行了实时监控，并随时计提备付金。这种严格的备付金政策大大降低了贷款出现呆坏账的可能性，为盈利水平的提高打下了基础。贷款损失额从 2000 年的 6.23 亿塔卡下降到 2003 年的 5.96 亿塔卡，呆坏账比率也从 2001 年 12 月的 21%下降到 2004 年 6 月的 3%左右。

其实，格莱珉银行模式能够可持续地存续，运转良好，还有其他一些制度作为配套，其中重要的几个包括：

1. 以摆脱贫困为最重要的目的

格莱珉银行的客户群体可以说很独特，是贫困的群体。以这一群体为服务对象，产品的设计、风险的控制、绩效的考评等都要有与之相适应的设计。首要地，就是企业如何对待盈利这件事。尤努斯的人文关怀充分地表明，他不是以盈利为核心的、首要的、终极的目标，反而是以穷人的脱贫为终极目标，盈利只是实现这一终极目标的手段。

以企业的形式帮助穷人摆脱贫困，是因为尤努斯发现，政府、非营利性机构（比如非政府组织、慈善组织、慈善社团、公益基金会等）在帮助穷人摆脱贫困上都有局限。比如，慈善是一种"滴水经济"——如果水滴停止，帮助也就戛然而止。而且，那些需求越大的地方，可用于慈善的资源通常也是越少的。以社会企业的形式做事，则可以更持续地致力于穷人的脱贫事业。

正是摆正了这一关系，许多制度、机制的设计才能保证格莱珉银行正常、良好地运转。

2. 以会员脱贫情况考核激励员工

通常，商业银行的绩效考评主要考量放出的贷款量、利润额等，收回本息最为重要，至于借款人借了钱之后的状况，并不在银行关心的范围之内。这一点上，格莱珉银行似乎又与众不同。格莱珉银行不考量员工的贷款量，而是根据借款人贫困状况的改善情况来评估员工和支行的业绩，并以此制定奖励机制。借款人脱贫与员工的激励机制挂钩，让所有的员工认识到他们工作的终极目标是减轻会员的贫困。

"格莱珉二代"针对员工和分支机构建立了一套五星级的评价和激励制度。如果一个员工所负责的借款人（一般有600个）能够全部偿还借款，他就会获得一颗绿星；如果员工还能带来利润，就可以另外获得一颗蓝星；如果他吸收的存款超过贷款，就继续获得一颗紫星；如果他的所有借款人的子女都上学了，他会再获得一颗棕星；最后，如果他的所有借款人都能够脱贫，他就能得到一颗红星。员工获得红星，代表一个员工负责的所有客户都按照银行制定的十项指标脱贫了，支行获得红星则意味着它完成了银行这方面的使命。员工以获得五颗星为荣，以红星为最光荣。截至2015年末，有71个支行获得了红星。

3. 构建制度脱贫的指标体系

既然借款人的减贫状况是银行员工绩效考评的重要标准，制定减贫的度量指标就十分重要。格莱珉银行自己制定了衣食住行、教育、医疗、资产等十项指标评估会员是否脱贫，并对借款人进行全面调查和统计。其中包括：有一个有锡顶的房子、有卫生的公共厕所、所有学龄儿童都在上学等。对于借款人是否脱贫等，格莱珉银行委托专门的第三方机构进行客观、独立的评估。

事实上，格莱珉银行的减贫成就十分卓著。在第一代格莱珉时期，1997年、1998年和1999年三年，会员脱贫的比例分别是15.1%、20.4%、24.1%，2000年会员脱贫比例达到40%，2005年，会员的脱贫比例达到了58.4%。

4. 围绕最核心目的培训员工

格莱珉银行对员工的要求也是不一样的，信贷员并不是坐在办公室，而是要在最穷的村子、最穷的地区间奔走，与贫困的妇女们交谈。信贷员要学会把客户看作完全意义上的人，需要帮助与改变的人，必须要和穷人建立一种便捷无畏的沟通。这种对员工的要求决定了员工的选拔和培训也要不同。

在孟加拉国，格莱珉银行对员工的选拔和培训异常严格。在选拔和培训员工时，非常注重员工的情怀和使命特质——"不仅了解贫穷，而且愿意努力来改变贫穷"。要求员工来自贫穷家庭。新入职的员工需要为期12个月的高强度培训，其中6个月在支行工作，无法忍受每天访贫问苦繁重工作的人将被淘汰，高达35%的新招聘员工无法通过培训阶段的考验，留下的都是真正愿意在艰苦环境中工作、与贫困抗争的员工。格莱珉银行形成了不畏艰苦的企业文化，在格莱珉银行工作比一般的商业银行更有意义成为员工乃至社会共识。企业的员工会觉得，他们为改变穷苦家庭的经济与社会条件而贡献了自己的一分力量，而且，他们也向自己证明自身的价值。

正如中和农信董事长王行最所言，格莱珉模式目前在中国可以说是仿效者众多，得精髓者寡。评价格莱珉模式在中国成功的标准，关键应该在于我们有没有坚持和追随尤努斯先生的扶贫理念，有没有用正确的地方法把这个事情做实、做大，看是否根据中国国情进行了本土化的改良，看是否找到了真正适合中国农村的精准扶贫模式，是否实现了可持续发展。

参考文献

[1] Boucher S., Guirkinger C. "Risk Wealth and Sectoral Choice in Rural Credit Markets", American Journal of Agricultural Economics, 2007, Vol.89, No.4.

[2] 中国社会科学院农村发展研究所、国家统计局农村社会经济调查司：《中国农村经济形势分析与预测》，社会科学文献出版社 2010 年版。

[3] 银监会：《对欠发达地区开办村镇银行问题的调查与思考》，《金融时报》，2007 年 6 月。

[4] 张英凯：《关于国内互联网银行发展的几点建议》，《清华金融评论》，2015 年第 7 期。

[5] 中国银行业协会行业发展研究委员会：《2016 年中国银行业发展报告》，中国金融出版社 2016 年版。

[6] 郑醒尘：《营改增对农村中小金融机构影响几何》，《中国农村金融》，2016 年第 9 期。

[7] 阚方平：《"互联网+"时代的农村金融发展之路》，《银行家》，2015 年第 12 期。

[8] 王信：《我国新型农村金融机构的发展特征及政策效果研究》，西南财经大学博士学位论文，2014 年。

[9] 曹亮：《农村金融市场供求状况分析》，《经济管理者》，2015 年第 2 期。

[10] 王军：《我国农村金融市场的供求均衡分析——以莱芜市为例》，山东大学硕士学位论文，2012 年。

[11] 李万超：《中国农村金融供给与需求结构研究》，辽宁大学博士学位论文，2014 年。

[12] 张扬：《农村中小企业融资渠道选择及影响因素》，《金融论坛》，2012 年第 6 期。

[13]《全面分析互联网农村金融市场：三类平台的商业模式及发展现状》，

《凤凰财经》，2017年第5期。

[14] 马晓青、刘莉亚、胡乃红：《信贷需求与融资渠道偏好影响因素的实证分析》，《中国农村经济》，2012年第5期。

[15] 赵建梅、刘玲玲：《信贷约束与农户非正规金融选择》，《经济理论与经济管理》，2013年第4期。

[16] 孔荣、衣明卉、尚宗元：《农户融资偏好及其成因研究——陕西、甘肃897份调查问卷分析》，《重庆大学学报》（社会科学版），2011年第17卷第6期。

[17] 赵庆光：《河南省民间借贷资金规模及其影响因素》，《金融理论与实践》，2013年第3期。

[18] 李明贤、罗荷花：《中国村镇银行发展、制度改革与路径选择》，《经济体制改革》，2016年第4期。

[19] 杜晓山：《中国村镇银行发展报告2016》，中国社会科学出版社2016年版。

[20] 凌峰：《中国村镇银行可持续发展研究》，《复旦大学》，2011年第10期。

[21] 中国人民银行农村金融服务研究小组：《中国农村金融服务报告（2014）》中国金融出版社2014年版。

[22] 谭云清：《上海经济增长潜力与动力机制研究》，《研究报告》，2015年。

[23] 常戈：《中国村镇银行可持续发展研究》，经济管理出版社2015年版。

[24] 韩旺红、张丞：《西部地区村镇银行农户信贷风险实证分析——基于广西村镇银行信贷数据》，《武汉金融》，2012年第8期。

[25] 侯俊华、汤作华：《村镇银行可持续发展的对策分析》，《农村经济》，2009年第7期。

[26] 华夏银行成都分行课题组、王柏林、罗然然：《村镇银行的经营模式与发展路径——对四川部分村镇银行的调研》，《西南金融》，2015年第1期。

[27] 李红玉、熊德平、陆智强：《村镇银行主发起行控股：模式选择与发展比较——基于中国899家村镇银行的经验证据》，《农业经济问题》，2017年第3期。

[28] 李木祥等：《中国村镇银行可持续发展机制研究》，中国金融出版社2013年版。

[29] 刘姣华、李长健：《村镇银行保护农民金融发展权研究——从普惠金融的视角》，《云南社会科学》，2014年第5期。

[30] 龙会芳：《基于金融共生理论的村镇银行可持续发展研究》，《安徽农业

科学》，2010年第29期。

　　[31] 陆红军、王兰凤：《中国村镇银行定位与运作》，中国金融出版社2014年版。

　　[32] 陆智强：《村镇银行可持续发展的内部治理结构研究》，《农村经济》，2012年第6期。

　　[33] 孟德锋、卢亚娟、方金兵：《金融排斥视角下村镇银行发展的影响因素分析》，《经济学动态》，2012年第9期。

　　[34] 任常青：《市场定位决定村镇银行的可持续性》，《中国金融》，2011年第2期。

　　[35] 阮勇：《村镇银行发展的制约因素及改善建议——从村镇银行在农村金融市场中的定位入手》，《农村经济》，2009年第1期。

　　[36] 王曙光、王东宾：《村镇银行的定位与挑战》，《中国金融》，2015年第23期。

　　[37] 王煜宇：《新型农村金融服务主体与发展定位：解析村镇银行》，《改革》，2012年第4期。

　　[38] 吴少新、许传华：《中国村镇银行发展的长效机制研究》，湖北人民出版社2010年版。

　　[39] 吴少新等：《基于普惠金融体系的中国村镇银行绩效研究》，湖北人民出版社2012年版。

　　[40] 尹晨、凌峰：《中国村镇银行可持续发展研究》，复旦大学出版社2013年版。

　　[41] 赵玉珍：《中小企业信贷融资研究——基于共生理论的视角》，经济管理出版社2014年版。

　　[42] 周才云、张毓卿：《我国村镇银行可持续发展的瓶颈制约及解决思路》，《征信》，2014年第1期。

　　[43] 周顺兴、林乐芬：《银行业竞争提升了金融服务普惠性吗？——来自江苏省村镇银行的证据》，《产业经济研究》，2015年第6期。

　　[44] 阳爱姣：《村镇银行的十年答卷》，《农村金融时报》，2017年3月20日，第A1版。

　　[45] 阳爱姣：《合川中银富登村镇银行为县域发展注入金融活水》，《农村金融时报》，2007年4月3日，第B05版。

[46] 洪偌馨：《"淡马锡微贷模式"本土化：金融大鳄在中国找"小"钱》，《第一财经日报》，2012年9月28日，第A14版。

[47] 谢利：《践行普惠金融，打造商业可持续性——访中银富登村镇银行董事长王晓明》，《金融时报》，2016年1月7日，第009版。

[48] 李岚：《中银富登村镇银行专注"三农"服务》，《金融时报》，2016年6月17日，第006版。

[49] [孟] 穆罕默德·尤努斯：《穷人的银行家》，吴士宏译，生活·读书·新知三联书店2015年版。

[50] [孟] 阿西夫·道拉、迪帕尔·巴鲁阿：《穷人的诚信——第二代格莱珉银行的故事》，朱民等译，中信出版社2007年版。

[51] [孟] 穆罕默德·尤努斯：《新的企业模式：创造没有贫困的世界》，鲍小佳译，中信出版社2008年版。

[52] 杜晓山、张睿、王丹：《执着地服务穷人——格莱珉银行的普惠金融实践及对我国的启示》，《南方金融》，2017年第3期。

[53] 李薇：《孟加拉格莱珉乡村银行模式Ⅰ到模式Ⅱ的转变及其对中国扶贫的启示》，《中共济南市委党校学报》，2011年第2期。

[54] 毛勇：《对海南省农信社推广孟加拉格莱珉模式的反思》，《海南金融》，2009年第10期。

[55] 林海、严中华、黎友焕：《社会企业商业模式创新路径研究——以格莱珉银行为例》，《改革与战略》，2013年第8期。

[56] 孙忠：《鹿城银行董事长杨懋劼：打造有温度的"亲农"社区银行》，《上海证券报》，2017年6月14日，第005版。

[57] 昆山鹿城村镇银行课题小组：《经济发达地区村镇银行农户贷款创新模式研究——以昆山鹿城村镇银行为例》，《金融监管研究》，2013年第9期。

[58] 帅晓林、李继红：《村镇银行发展困境与破解对策——以梅州客家银行为例》，《当代经济》，2015年第30期。

[59] 廉薇等：《蚂蚁金服：从支付宝到新金融生态圈》，中国人民大学出版社2017年版。

[60] 中国人民银行农村金融服务研究小组：《中国农村金融服务研究报告2014》，中国金融出版社2015年版。

[61] 罗玉辉、侯亚景：《我国互联网银行发展战略及政策监管》，《现代经济

探讨》，2016年第7期。

［62］李春雷、彭杏雯、周文青：《网商银行对传统银行转型的启示》，《金融时报》，2016年8月29日。

后　记

人生转角处：遇见村行，创立渔点

　　孔子曰"四十不惑"。在这个本该处事通达的年纪，我却陷入了前所未有的困惑与迷茫。每个人来到世上，不都应该是带着某种使命行走一生的吗？面对日新月异的精彩世界，反观自己朝九晚五一成不变的生活，我挣扎在深深的焦虑中。我是谁？我从哪里来？我要到哪里去？当夜深人静的时候，我不禁时常问自己。

　　2017年5月，我终于痛下决心离开工作了18年的银行，在一年一度商学院戈壁挑战赛的召唤下，义无反顾踏上茫茫戈壁，试图在重走玄奘之路中为自己的心灵觅得一方净土。戈壁4天连续徒步120多公里，因为准备不充分，我第一天就走出了满脚的水泡，从第二天开始的每一步都让我感觉像在针尖上跳舞，但自虐也好、自救也罢，这趟苦行之旅让我这只迷途羔羊有时间放空自我、静心思考，自此来到人生转角处，踏上一条截然不同的人生道路。

　　我是谁？回顾过往，首先映入脑海的画面是一个背着书包的小姑娘，在寂静的山路上坚定前行，那是年少的我。小学五年级，我被父母送到县城读书，平时寄住姑姑家，只有节假日才回家一趟。因为老家四面环山，交通闭塞，公交车搭到路口，剩下的最后几里地需要穿山步行。如此坚持了七年，直到我考上浙江财经大学。又过了四年，我离开杭州到上海财经大学硕博连读，并在2000年获得博士学位。虽十年寒窗苦读，但备感荣耀和幸运，我既是浙江财经大学对外输送的第一位女博士，也成了当时中国最年轻的会计学女博士。在上海财经大学毕业前夕，机缘巧合，我遇到了人生的第一位贵人——华一银行人事经理吕先生，老先生锲而不舍地劝说我年迈的导师放行我投身银行，双方最后达成一致，但条件是周一到周五我在华一银行（2014年被富邦金控收购后更名为"富邦华一银行"，以下简称"华一"）上班，周六、周日回学校继续任研究生助教。三年风雨无阻、全年无休的日子虽然辛苦，却让我成为一名可用中英双语讲授国际会计与跨国公司财务管理的老师。"师者，所以传道授业解惑也。"我喜欢教书育人，热爱教师这份职业。这也是后来繁忙工作之余，我会欣然地回母校结合实践给研究生开设公司治理、风险管理、内部控制、投资银行等专题讲座的原因。这是作为求知者的我。

离开学校，踏入职场，我在华一开始了18年的职业经理人之旅。华一是海峡两岸第一家合资银行，由上海浦东发展银行和中国台湾实业家发起设立。作为一家法人金融机构，华一以解决台资企业、中国台湾人民融资难为己任，目标客户清晰、服务特色鲜明，努力在激烈的行业竞争中树立自己的企业品牌和市场地位。我入职华一后，从管理培训生开始，历任稽核员、合规员、稽核部经理、合规部经理、总稽核、董事会秘书、战略发展总监、投行业务总监等职务，一步一个脚印地从籍籍无名的小兵做到银行第一副总裁，期间既亲眼见证了我国金融业对外资逐步开放的过程，也亲身经历了一家小银行如何凭借团队不懈努力异军突起成为细分领域"小而美"的标杆。借此机会，衷心感谢华一这些年对我的悉心培养，让我不断追求进步，逐渐成长为一名专业且受人尊重的金融从业者。特别感谢我在华一的历任领导，他们既教我处事的方法、做事的格局，也培养熏陶我成为一名爱心使者。我作为上海富邦华一公益基金会第一任理事长，积极宣扬利他共好之理念，在任期内与华一的义工们深入银行网点周边社区，举办一系列惠及民生的公益活动。由此，爱与善的种子深藏我心，觅机播种。这是作为专业人士的我。

每个人心中都沉睡着使命，无论大小，并且它需要叩击来唤醒。从敦煌回来，我去了一趟父母家，告诉双亲我辞职了，准备创业。父亲听了我的话沉默半晌，只说了一句话"记住你是温州人"。关于温州人的说法，外界评价褒贬不一。有的人说温州人全民皆商，精明强干，是中国的犹太人；有的人说温州人唯利是图，炒房团所到之处房价飞涨，百姓遭殃；也有的人说温州人勤奋创新，吃苦耐劳，敢为天下先。作为一名土生土长的温州人，从上大学的第一天起，我就真切地体会着温州人这个群体的抱团取暖。由于温州地区特殊的地理位置与历史原因，我们的祖辈不论是漂洋过海还是全国各地跑单帮，那份与生俱来的敢做、敢

后 记

闯、敢拼、有担当、能吃苦、不服输的性格，让其不论在哪里都可以顽强地生存下来。我清楚父亲是用另一种语言告诉我创业之路艰辛，但不论前路多艰难，我都要怀着一颗荣耀的使命之心坚持走下去。

创业做什么呢？俗话说，读万卷书不如行万里路，行万里路不如高人指路。冥冥之中似乎自有天意，我来到了红色根据地江西。行至上饶拜会EMBA老同学，老同学是当地一家村镇银行董事长，他说"我们银行经过几年的发展目前遇到了瓶颈，你是专业人士，帮我看看吧"。于是我停下脚步做企业"医生"，把脉、问诊、开方子。这家村镇银行后来成为渔点的第一个天使客户，这是后话。

村镇银行作为我国扎根农村、服务社区的最小法人金融机构，承载着国家普惠金融的光荣使命，政策要求其不单纯以商业营利为目的，还要立足一方水土、造福一方百姓，追求有质量的效益，追求平稳的收益与和谐的利益。在前期走访中，我目睹了广大农村老百姓对规范金融的渴求，也有感于银行"侯门深似海"，普通老百姓与银行之间心理与服务的"鸿沟"。新时代背景下，农民银行、草根银行提供金融服务必须注入新思维、新理念、新情怀。该是银行走下神坛、褪去光环的时候了。从江西回到上海之后的一次聚会，我把自己的农村情结、普惠金融及社会公益的想法与上海财经大学学弟李鲁博士、上海立信会计金融学院谭云清教授一说，几个人一拍即合，说干就干。时值暑假，我们很快召集了上海财经大学、上海立信会计金融学院及上海行政学院的青年学者组建上海支农支小实验室，开始着手中国村镇银行系列研究，并利用假期带着学生一起深入村镇银行开展调研。随着调研工作的深入，我们对"三农"问题有了更为深入的认识与了解，对农村金融工作者的坚持与奉献平添了更深一层的敬意与钦佩。

时代在变，金融市场环境也发生了深刻的变革。面对无所不在的挑战和未来诸多的不确定性，搏击商海的村镇银行迫切需要转换思想，更新理念。金融基础设施建设快速发展，信息科技系统升级换代，银行业的巨大变革考验着每一位村镇银行人。小银行、大事业。做好做精一家村镇银行，银行家匠心和企业家精神都是不可或缺的，需要集合信用、责任、格局、情怀、专业和智慧等一系列优秀品质。

转型谋变的村镇银行十年探索和刚刚起步的农村金融公益事业触发了我们的"初心"。2017年7月，渔点咨询在上海注册成立，公司之所以取名"渔点"，寓意"授人以渔，点石成金"。可以说创立之初，渔点就被注入了成就他人、成就自我的普世基因，随着越来越多有志之士加入渔点或成为渔点的项目合伙人，我们一起不断打磨着适合服务农村小微金融机构的商业模式，致力于做最懂村镇银行的金融科技服务商。2017年8月，在上海短暂休整期间，调研组专程拜访了上海银行业监管部门，汇报调研情况，听取意见建议。2017年9月，在监管部门的建议及银行同业公会的支持下，调研组开始密集走访上海已开业的13家村镇银行，就各家村镇银行如何在上海国际金融中心的"银行丛林"中走差异化、特色化经营之道实地调研，从而联合推出了本书"上海探索：大都市如何办村镇银行"这一章。这段经历不仅让渔点咨询对村镇银行的认知更上一层楼，也让渔点咨询与上海村镇银行家们结下了不解之缘。整日忙于村镇银行那些细微事项的日子里，我豁然开朗，这么多年来一直寻觅的可让自己内心感到沉静、丰实与无比愉悦的答案，原来一直就在村镇银行这儿啊！

呈现于读者面前的这本书既是我们向2017年中国村镇银行十周年献上的一份礼物，也是在我人生转角处收获的一份礼物。在此特别感谢本书编写过程中提供宝贵意见的专家学者们。同时，还要感谢在渔点创立之初给予我极大帮助的俞直华先生和几位杰出的女士，她们分别是：张蕾、陆伟、陈欣、应越、罗苡丹、程沪、赵明和段吉霖。最后，我要感谢始终激励我并为我的事业做出无私奉献的父母和家人。

由于时间仓促，水平有限，书中难免存在错误和不妥之处，希望读者朋友们能够谅解，也欢迎所有的朋友们给予批评指正，我们愿与大家广泛交流和详细讨论！

薛文君
二〇一七年十二月于上海